文学・芸術・武道にみる日本文化

魚住孝至

文学・芸術・武道にみる日本文化（'19）

装丁・ブックデザイン：畑中　猛

s-54

はじめに

本科目は、科目群履修認証制度「放送大学エキスパート」の「日本文化を伝える国際ボランティア・ガイド（基礎力）養成プラン」の選択必修科目に指定されている。実はこの科目を企画した時には、「武道・芸道から見る日本文化」であった。というのは、大学院科目『道を極める―日本人の心の歴史』（二〇一六）で、歌の道から始めて、隠者、能楽、茶の湯、水墨画、俳諧、浮世絵、近世の武芸、近代武道と、それぞれの道を極めた人物に焦点を当てて論じたが、大学院なので受講者が限られていたこともあり、もっと多くの人に日本文化について知ってほしいと思った。しかもラジオ科目であったので、能楽や茶の湯、武芸や武道の実際の技をお見せすることは出来なかった。この科目は幸い好評であったが、技を見たいという要望も多かった。たまたま二〇二〇年の東京オリンピックに向けての外国人に日本文化を紹介する上記のエキスパートが新たに立ち上がったので、学部でテレビ科目として企画することになった。

けれども、このエキスパートで核となる科目として選択必修科目になると、もっと日本文化の基から伝えることが必要だと考えるようになった。日本文化には外国人に知ってもらいたいものがもっといろいろある。何より日本人自身が日本文化の魅力をもっと知る必要があると思った。先の大学院科目では「歌の道」の始まりとして『古今和歌集』から論じたが、もっと遡《さかのぼ》って日本文化を本格的に考える必要がある。芸道が成り立つのは、歌の道をはじめとして日本の文学で展開された美意識があったからである。時代は古い順から論じる方が分かりやすい。そのように考えて、

「文の道・芸の道・武の道からみる日本文化」として構想し直した。ただ、この名称では一般にはよく分からず、狭く受け取られかねないので、改めて「文学・芸術・武道にみる日本文化」とすることにした。文学も芸術も近代以降の概念であるが、この方が一般的で分かりやすいと思ったからである。

けれども『古事記』や『万葉集』を考えると、どうしてもその神観念や言霊《ことだま》、自然観などを考えざるを得ない。そこで基層にある縄文文化から考えることにした。一九九〇年代からの考古学の目覚しい発掘と研究の進展に関心があった。遺跡と遺物から縄文人の精神世界まで論じられて、現代にまで通底しているものがあること、自然の中に暮らした縄文文化が現代文明を根底から考え直すのに示唆するものが大きいとする書籍も読んでいた。けれども長野県茅野市の尖石《とがりいし》縄文考古館で縄文土器や土偶《どぐう》に実際に触れ、また近くの諏訪大社を見て、神道の原型を見る思いがした。これらは原始芸術として論じられることがあるが、それ以上の根源的なものがあると思われた。東京国立博物館や国立民俗博物館で、縄文からの日本の美術・芸術の展開を見て、これらを日本文化の基として考えられないかと前から思っていた。稲作が始まる弥生文化との関係はどうなのか。『古事記』などの神話に、それら原始時代の発想は残されていないかと考えた。『万葉集』が編纂された奈良時代に盛んであった鎮護国家の宗教としての仏教のことは、『万葉集』には直接にはまったく出てこないが、仏教との関係はどうであったのか。仏教は宗教思想としての教義よりも、当時仏像や寺院建築を通して、先進文明を象徴するものであった。明治以来、これらは仏教芸術として考えられてきた歴史がある。芸術という言葉の含意で、仏教の受容の仕方も合わせて考えることが出来るし、考えなくてはならない。

顧みれば、日本の芸能でも、能では鏡板に大きな松が描かれ、橋掛かりに三本の松が取り付けられているように、神の依代《よりしろ》の前で演じられる。また武道も道場に神棚が設けられている。芸道や武道の理論にも禅の修行法や理論の影響が見られる。そうすると、芸道や武道を考えるためにも、神や仏の観念から根本的に考える必要がある。

二〇一八年にテレビ特別講義「芭蕉『おくのほそ道』の真髄」を制作した時に、松尾芭蕉が「不易流行」を着想したと思われる出羽三山にロケに行き、実際に巡礼姿で三山に参ったが、東国一の山岳宗教の聖地で古来からの山林修行の意味を考えなければならないと強く思った。西行らの隠者たちも山林修行をしている。また武道も元来の武者修行の意味は、単に勝負する相手を求める旅というだけではないと思える。

以上の経緯があって、この科目は原始から現代まで、文学・芸術・武道を視点として日本文化を通して見ることをねらいとした。これら三つを視点とすれば、日本文化の多様性も一通りは示せるのではないかと考える。

考えると、日本文化の歴史は古い。遺跡だけなら、世界にはもっと古いものが残る地域も多くあるだろうが、それらの精神が今日までかなりよく伝わっている点が、日本文化の大きな特色であろう。世界最古の木造建築物として法隆寺の金堂・五重塔はあるが、それはその都度補修されてきたからである。伊勢神宮は、建て替えという形でさらに古くからのものを今日に伝えている。正倉院には、奈良時代に唐を通じてもたらされたローマ風のガラス品やイランのもの、唐の名品が残るし、さらに当時の日本でつくられた名品が数多く伝えられている。まさに世界遺産の宝庫である。『古事記』や『万葉集』を読めば、当時の人々の心を知ることが出来る。古典語であるが、注釈を少し読めば、そのまま大要は理解できる。完全な解読は江戸後期の国学になるが、それ以前からその発想や言葉の一部は昔から何度も引用されつつ、日本の文学や芸能に表されてきた。武道の起源も、古い神話に基づくとするものがある。日本文化の歴史の淵源は古いのである。

本書では、縄文以来の原始時代を1章とし、大陸文明を受け入れて急速に文明化した飛鳥・奈良時代を2章、国風化される平安時代を3章、鎌倉・室町・桃山時代を重ねて3章、伝統が熟成する江戸時代を4章、近代・現代を各1章の構成とした。

今日、日本文化を考えるとなると、その古さを思いながら、その時代時代でどうであったのか、学問的な研究に基づいた一応の見通しを持っておく必要がある。個々の作品の名前だけでなく、主要なものは、その内容の概要が分かるようにしたいと考えた。歴史学を踏まえながら、文学、美術、芸能、芸道、武道など、多分野にわたって十分に論じることはもちろん出来ないが、一応の見通しだけは付けてみたいと考えた。日本文化を外国人に伝えるという前に、なにより日本人が日本文化を深く理解することが必要である。私自身が今まで関心を持ってきた内容を、これを機会にまとめてみたいと思った。

この科目は、テレビ科目なので、その特性を十分に活《い》かしたいと考えた。芸術作品は、その現物を見ることが一番であるので、大事と思われるところは、ロケの取材をお願いした。

尖石縄文考古館では、国宝の「縄文のビーナス」と「仮面の女神」の土偶《どぐう》、土器、竪穴住居の復元など、たくさん収録させていただいた上、国宝の二像の発掘に携わられた守矢昌文館長と、山科哲学芸員のお話を伺った。古代の貴族の芸術の粋を集めた平等院では、朝日に輝く鳳凰堂と雲中供養菩薩像や復元された来迎図の扉絵などの撮影とともに、神居文彰御住職にお話を伺った。さらに冷泉家では、藤原俊成と定家の自筆本などの写真と、それらが収まる御文庫と公家邸の内部を撮らせていただき、御当主・為人氏と貴実子夫人から、八〇〇年の和歌の家の伝統を守る御苦労と、短歌とは違う古典の和歌の魅力についてもお話を聞くことが出来た。能楽と浄瑠璃については、取り上げた演目の舞台の映像の一部を紹介することにした。武道の演武については、嘉納治五郎や阿波研造などの記録フィルムの他、新陰流の伝統を受け継ぎ研究されている吉田鞆男氏の演武、また柔道の元世界チャンピオンで、世界各国で現在も柔道を指導されている柏崎克彦氏の技を見せていただき、それぞれのお話を伺うことにした。印刷教材だけでない、もっと広がりを持ったものとして、受講していただければ、ありがたい。

放送番組では、小林敬直プロデューサー、三橋貞子ディレクター、岩崎真サブディレクターに、共に楽しみながら丁寧に制作していただいた。妻和子は、話を聞いて読んで協力してくれた。

印刷教材編集の金子正利氏には、放送番組の制作と並行して、初校から三校まで大幅に変更することになったので、最後まで大変なお手数をお掛けしたが、ゆったりと構えながら細部にわたって御指摘・御確認いただいたことを、ありがたく感謝しています。

平成三十年十二月

魚住　孝至

目次

5 王朝文化の展開（平安中期）　93

6 武士の台頭の中での王朝古典主義（院政期）　113

11 俳諧―近世の文学（江戸中期） 205

12 浄瑠璃と歌舞伎―近世の芸能（江戸中・後期） 224

13 伝統文化の熟成と幕府の終焉（江戸後期・幕末）　248

1 日本文化の基層（縄文・弥生・古墳時代）

《要旨とポイント》 日本列島は、氷河期には海水面が低く、北海道では大陸とつながり、また九州は対馬とも一体で朝鮮半島と近かった。新人（ホモ・サピエンス）が、三万八〇〇〇年前くらいから、北東アジア、朝鮮半島、そして黒潮に乗って中国大陸と東南アジアの四方面から日本列島に移り住んで、長い時間をかけて融合していったようである。

一万六五〇〇年ほど前に土器を作り出し、煮炊きし貯蔵することで食料の範囲を広げて、狩猟・漁撈・採集による縄文文化が東日本を中心に一万数千年以上も続く。多様に装飾された土器の形式から六期に分けられるが、土偶《どぐう》も作られて、自然に神的なものを見て崇拝し、祖霊を尊重する精神が培われたようである。これが日本文化の基層に流れることになる。約一万年前の完新世になってから、日本列島は、海に囲まれ、山と森が多く、四季がある、現在のような自然環境となった。こうした自然の中で独自の文化が形成されていった。

二九〇〇年ほど前から渡来人を中心に灌漑稲作が北部九州から始まり、西日本全域に広がる。農耕だけでなく金属器も使った弥生文化は人口を増加させ、戦争も始まって、ムラからクニへと統合が進んだ。他方、縄文文化が盛んであった東日本では、弥生文化の受容は時間がかかり、縄文文化と融合する形で展開した。紀元一世紀には各地の統合が進んで、大陸に朝貢する首長も現れた。紀元三世紀半ばから各地に首長の巨大な墓である古墳が築かれるようになる。紀元五世紀までには関東から北部九州までがヤマト王権によって統合されるようになった。島国で異民族による支配がなかったので、原初からの自然を崇拝する感性は、文化の底流で続いていった。日本文化の基層が形成される様を考える。

《キーワード》 日本列島の自然環境、縄文文化、土器、土偶、自然崇拝、祖霊、弥生文化、古墳文化

1. 日本列島の自然環境と日本人の起源

日本列島は、アジア大陸の東縁で、北東から南西にわたって弧状に多くの島が連なっている。北から北海道、本州、四国、九州、沖縄、および周辺の諸島である。列島は地球のプレートの四つがぶつかり合って出来た地で、火山列島である。北海道が亜寒帯、沖縄が亜熱帯に属するほかは、温帯に位置し、モンスーン気候で、春夏秋冬の四季が明確である。列島の太平洋側には赤道付近から発する黒潮の海流が流れ、日本海側には黒潮の分かれである対馬海流が流れ、さらに北からは太平洋側に親潮が流れており、東北の沖では黒潮とぶつかって海の幸が豊富である。他方、列島の内部では山地が多く森が広がり、急峻な川が数多く流れ、その河口部に比較的小さな平野が広がっている。海に囲まれているので降雨量は多く、多様な草花が生え、木の実が豊富で、多種の動物が見られる。世界的に見ても、自然は変化に富み、豊かな恵みをもたらしている。他方、毎年六月からは一カ月近く梅雨があり、夏から秋にかけては台風に数度から一〇回以上も襲われる。また火山の噴火やプレートのズレとともに、地震や津波に襲われることもある。災害にも頻繁に見舞われる。

三万八〇〇〇年前頃は、まだ氷河期で海面が今より八〇メートルほど低く、北海道が樺太《からふと》と一体となってユーラシア大陸とつながっており、瀬戸内海はなく、本州・四国・九州がつながって一体

で古本州島であったが、対馬を間において朝鮮半島とは今より狭い海峡で隔たっていた。また琉球列島は、個々の島は今より大きく合体したものもあったが、点々と連なっており、当時は大陸とつながっていた台湾と一〇〇キロメートルほど隔たっていた。この頃から新人（ホモ・サピエンス）が、まず朝鮮半島から対馬ルートで渡ってきて、次いで三万六五〇〇年前からは黒潮に乗り、かつ横切って沖縄ルートで渡ってきて、三万年前頃からは陸続きの北海道ルートからも入り、特に二万五〇〇〇年前頃からは細石刃文化を持った人々が移ってきたようである。これらの三つのルートから入ってきた人々が混血を繰り返しながら、徐々に日本人の古層を形成していったようである。後期旧石器文化は、次の縄文文化まで連綿と続いて大きく途切れることはなかったようである。一万五〇〇〇年前頃、地球の急激な温暖化によって、列島は大陸と完全に切り離されて、現在に近い状況になって、風土に合わせた独自の文化が長い時間かけて形成されてきたのである。

2．日本文化の基層――縄文文化の展開

旧石器時代が長らく続くが、一万六五〇〇年前に世界でも最古級の土器を作った縄文時代から、日本では新石器時代に入る。土器を使って、煮炊《にた》きや貯蔵などが出来、食物の範囲を広げて、狩猟・漁撈・採集によって生活を営む縄文時代が展開する。春夏秋冬で季節ごとにさまざまな自然の恵みを受けながら、一万年以上前から、定住生活が営まれていた。縄文土器の形式により、草創期、早期、前期、中期、後期、晩期と分けられるが、気候がかなり変動する中で一万数千年も続いている。この間は、東日本が中心であったが、北海道から沖縄まで、縄文文化が展開していた。

世界史では、一万一〇〇〇年前にメソポタミアで農耕生活に入ってからを新石器時代とするが、

日本では早くから土器を用いて狩猟・漁撈・採集で定住生活が展開しており、しかも五五〇〇年前から四〇〇〇年前の縄文中期には各地に大規模な集落が現れ、高度の技術も見られるので、日本では縄文時代からを新石器時代としている。以下、各時期を簡単に見ておく。放射性炭素年代の測定とその較正《こうせい》年代や地域によってかなり異なるが、各時期の年代とその時期の特徴を大まかに示すと以下のようになる（較正年代は勅使河原彰『縄文時代史』に拠る）。

草創期（一万六五〇〇年前～一万一五〇〇年前）は、まだ氷期で寒冷な気候だったが、やがて温暖化が進むにつれ、対馬暖流が日本海に流れ込むようになり、日本海側の北陸以北に豪雪地帯が生まれ、春には豊富な雪解け水によって、ブナなどの森林が形成されるようになる。丸底や平底の土器が見られる。

縄文早期（一万一五〇〇年前～七〇〇〇年前）には、温暖化が進んで、一万年ほど前から定住に移行したようである。西日本では照葉樹林帯が、東日本では落葉樹林帯が展開し、沿岸部では貝塚が出来始める。尖底の深鉢が現れ、土偶も作られ始める。

縄文前期（七〇〇〇年前～五五〇〇年前）には、温暖化はさらに進んで海水面が平野部を覆って縄文海進が進む。舟が登場し、大型建物も出現する。平底の深鉢が普及する。

縄文中期（五五〇〇年前から四五〇〇年前）には、大型の環状集落が現れる。東日本から北海道南部までの落葉樹林帯ではブナ、クリなどの実が利用され、内湾では魚介類が食べられ、大きな貝塚が出現する。立体装飾に富んだ大型土器が出現し、新潟では火焔土器が出る。青森の三内丸山《さんないまるやま》遺跡や中部八ヶ岳山麓の遺跡など、縄文文化が最も隆盛した時代である。

縄文後期（四五〇〇年前～三五〇〇年前）には、再び寒冷化して海水面が後退して、干潟が縮小し、中部や関東では堅果類がクリからトチノキに急激に変化し、中部高地では集落が減少する。土瓶型の注口土器など多様な小型土器が作られ、縄文を磨《す》り消した土器が出てくる。

縄文晩期（三五〇〇年前〜二五〇〇年前）には、東日本では亀ヶ岡遺跡の遮光器《しゃこうき》土偶のような異様な土偶も現れ、環状列石や呪術的祭祀の場が見られるようになる。磨消文《すりけしもん》や漆を塗った小型土器も作られる。

ただし二九〇〇年前頃に、北部九州から渡来人を中心にして稲作灌漑農耕が始まっている。灌漑農耕の技術は瀬戸内海を伝わって近畿、東海地方まで四〇〇年ほどで広がったようだが、東日本に広がるのはさらに二〇〇年ほどかかる。北海道には稲作は伝わらず、沖縄に稲作が入るのはずっと後の十世紀になる。したがって、縄文晩期は本州部に限られ、地域によって時期が大きく異なることになるが、一応の目安として「二五〇〇年前」と表記した。

3. 地域の特色に応じた九つの文化圏

縄文時代には、石器や土器を用いて、各地域の自然環境に応じた狩猟・漁撈・採集などを組み合わせた生活が展開した。土器の形式に注目して九つのグループに分けられているが、ここでは地域名を先に挙げて、土器の形式をカッコで示す（図表1－1参照）。これらは、日本列島の各地域の風土的基盤を示すものでもある。

① 石狩低地以東の北海道（北筒《ほくとう》式）

エゾマツやトドマツといった針葉樹が優勢な地域。トド、アザラシ、オットセイという寒流系の海獣が豊富であり、それらを捕獲するための回転式離頭銛《りとうもり》が発達した。

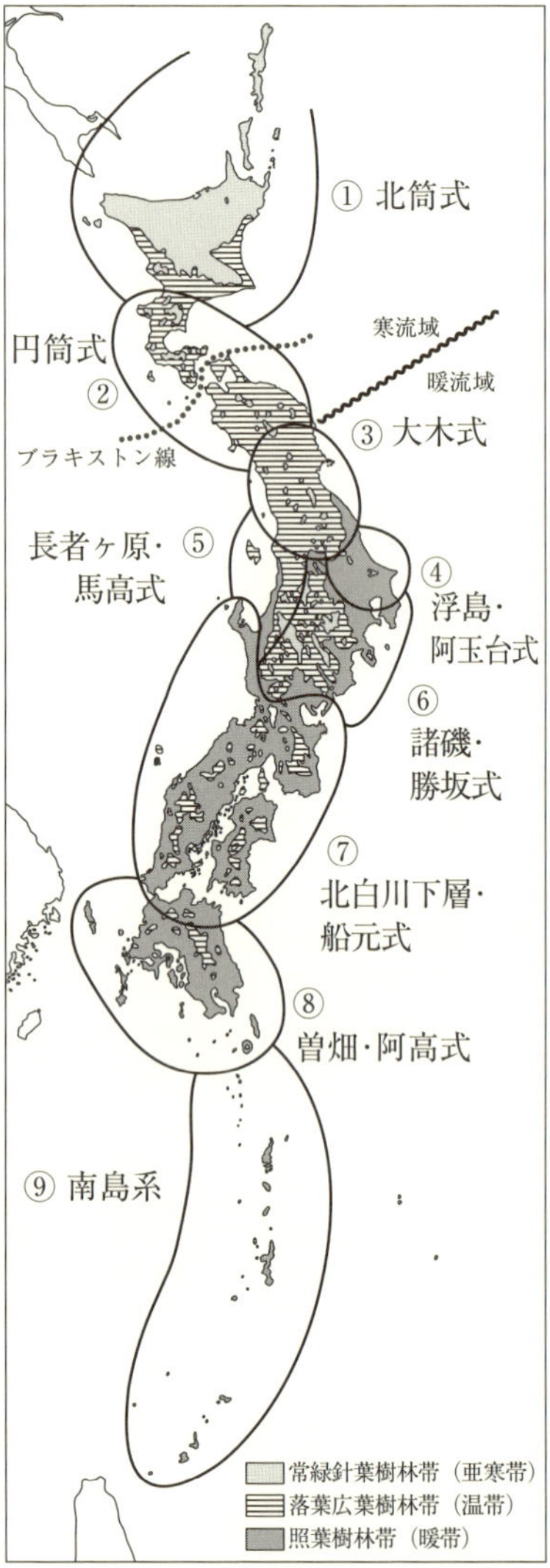

出所：『週刊朝日百科　日本の歴史33』より。©TUBE GRAPHICS

図表1－1　縄文時代の9文化圏

② 北海道西南部および東北北部（円筒式）
植生は落葉樹林帯で、ミズナラ、コナラ、クルミ、クリ、トチノキといった堅果類の採集が盛んに行われた。回転式離頭銛による海獣捕獲も行われたが、カモシカやイノシシなどの陸上のほ乳類の狩猟も行った。三内丸山遺跡など、大型集落も展開している。

③ 東北南部太平洋側（大木《だいぎ》式）
宮城県沖合で寒流・暖流がぶつかる地域で豊かな漁場であるため、カツオ、マグロ、サメ、イルカの漁が盛んであった。また山間部ではニホンジカ、イノシシの狩猟が行われた。

④ 関東（浮島・阿玉台《あたまだい》式）
大きく入り込む東京湾の内湾性の漁撈で、ハマグリ、アサリを採取し、スズキやクロダイの漁

も行った。貝塚が発達し、日本列島全体の貝塚のうち、六割がこの地域のものである。照葉樹林帯の植物性食料の採取とシカとイノシシなどの狩猟を行った。

⑤　北越（長者ヶ原・馬高《うまだか》式）

日本海側の豪雪地帯で、植生は落葉広葉樹（トチノキ、ナラ）で、シカ、イノシシ、ツキノワグマが主な狩猟対象で、川を遡上するサケ漁も盛んであった。豪雪地帯であるため、家屋は大型化した。火焔土器として有名な馬高式土器が特徴。

⑥　中部（諸磯《もろいそ》・勝坂式）

狩猟対象はシカとイノシシで、植生は落葉広葉樹であるが、ヤマノイモやユリの根なども食用とした。打製石斧《せきふ》の使用も特徴の一つである。八ヶ岳山麓に大きな集落がたくさん出来ている。

⑦　西日本〔北陸・近畿・伊勢湾沿岸・中国・四国・豊前・豊後〕（北白川下層・船元式）

植生は照葉樹（シイ、カシ）に、山地帯では落葉広葉樹も加わる。狩猟対象はシカとイノシシで、漁業面では切目石錘《せきすい》（石を加工して作った網用の錘《おもり》）の使用が特徴であるが、これは関東の土器片による錘の技術が伝播して出現したと考えられている。

⑧　九州〔豊前・豊後を除く〕（曽畑・阿高式）

九州と朝鮮半島の間に広がる多島海を舞台とした外洋性の漁撈活動を特徴とする。植生は照葉樹林帯。狩猟対象はシカとイノシシ。九州南部の上野原遺跡では一万年前頃から定住生活が展開していたが、七三〇〇年前の鬼界カルデラの大噴火があり、ほぼ全滅と見られるほどの壊滅的な被害を受けた。

⑨　南西諸島（南島系）

珊瑚礁内での漁撈が特徴で、ウミガメやジュゴンを食用とする。植生は亜熱帯の照葉樹林帯である。

以上、それぞれの地域で自然環境に応じて独自な文化圏が展開していた。これらの特色は、後の時代にも色濃く残ることになる。今日の各地の郷土料理の特色も、これらに基づいているようである。⑥までが東日本であり、人口的に見てもこの時代の中心は東日本であった。

縄文土器を中心にした文化は、上記の範囲に収まることは重要である。北海道から樺太との間、西北九州と朝鮮半島の間、南西諸島と台湾の間は、それぞれ対岸を見ることが出来るが、縄文文化の範囲は上記にとどまった。おそらく対岸地域は言語が異なり、違う文化圏と認識されていたのであろう。日本文化として論じる範囲も、上記の範囲とする。

4. 中部高地の八ヶ岳山麓の遺跡群にみる縄文文化の内容

縄文文化と言っても、上記のように各地域で特色ある文化が展開していたので、一概には言えないが、典型的な中部高地の遺跡を見てみたい。縄文前期から後期にかけて、非常に発達して、他の地域にも影響を与え、そして消えていった。縄文土器が豊富に見られ、さらに大型土偶が見られる。日本の造形意識の原型を示すものとしても注目される。放送教材では尖石《とがりいし》縄文考古館（長野県茅野市）を取材したので、ここは是非映像も合わせて御覧ください。

神奈川県の多摩丘陵から関東山地を巡り、甲府盆地から八ヶ岳の西側へと、諏訪湖から天竜川沿いに少し下がる地帯は、土器の形式からみると勝坂式で、ほぼ一つの文化圏と考えられる。黒曜石の産地があり、旧石器時代から遺跡があるが、縄文草創期の土器は見られない。ところが縄文早期には五〇〇箇所の遺跡があり、前期にはそれが一〇〇〇箇所になって急速に発展して、中期の最盛期には三〇〇〇箇所を超える。けれども寒冷化する後期には一〇〇〇箇所を割り込み、晩期には三〇〇箇所くらいにまで落ち込む。まさに縄文前期から後期までに大発展していた地域で、最盛期には和田峠の黒曜石は関東から東北の三内丸山遺跡にまで運ばれている。ここで作られた土器も関東にも見られる。その意味で縄文文化を典型的に示す遺跡と言えるだろう。同時にこの地域は稲作文化の受容が東日本でも最後期であり、稲作が入っても、縄文文化と独特の形で共存し、神道の古い形を残す諏訪大社や御柱祭りが現在まで盛大に行われているという点でも、日本文化を考える重要な視点を与えてくれると思われる。

この地域では、縄文時代を通じて、数軒から十数軒程度の集落で、広場には墓を中心に竪穴住居が建てられている。祖霊を中心に生活していたようである。周辺の環境は、高原でクリやシイの森林に囲まれており、堅果類を磨《す》り石で挽《ひ》いて食していたようである。マメ科の穀物を栽培していたとも言われる。シカやイノシシの狩猟が行われていた。また諏訪湖では淡水魚を捕り、千曲川や天竜川では遡上してくるサケも食料源とした。季節によって、さまざまな食材を調達していたようである。ムラ同士の交流も盛んであったようで、中期には黒曜石は関東から北陸、さらには東北へも広く分布している。逆に糸魚川の上流産のヒスイの加工品も見られる。この地域の自然条件に応じて、さまざまなものを高度に利用し、また交易しながら生活が営まれていたのである。

多様な土器が作られている。口縁部にヘビやカエル、イノシシなどを象《かたど》った把手の付いた土器が時代を通じて作られている。さらに抽象文様の土器が見られ、さらに顔面を象った把手土器、そしてその展開系と見られる、中で火を灯したと思われる釣手土器も見られる。壊された土偶も多数見つかっている。土器の口縁部のヘビやカエル、イノシシは生命力を象徴するものと思われる。ヘビというより卵胎生で数匹生まれるマムシであろう。ヘビやマムシは脱皮する。カエルはオタマジャクシから変成する。イノシシは数多く出産する。同じく狩猟されていたシカの形はないところから見て、やはり逞《たくま》しい生命力を崇《あが》めていたと思われる。日常生活での実利的には不便となるほどの装飾をするのは、その生命力を得ようとする心性からであろう。また顔面把手や土器に子供の顔が付いたものもある。おそらく出産の時を表し、これも生命力を象徴するものであろう。土偶も妊婦の形であり、壊された形で見つかっている。

けれども棚畑遺跡からは「縄文のビーナス」（国宝）と呼ばれる大型の土偶が壊されずに発見された。腹と尻が張り出した妊婦の像で、高さ二七センチメートルできわめて丁寧に作られており、胸のあたりには黒雲母が煌《きら》めいてよく磨かれている。二本足で立つもので、縄文中期後半の中央の墓と思われる地に、完全な形で横たわっているように埋められていた（一九八六年発見）。壊した形で見つかる小型の土偶とは異なり、聖なる空間に立てられていた像と考えられる。顔はハート型でつり目に彫られており、渦巻き模様の帽子を被《かぶ》っている。作られたのは縄文前期末の五四〇〇年前と見られ、おそらく長期間飾られていた可能性が高い。他の遺跡でも、この像を似せたと思われる顔の像も発見されている。中期で人口が増えていた時期に、妊婦を象り、その生命力を表して、敬虔な思いで丁寧に作られ、集落の中心に祭られていたと推測される。

棚畑遺跡と四キロメートルしか離れていない中ッ原《なかっぱら》遺跡で、約一〇〇〇年後に制作されたと見られる「仮面の女神」（国宝）が二〇〇〇年に発掘された。これもムラのほぼ中央で墓とみられる穴の中で右足は切り離されていたが、壊されずに埋められていた。高さ三四センチメートルでこれもきわめて精巧に作られている。三角形の仮面を顔に付けた姿で後頭部に紐で結んだ様である。これは縄文土器と同じく粘土の輪を積み上げた中空構造である。縄文後期に入る時代で、徐々に寒冷化が進んで生活基盤が危うくなり始めた時期で、それゆえに呪術的な祭祀が盛んになり、仮面を付けた形に作られたと考えられる。

全国的にみれば、縄文後期から晩期にかけては、人の居住域から離れたところに環状列石（大湯環状列石・秋田）や木柱列（真脇遺跡・石川）などが建てられたりもしている。土偶でも亀ヶ岡式の遮光器土偶のような、人間離れした土偶も出現し、広まっている。「仮面の女神」の仮面もそうした呪術に関係すると考えられる。生活の維持も困難になればなるだけ、そうした呪術性が深まる。

やがて八ヶ岳山麓の遺跡は急速に減少していっている。気温が下がって植物の相も変わってきて生活が困難になってきたようである。晩期には、早期以下の三〇〇遺跡くらいに落ちている。

そして二三〇〇年くらい前に、諏訪地方の川沿いの低湿地帯に稲作文化が入ってくる。稲作文化が最も遅く入ることになるのは、それまで縄文文化が盛んであったからだと考えられる。

5．岡本太郎の縄文文化論

戦後、前衛芸術家として活躍していた岡本太郎は、一九五一年に東京国立博物館で縄文土器を見て、衝撃を受けて、「縄文土器―民族の生命力」（一九五六）を書いた。その中で以下のように論じている。

「縄文土器のもっとも大きい特徴である隆線紋は、はげしく、するどく、縦横に奔放に躍動し、くりひろげられます。その線をたどってゆくと、もつれては解け、混沌にしずみ、忽然《こつぜん》と現われ、あらゆるアクシデントをくぐりぬけて、無限に回帰しのがれてゆく。弥生式土器の紋様がおだやかな均衡の中におさまっているのにたいして、あきらかにこれは獲物を追い、闘争する民族のアヴァンチュールです」。

岡本は農耕の弥生に対して、狩猟の縄文は獲物を求めてつねに移動していたと強調しているが、今日の研究では、狩猟だけでなく木の実の採集や漁撈も組み合わせて、縄文早期の一万年以上前から定住生活がなされていたことが判明しているので、その点は訂正する必要がある。けれども岡本が、縄文土器は「日常の三次元を超えた、超自然的な、呪術的な四次元的な性格」を持つとし、「われわれが、縄文土器のあの原始的なたくましさ、純粋さにふれ、今日瞬間瞬間に失いつつある人間の根源的な情熱を呼びさまし、とりかえすならば、新しい日本の伝統がより豪快不敵な表情を持って受けつがれるのです。そうありたい」というのは、芸術家の鋭い直観で捉えられた尊重すべき論だと思われる。

図表１－２　火焔土器
〔写真提供：十日町博物館〕

6．弥生文化の性格とその広まり

弥生文化は稲作灌漑農耕を中心にして、青銅器や鉄器の使用を伴った文化である。弥生土器には、縄文土器のような装飾はない。土偶も作らない。農耕を中心とする生活へと変わって、文化も明らかに変わっている。

弥生文化は、既述のように、北部九州で二九〇〇年くらい前から、おそらく渡来人を中心に展開したようである。やがてそれは瀬戸内海を通って、四〇〇年ほどで近畿地方、さらには東海地方にも展開した。西日本には集落の周囲に深い堀をめぐらせた環濠遺跡が多く見られる。外敵の侵入を防ぐためで、戦いは熾烈なものであったと見られる。この間に混血が進んで、西日本の人口は大幅に増大した。

けれども弥生文化は、中部高地にはなかなか入らない。森があり、縄文の生活が強力にあったからだと考えられる。国立民俗博物館の研究によれば、稲作農耕は日本海を舟で東北南西部に伝わってから南へ下がってきて、最後に関東・中部地域に広まってきたらしい。では、そこで何が生じたのか、諏訪大社のあり様から考えてみることにする。

7．諏訪大社をめぐる考察

(1) 前宮の社

諏訪大社には、諏訪湖をはさんで上社の前宮《まえみや》、本宮《ほんみや》、下社の春宮、秋宮の四つの神社があるが、前宮が元々の発祥の地とされ、おそらく紀元前から祭られていたと考えられる。今日、全国各地に約一万社以上もある諏訪社の総本社である。

諏訪湖は日本列島を横に貫く中央構造線と縦に貫く糸井川静岡線が交わる地で、きわめて特別な場所である。地球規模で見ても、上社は中国からヨーロッパが載るユーラシアプレートの上に建ち、下社はアラスカから北アメリカ大陸が載る北アメリカプレートの上にある。冬に諏訪湖が全面氷結すると、春になってさまざまな気象条件が重なると湖の中心に一直線に氷の断層がせり上がる現象が生じる。地元では上社の男神が下社の女神のところへ行く「御神渡り《おみわたり》」と言われてきた。

諏訪大社前宮は日本でも最も古い神社の一つである。御神体は背後にある山である。昔は日本各地で神奈備《かんなび》として地域の姿のよい形の山に神が鎮まっているとされていた。石段と石畳を登った高台で「神原《ごうばら》」と呼ばれるところに社が建っている。この社の周りを湧き水の川が流れており、日本の神社の最も古い形を示している。

社の周りには四本の柱が立てられている。これは、七年ごとに行われる御柱《おんばしら》祭りで建てられた神木である。御柱祭りでは、諏訪大社四社の四本ずつ、計一六本の大木を建てる。樹齢二〇〇年くらいの直径一メートルもある日本固有の樅の木が山から切り出されて運ばれる。木落しというクライマックスでは聖なる木に氏子たちが乗って急な坂を落とされ、また川越しもして、人力だけで里を一〇キロメートル前後も曳いて運ばれ、神社の四隅に立てられる。諏訪では小さな祠でも四本の柱が立っている。諏訪に限らず、全国で今でも地鎮祭の時には、四隅に竹を立てる神籬《ひもろぎ》を設けるが、御柱は、その原型を示していると考えられる。

(2) 本宮の祭神と地元の神

諏訪大社本宮の祭神は建御名方神《たけみなかたのかみ》で、前宮の祭神はその后である八坂刀売神《やさかとめのかみ》だとされている。実は、『古事記』には、国を平定していた大国主神《おおくにぬしのかみ》に対して、高天原から天照大御神《あまてらすおおみかみ》が国譲りをするように、使者として建御雷神《たけみかづちのかみ》を遣わした。国譲りに反対した大国主神の子の建御名方神が、その使者と「力較べ」をして敗れて諏訪に逃げ込んだ。それで大国主神は、自らを祭る立派な社を建てることを条件に「国譲り」をしたという話が載せられている。興味深いことに諏訪地方では、建御名方神は諏訪に入ってきた時、地元で祭政を司っていた洩矢神《もれやのかみ》と戦って、勝ったので諏訪大社に祭られ、洩矢神は仕えることになったという話が伝わっている。ここでも、地元の長は敗れても殺されずに、仕えることで「国譲り」をしているのである。上社本宮の祭神が建御名方神で、その祭神と同一視される「大祝《おおほうり》」をその後裔が務めていたが、後代には諏訪氏となった。他方、上社の神事全般を掌る神長官《じんちょうかん》は、洩矢神の後裔の守矢氏が代々務めていたとされ、現在七八代目とされる方がおられる。この守矢家の裏手に御頭《おんとう》御左口《みしゃぐじ》総社があり、御左口《みしゃぐじ》神を祭っている。昔はシカの数十の頭を供える祭りがあったとされ、今も守矢史料館には、壁にシカの頭の剥製が十数個飾られている。ミシャグジ神は狩猟を主とする縄文文化の神だと思われる。ミシャグジ神は、諏訪だけでなく、関東にも広く見られ、縄文に遡る神のようである。

諏訪は、縄文文化が盛んな地だったので、水田稲作を主とする弥生文化を受容するのが日本でも最も遅かったが、弥生を象徴する出雲系の建御名方神を祭神としながら、狩猟を主とする縄文系の一族がその神長官を務め、その一族は縄文に遡るミシャグジ神を祭っているというのは、日本文化が縄文を基層としながら、農耕の弥生の文化が支配していることを、典型的に示していると考えられる。

(3) 御柱祭りの起源も縄文文化

改めて御柱祭りを考えると、稲作には関係なく、それ以前の縄文の森の文化を示していると考えられる。「仮面の女神」が出土した中ッ原遺跡には、八本の柱が建てられていたことが思い出される。四本が二つ重なった形で、その方向の先には山があり、神聖な場所であったことは間違いない。

御柱は大きな山の精霊を宿す大きな木で、まっすぐに天に連なるイメージがあったのではないか。御柱祭りの起源は分からない。けれども飛鳥時代の持統天皇の時に諏訪の祭りに使いが遣わされたという記録があり、すでに諏訪大社があったと思われる。「桓武天皇の御宇より始まる」(「諏訪大明神画詞」『守矢家文書』)という記録もあるが、諏訪一国の大祭として制度化されたのがその時で、諏訪大社成立以前からあった可能性が大いにある。現在でも、御柱祭りでは、山での切り出しから二カ月半もかけ、氏子二〇万人も関わっての大祭である。諏訪の国を挙げての祭りで、昔は御柱祭りの年は諏訪では婚礼や家の新築も自粛してこの祭りに集中したと言われる。これも古くからの神事であるからこそ、大きな代償を払っても受け継がれてきたと考えられる。

遺跡や遺物は過去のものだが、かつては各地にあったと思われる縄文からの祭りが、ここでは神事ゆえに変わることなく遠い昔から先祖代々今にまで受け継がれており、いまだにわれわれの血を沸かせる何ものかを持っているのではないか。

諏訪大社の特有の祭祀のあり様や御柱祭りに、縄文文化の痕跡が色濃く見られるのも、この地が縄文文化が盛んであった地であり、稲作農耕の文化が入ってきても、それに抵抗して、祭りの形で民衆の間で受け継がれてきたからではないだろうか。

8. 日本文化に対する見方

以上、見てきたように、縄文時代は一万年以上も続いて、北は北海道から南は沖縄まで広がる。境界という点でも、北海道から、西は対馬、南は沖縄まで、ほぼ今の日本の国土とされる地までが縄文文化の範囲と考えられる。縄文文化は自然の恵みに感謝をささげる祭りを盛んにし、縄文土器にも恵みをもたらす呪術的な意味が込められて、長く続く中で、あれだけ複雑な紋様や造形美を作り出したと言える。

その後、紀元前十世紀後半、北部九州から稲作農耕が始まる。農耕文化は自然を人間の手で作り変え、生産性も高い文化であるが、また土地や生産物をめぐって熾烈な戦争も起こり、そのためにムラの周りを堀で取り囲む環濠集落が多く出来た。それは瀬戸内海を通って近畿、東海まで広がるが、その先の中部には入らず、むしろ海によって東北から南下して、紀元前四世紀頃になって関東・中部に伝わってきたようである。東北北部では稲作をいったん受け入れながら、すぐに縄文に戻って続縄文文化が展開し、後の蝦夷、さらにアイヌの文化に影響する。南の沖縄でも縄文文化の影響を受けた独自の貝塚時代が続き、稲作農耕が入るのは十世紀頃で、その後琉球王国が展開する。アイヌや沖縄の文化が、日本の基層の文化を残していると言われるのも、そうした縄文文化と弥生文化の展開の仕方によるものだと考えられる。

本州中部高地の縄文遺跡と、その近くの諏訪大社に焦点を絞って考えてみた。ここは日本の中央で森に囲まれた地ゆえに、日本の基層の文化を色濃く残していると考えられる。けれども弥生文化が入ってきた時にも『古事記』の「国譲り」と同じような形で、徹底的な戦争や殺し合いで征服する形ではなかったようである。

弥生時代の後、各地に豪族の古墳が造られる古墳時代に入る。古墳も最初は多様な形態であったが、やがて大和を中心とする前方後円墳の特徴的な形が、関東から北部九州まで見られるようになるので、日本は、本州では五世紀までには大和を中心とする勢力によって統一されたようである。

六世紀以降、日本は中国をモデルとして急速に文明化を図る。中国の形式をまねることになるが、中国では都を城壁で囲んでいるが、日本の都には城壁はなかった。また先進文明の象徴として仏教を取り入れるが、在来の神への信仰は決して手放さなかった。そもそもヤマト王権の首長の大王は、その後、権力を持った貴族や武士が出てきても、天皇として今日まで継承されている。

次回からは、文字や記録の残る歴史時代に入るが、これからも今回見たような底流で受け継がれているものにも注意を払いながら、その都度の歴史の変化とともに、日本文化がどのように展開していったのかを考えたい。

参考文献

海部陽介『日本人はどこから来たのか?』（文藝春秋・二〇一六年）
『週刊朝日百科　日本の歴史33』原始・古代③「火と石と土の語る文化」（朝日新聞社・二〇〇三年）
小林達雄編著『世界遺産　縄文遺跡』（同成社・二〇一〇年）
勅使河原彰『縄文時代史』（新泉社・二〇一六年）
藤森英二『信州の縄文時代が実はすごかったという本』（信濃毎日新聞社・二〇一七年）
『新潟県立歴史博物館　常設展示図録』（同館・二〇〇〇年）
東京国立博物館特別展『縄文―一万年の美の鼓動』図録（同館・二〇一八年）
岡本太郎「縄文土器―民族の生命力」（『日本の伝統』・光文社知恵の森文庫・二〇〇五年［初出：一九五六年］）
『諏訪市史　原始・古代・中世』上巻（諏訪市・一九九五年）
国立歴史民俗博物館企画展示『弥生ってなに?!』（歴史民俗博物館振興会・二〇一四年）

2　日本文化の基盤形成（飛鳥時代）

《**要旨とポイント**》六世紀後半以来、大陸から漢字、仏教、律令制度を取り入れ、文化と社会の文明化が図られた。聖徳太子による改革から始まり、七世紀半ばの大化の改新以降、朝鮮半島の百済《くだら》・高句麗《こうくり》が滅亡する中で、多くの渡来人も用いて日本の国家体制が急速に整備された。

　六七二年の壬申《じんしん》の乱に勝利して即位した天武天皇は、天皇中心の日本的な律令体制の構築を図った。官寺を大規模に建立するとともに、伊勢神宮の社殿を建て皇女を派遣して斎宮制も復活させた。乱の中で旧来の多くの貴族は滅ぼされたので、八色《やくさ》の姓《かばね》を制定して貴族を再編成し、自ら「天皇」と称し始めた。その体制を神話的にも基礎づけるために、国造りから天孫降臨により支配が全国に及ぶとする神話と歴史の編纂を命じた。

　天武天皇の後、その后が継いで持統天皇となったが、令を施行し、大規模な藤原京を造営した。薬師寺など寺院を造営し、精巧で美しい白鳳仏が作られている。柿本人麻呂を登用して宮廷を歌わしめて、天皇の神格化を図り、やがて『万葉集』の最初の形が作られた。伊勢神宮の遷宮も制度化した。七〇一年大宝律令が成立して、日本的な律令制が完成し、翌年には三三年ぶりに遣唐使を派遣し、対外的に「日本」を称するようになった。

《**キーワード**》漢字、仏教、律令制度の導入、仏像、寺院、神社、天皇、神話、歌謡、遷宮、日本

1．飛鳥・白鳳時代の文明化

六世紀末を画期として、日本では急速な文明化が進展する。それは東アジア全体の統一の動きに連動したものであった。中国では、五八九年に長く続いた南北朝時代を統一して隋が大帝国を建設した。朝鮮半島では北方に高句麗、南西に百済、南東に新羅《しらぎ》の三国が鼎立しており、それぞれ統一前後から隋に遣使をしている。半島の最南部で日本と関係が深かった伽耶《かや》諸国は存立が危うくなった。こうした国際関係が緊張する中で、氏族社会にあった日本は、文明化を急いでより強い集権体制を構築することが課題となった。

政治的にみれば、五九三年、聖徳太子（厩戸皇子《うまやと》）が推古天皇の摂政となり、翌年に仏法興隆の詔を出している。『隋書』によれば、六〇〇年に日本は隋に使者を送ったが、使者は官位を問われても答えられず、まともに相手にされなかったという。六〇三年に冠位十二階を制定し、翌年憲法十七か条を公布している。六〇七年に遣隋使を派遣、「日出る処の天子、書を日没する処の天子に致す」と対等の交渉を開始する。聖徳太子が没する六二二年までが改革の第一段階であった。

その後、権勢を揮《ふる》った蘇我入鹿《そがのいるか》を、六四五年に暗殺した乙巳《いっし》の変で大化の改新が始まる。中大兄《なかのおおえ》皇子や藤原鎌足《かまたり》を中心に、隋から帰った留学僧らを重用しながら律令体制の構築に向けた改革が始まる。宮家や豪族が持つ部民《べのたみ》を廃止してすべて公民とするとともに、部民支配の拠点だった屯倉《みやけ》も廃止して、「国―評《こおり》―五十戸《さと》」の三段階で全国の公民を支配する機構を築いた。公民制と官僚制を創出して統一的な国家体制を構築したのである。改新政府は「薄葬令」などを出して、従来の風俗を改めて、中国風の儀式作法を採用した。

国内では東北へ遠征軍を送り、遣唐使を二度派遣しているが、国際情勢は厳しさを増し、六六〇年に唐と新羅が百済を滅ぼした。日本は百済再興を目指して朝鮮に大軍を送ったが、六六三年、朝鮮の白村江で大敗した。この危機に直面して改革は急を要した。翌年、対馬・壱岐・筑紫に防人《さきもり》・烽火《とぶひ》を置き、筑紫に水城《みずき》を築いた。次の年から二年おきに三度も遣唐使を派遣しているのは、敗戦に伴った厳しい交渉だったのだろう。六六七年に飛鳥から琵琶湖に面した近江京に遷都するのも、攻め込まれた時に備えてのものだったと見られる。翌年、高句麗が滅ぼされる。日本は、滅亡した百済・高句麗からの大量の渡来人を受け入れ、彼らの力も使って急速に文明化を図った。大化の改新以来、改革を主導してきた天智天皇はその三年後に没した。

六七二年、近江京から吉野に逃れていた大海人《おおあま》皇子は東国の軍勢を味方につけて、天智の息子大友皇子の近江朝廷軍と戦って勝利した。古代史上最大の内乱・壬申の乱である。

翌年、飛鳥浄御原《きよみはら》宮で天武天皇として即位した。壬申の乱によって、近江朝廷側についた旧来の豪族の多くが没落して、天皇中心の体制が構築された。「大王《おおきみ》」に代えて「天皇」という称号が用いられるようになったのは、天武朝からである。伊勢神宮を皇祖として崇拝し、皇女を斎宮として送る体制を復活させた。この頃、朝鮮半島では新羅が半島を統一した後、唐の軍勢と戦って破り、六七六年には唐の勢力を半島から追い出した。日本は新羅と関係を結んで、国内体制の再構築に力を集中することが出来た。

六八一年、天武天皇は、飛鳥浄御原令の編纂を命じ、八色《やくさ》の姓を制定し、国史の作成を指示している。『古事記』と『日本書紀』の編纂作業がここに始まる。六八六年に天武が没すると、六九〇年に后が持統天皇として即位し、飛鳥浄御原令を施行させた。六九四年には今までにない条坊制を敷く大規模な都・藤原京を建設した。藤原京には大官大寺や薬師寺が建立されたが、持統朝では、伊勢神宮の遷宮制も始まっている。また柿本人麻呂を登用して天皇賛歌や皇子の挽歌などの長歌を作らせて、『万葉集』の基になる部分が出来ている。七〇一年には大宝律令が完成している。六七二年の壬申の乱から七一〇年の平城京遷都までを、文化史では白鳳時代と呼ばれるが、この時期、奈良に連続する政治体制が始まったということが出来る。

この急速な文明化を象徴するものが、仏教文化の展開である。

2. 仏教の定着―飛鳥・白鳳の仏像と寺院

仏教が伝わったのは、『日本書紀』によれば、五五二年に百済《くだら》の聖明王から仏像と経典がもたらされた時である。それ以前から渡来人たちによって私的には伝えられていたが、これが仏教公伝の年とされる（『元興寺縁起』によって五三八年とする説もあるが、『日本書紀』記載の年が後の東大寺開眼供養の年や末法初年の算定に影響する）。

百済王は、仏教はインドから朝鮮三国まで皆、国家を守るものとして展開してきたので、東の日本にも伝えんと送ってきたのである。欽明《きんめい》天皇は大いに喜び、「仏の相貌《かお》瑞厳《きらきら》し。全《もは》ら未だ曾《かつ》て有らず。礼《いやま》ふべきや不《いな》や」と臣下に問うた。蘇我氏は、諸国が皆礼うので、日本だけが独り反することは出来ないと賛成したが、物部《もののべ》氏や中臣《なかとみ》氏は、天皇は八百万《やおよろず》の神々を崇拝して治めておられるのに、「今改めて蕃神《あだしくにのかみ》を拝みたまはば、恐るらくは国神《くにつかみ》の怒《いかり》を致したまはむ」と反対した。仏教は外国の神と受け取られ、在来の神との関係が問題となって、仏教を取り入れる崇仏派と、神の祟《たた》りを恐れる廃仏派に分かれたのである。天皇は蘇我氏に試しに拝ませたが、国中に疫病が流行って多くの人が死んだので、物部氏は神の祟りだとして、仏像を流し捨てさせ、寺を焼いた。ところが風も雲もなかったのに、皇居の大殿ににわかに火災が起きた。これは仏教の教えとは関係がないが、祟りと捉えられたのである。

『日本書紀』は、翌年五月、河内の国から和泉の海中から仏教の楽の音がして、日輪のように美しく照り輝いている奇事があるとの報告があったので、役人を遣わし調べると、海中に照り輝く樟《くすの》木《き》を見つけた。天皇はこの樟木を用いて仏像二体を作らせて吉野の寺に納めた。その仏像は今も光を放っていると記している。

樟木は古来神の宿る聖なる木とされていたが、光と音を発する樟木は仏像として祭られたのである。ここでも仏教は不思議な強い力を持つ神として祭られたのである。

最初から仏教の教えではなく「瑞厳し」い仏像が大きな驚きであった。日本では、従来神を像として表すことはなかったからである。仏教は、国家を守る強力なもの、諸国が一致して尊崇すべき普遍的なものとされ、国全体を守る強い呪力を期待して受容された。それは、従来の神を否定するものではなく、国全体を守ってくれる大きな力を持つものとして尊崇されたのである。しかも仏像を拝むことによって、その不思議な呪力を得られるのであるから、立派な仏像を作ることが大事なことになる。仏教には国家を鎮護する役割が期待され、後に国を守る巨大な仏像を造ることになる発想の基がすでにここに見られる。

とはいえ、仏教は外国からもたらされた先進の文明であったので、はるかに長く続いた神祇信仰からの抵抗は大きかった。蘇我氏と物部氏の権力争いも絡んで戦争になり、物部氏が滅ぼされてから仏教の本格的な受容が始まる。

最初に蘇我氏が建てた飛鳥寺は、六世紀末、それまでの古墳に代わって礎石に柱を立てた瓦葺きの建物で、五重塔を三つの金堂が取り囲んでいた。百済から工人を多数招いて建立されたが、彼らの技術を日本の工人たちは非常な驚きと憧れを持って学んでいったであろう。金銅製の飛鳥大仏が造られたが、今日に伝わる像は後代に大幅な修復がなされたものなので、当時の姿は不明であるが、鞍作《くらつくりの》止利《とり》の作という。藤ノ木古墳の出土品に見られる金銅製の美しい鞍を作る技術を応用して仏像を制作したのであろう。飛鳥時代は止利様式の仏像が多く見られる。六二三年に制作と銘がある法隆寺の釈迦三尊像が基準作になるが、正面向きで左右均等で作られている。顔は細面で杏仁《きょうにん》形の目で大きな鼻、口元にアルカイック・スマイルを浮かべる。衣文は形式的で、左右の脇侍仏は真っすぐに立っており背面が作られていない。中国の南北朝時代の北魏様式をモデルとしている。

聖徳太子は蘇我氏系の皇子で、仏教尊崇の念が篤く、物部氏との戦いに際しても、勝てば寺を建立すると誓っていたので、勝利の後、四天王寺と法隆寺を建てたと言われる。推古天皇の摂政となって臣下に示した憲法十七条の第二条は「篤く三宝を敬へ。三宝とは仏・法・僧なり」と示している。聖徳太子の著とされる『三経義疏《さんぎょうぎしょ》』は、『法華経』『維摩《ゆいま》経』『勝鬘《しょうまん》経』の注釈・解説書だが、いずれも在家仏教で一切衆生が成仏することを説いていることが注目される。聖徳太子に関しては、後から付与された虚像が大きく、太子の実像がどうであったかよく分からず、『三経義疏《ぎしょ》』に関しても太子のものではないとする説も強いが、日本では仏教受容の初期から在家仏教で一切衆生の成仏の立場が取られていたことは確かで重要であろう。日本仏教において『法華経』は常に最重要の経典とされ、また在家主義であることも以後の日本仏教の大きな特徴となる。

わずか三〇年後の推古朝末には、寺が四六、僧侶一三八五人を数えたという。最初は百済の工人が建てたが、次第に彼らに学んだ多くの日本の工人たちが寺院を建て、仏像を作ったと思われる。日本には中国や朝鮮には見られない専門の仏師が存在していた。

聖徳太子が法隆寺に隣接して造営した中宮寺に蔵されている半跏思惟像《はんかしゆい》がまさしく日本的な仏像として有名である。半跏思惟像は、当時の朝鮮半島の百済で多く作られていた。広隆寺の半跏思惟像はアカマツに彫られており朝鮮で作られた可能性が高いが、中宮寺の像は日本のクスノキで、七世紀後半に日本で作られた像である。広隆寺の像と比較して、顔は小さくなり胴体は大きくなって人体のプロポーションに近づいている。中宮寺の像は二一もの部材を組み合わせて作られており、頬に指をつけて思惟する右腕の角度は微妙に調整されている。背筋が真っすぐで穏やかな表情で静かに瞑想している深い思いが表されている。現在は失われているが、宝冠を持ち、腕輪や首飾りもしており、さらに彩色もされていた。この仏像は非常に精巧に作られている。仏師は特にクスノキという霊木に敬虔な思いで工夫を凝らして作り上げたと考えられる。

法隆寺は六七〇年の火災後、七世紀末に再建されたものだが、伽藍は、それまでの左右対称式を破って、塔と金堂が回廊の中に並び建つ形であり、日本的な様式である。今日、一三〇〇年も前の白鳳時代に再建された中門、五重塔、金堂がそのまま残っており、世界最古の木造建造物で世界遺産となっている。建物は日本の風土に合わせて屋根は大きく張り出しており、組物にも独自の工夫が見られる。中心の心柱は、樹齢二〇〇〇年を超え、年輪年代によると五九四年頃に伐り出されたものという。心柱は五層の屋根とは直接には接合されておらず、塔内部は中空ゆえに柔軟性があって、地震にも揺れを逃す柔構造を持っており、幾多の地震にも倒壊することなかった。その知恵は最新の高層ビルにも応用されている。これらの建物は、近くに住む代々の法隆寺の宮大工や左官による時々の修理によって今日に伝えられている。柱が腐れば、その部分を切り取り、元の部分と接合させて補強している。鎌倉、室町、江戸時代に大きな修理をした跡が見られる。昭和になって解体修理が行われたが、その過程で改めて当時の宮大工の技のすごさに学ぶところが多かったという話は有名である。

五重塔の初層の四面には釈迦の一代記を描く塑像群が置かれている。特に北面の釈迦涅槃《ねはん》に対して、それを嘆く羅漢たちのさまざまな表情が、悲嘆を見事に表現している。

金堂の内部に描かれた四面の壁画（特に北面の阿弥陀如来と脇侍の観音菩薩像、勢至《せいし》菩薩像が有名である）は、顔や体が朱線の隈取《くまど》りによって立体的に表現され、何色かの美しい色が塗られ、その技法は後に見られる「源氏物語絵巻」などの作り絵の元となっている。画像の形がインドのグプタ様式から敦煌仏の影響を受けているとよく言われるが、細部まで見事に仕上げられ芸術性と深い精神性ははるかに勝ると思われる。

薬師寺は、元々は天武天皇が皇后（後の持統天皇）の病気平癒を祈願して建てられたと言われ、藤原京において大々的に拡張建立され、さらに平城京に移築された。薬師信仰は薬効により病気平癒を願うところに発していた。仏教は現世を超越する教えではなく、現実的な呪術的な効果を願っていた。金堂の薬師三尊像は金銅製で、本尊は二・五メートルの坐像で堂々として威厳があり、三メートルを超える日光・月光菩薩が両脇侍にあるが、外側の足に重心をおき、内側へと身を左右にねじった姿が自然で美しい。東院堂の聖観音像は二メートル近い金銅仏だが、均整がとれ、質量感にあふれ、左右はほぼ対称ながら少しねじるようにして、衣文も軽やかな動きを秘め、何より神々しい像である。

日本の美術史では、飛鳥から白鳳の仏像を、北魏様式から初唐様式へと、モデルとした海外のものとの比較で論じられることが多いが、いかにその都度の最新式をモデルとして、それを見事に消化して形象化したか、まさに宗教性と芸術性を評価すべきだと思われる。モデルとなったとして示される中国や朝鮮の像や絵画よりも、その芸術的な完成度、宗教性はより気高いように思われる。日本では、仏教思想よりも、まず寺院や仏像の造形に驚いて、より聖なる像や画を作ろうとした必死の努力を見るべきであろう。仏像は仏の依代《よりしろ》として、敬虔な思いで作られたからであろう。

3．神道の形成と神社建築の問題

飛鳥から奈良時代にかけては、仏教の導入に目が奪われがちであるが、この時代に同時に神道も形成されていたことは注目すべきである。『日本書紀』では、聖徳太子の父の用明天皇について「仏教を信じ神道を尊ぶ」とあり、仏法興隆の詔を発した推古天皇も遣隋使派遣の直前に「神祇を祭祀するに、豈《あに》怠りあらんや」と述べ、臣下に神祇を拝するように命じたという。大化の改新後、孝徳天皇は大化の年号の制定を「天地神祇に告」げている。そして壬申の乱後、天武天皇は伊勢の斎宮を復活させて、皇女を送っている。天武天皇は、天皇が行う大嘗祭《だいじょうさい》を始め、諸神に幣を奉献すること、諸部族の服属儀礼として大祓《おおはらえ》も合わせて行い、これらはすべて以後に受け継がれることになる。そして持統天皇になって、伊勢の式年遷宮が制度化される。

昔は神籬《ひもろぎ》や磐座《いわくら》に神を招いたが、神は「畏れ多い」存在ゆえ、祭りが終われば撤去されて、常設の宮はなかった。弥生から古墳時代にかけて、高床式の倉庫が神聖な祭りの場とされていたが、この時代から寺院建築に刺激を受けて、周りに柵もつけた神社を建設し始めた。伊勢の神明造と出雲の大社造とでは、平入（正面に入り口）と妻入（側面に入り口）で対照的であるが、このような社殿が造られたのは七世紀後半であり、近年では伊勢と出雲は、仏教建築に比肩する固有の建造物としてヤマト王権が創建したと見られる。

伊勢神宮の内宮《ないくう》は、天照大御神《あまてらすおおみかみ》を代々宮中に祭ってきた八咫鏡《やたのかがみ》を崇神天皇の時に御殿を共にするのは畏れ多いとして、大和の笠縫邑《かさぬいむら》に神籬《ひもろぎ》を立てたが、次の垂仁天皇の時に五十鈴川上流の現在の伊勢の地に鎮まったという。天武天皇は、天照大御神を皇祖として祭り、皇女を遣わして斎宮制を復活させている。持統天皇時代から、二〇年に一度の遷宮が制度化された。社殿は土に穴を掘って立てる掘立て柱形式で建てられるので二〇年もすれば土に埋められている部分は腐ってしまう。そこで社殿は建て替えて、霊力も新たに賦活する。常若《とこわか》の思想である。社殿の建て替えだけでなく、社殿に納める神宝もすべて新調する。この時、元の物と寸分違わぬ同じものを作るので、それらを作る過程で技術の伝承がなされる。神宝は現在の皇大神宮（内宮）分だけで、九一種の装束、武器、武具、楽器、文房具その他で総計五四〇点にものぼる。伊勢神宮だけでなく、全国の大社でも定期的に社殿造替が行われ、神宝類が新調されてきた。造替と新調により神威が再生するとされるのである。

飛鳥以前には、それぞれの地にそれぞれに八百万《やおよろず》の神々が存在していたが、白鳳時代に、天皇家の天つ神を中心として、地の神を序列化して神々の体系化を図ったと見られる。その体系化が『古事記』『日本書紀』に語られており、この神話を拠り所として、以後に神道が形成されることになる。

4．『古事記』に語られる日本神話

『古事記』は、天武天皇の命により、稗田阿礼《ひえだのあれ》が誦習して、それを太安万侶《おおのやすまろ》が筆録したという最初の書であり、成立は七一二年である。言霊《ことだま》への信仰に拠り、神の名前や伝承されてきた歌謡は正確な音で伝えようとするところから、これらの記述には、漢字の音を借りて、基本的に一音一字で記す万葉仮名のやり方で記されることになる。

『古事記』の記述には、天武天皇から始まった天皇の支配を正当化して理論付けるために、手を加えられた部分も多くあると思われるが、基本的には古墳時代から弥生時代、さらに縄文時代に遡る起源を持つ神話が語られていると見られ、以降の日本の歴史でも生じる祖形が表されていると思われる部分も多い。そのため、その特徴的な点に絞って内容を見ておくことにする。

＊本書では、『古事記』の訓みは基本的に新編日本古典文学全集本に拠るが、読みやすさを旨として、表記は適宜変え、音を写したと思われるものはカタカナを、漢字の意味を採ったと思われるものは漢字を原則として適宜選択する。初出は正式名を記載したが、再出以降、「神《かみ》」や「命《みこと》」を省略する。

(1)　国生みと三貴神

上巻は神代の巻で、「天地初発《あめつちのはじめ》」は「高天原《たかまがはら》」で天之御中主神《あめのみなかぬしのかみ》、高御産巣日神《たかみむすびのかみ》、神産巣日神《かみむすびのかみ》の名が挙げられるが、独り神で隠れてしまう。神々に続いて最後に挙げられたイザナギノミコト、イザナミノミコトの二神の交わり（「みとのまぐはひ」）がなされ、最初に生まれたのはヒルコで、良くなかったので、二神は天つ神に申し上げた。天つ神は「ふとまにに卜相《うらな》」って、女が先に男に声をかけたのがよくなかったとし、イザナギが先に声を掛けてから交わり、国生みがなされる。日本の国土を表す本州など八つの島を生み、さらに土・岩・風・海・山・野などの神々も生むが、最後に火の神を生んだために、イザナミは焼かれて死んでしまう。悲しんだイザナギは地下の黄泉《よみ》の国に行き、イザナミに還るべく乞う。イザナミはすでに黄泉の物を食べたので還れないが黄泉の神と交渉してみるので、姿を決して見てはならないと言い置いて行く。イザナギはあまりに久しく待たされているうち、禁を破って火を灯してイザナミの姿を見ると、その体にはウジがたかり、全身に八つの雷が居た。イザナミは醜い姿を見られたと怒って追手を向け、自らも追いかけてきたが、イザナギは何とか逃げて黄泉津平坂《よもつひらさか》を石で塞ぐ。かくてこの世と黄泉の国とが分かれるが、イザナミは人草（人）を一日に一〇〇〇人殺すと言うのに対して、イザナギは一日に一五〇〇人を生もうと言う。自然の中で人間の生と死が語られている。その後、イザナギは日向のあはき原で禊《みそぎ》をして、そこからも数々の神々が生まれるが、最後に天照大御神《あまてらすおおみかみ》（以下アマテラス）、月読命《つきよみのみこと》、須佐之男命《すさのおのみこと》（以下スサノオ）の三貴神が生まれ、それぞれ高天原、夜の国、海原を治めるように命じられる。アマテラスは女性、スサノオは男性と描かれている。アマテラスは父神の命にしたがうが、スサノオは「妣《はは》が国の根《ね》の堅州国《かたすくに》」に行きたいと泣き喚いたので追放される。スサノオは追放される前にアマテラスに別れを告げんと高天原に上って来るが、あまりの勢いにアマテラスは攻めてきたと誤解して武装して身構える。スサノオは邪心がないことを誓約して勝負する。アマテラスはスサノオの剣を三つに折って三女神を生むが、スサノオはアマテラスの勾玉《まがたま》を噛み砕いて五男神を生む。かくてスサノオが勝ち、その「清く赤き心」が証明される。スサノオは勝ちすさびをして高天原で狼藉を働いたので、太陽神のアマテラスは岩屋に隠れる。天下が暗黒になって災害が生じたので八百万の神々が集まって相談をしたが、アメノウズメノミコトが神憑《かみが》かりして踊り、神々がどっと笑いどよめいたので、アマテラスは何事かと思って岩を少し開け、鏡に映った自分の姿を見て、自分よりも貴い神が出現したかと思って驚く間に、手力男《たぢからお》命が天の岩戸を投げ飛ばし、世に光が戻った。スサノオは、地上の出雲へと追放される。

　さて、以上を見ただけでも、日本の神話の特異性は際立っている。すべてを創り出す創造神などはなく、最初に「天之御中主神」はまさに活動の場を開き、「むすび」を核とするすべてを生む力そのものというべき二神が現れては隠れている。隠れるというのは表立たないが、以降のすべての生む根源になる。

　そしてイザナギ・イザナミという男女二神の交わりによって、国土が生まれるというのは、世界中の神話でも他に類を見ないことである。生殖に自然の大いなる力を見出していた縄文以来の意識によるものと考えられる。江戸時代の国学者の本居宣長《もとおりのりなが》が、国生みを陰と陽、理と気などで理論化して論じるのでなく、交わりとするところに、中国的な「漢意《からごころ》」に汚されぬ素朴な思いが表されており、むしろ男女の交わりによって命が生まれるという不思議さに改めて思いを致すべきであると論じることになる（『直毘霊《なおびのみたま》』）。二神の交わりで国土が生まれたとなれば、その国を生んだ神々の子孫が支配することを正当化する理論になる。

　イザナギが亡き妻を慕って黄泉の国へ降り、妻の姿を見るなという禁を破って、怒りをかって逃げる話はギリシア神話にも見られるが、日本神話では、その後、禊をするところから、重要な働きをする三貴神が生まれる。禊は日本の神道で最も重視される儀式であるが、そこから実質的にこの世を成り立たせる太陽や月、海の神が生まれるというのも日本独特の神話である。以降、アマテラスとスサノオの話となるが、夜の世界を支配する月読命が以後ほぼ登場しないのは不思議である。

思えば最初に現れた天之御中主神が後には語られていなかった。このことに日本の神話の深い意味を見出したのは、ユングの深層心理学を学びながら、西欧とは異なる日本人の独特の心性を問題にした河合隼雄《はやお》である（『神話と日本人の心』）。河合は、最初の三天神でも、高御産巣日神は高天原を統治するアマテラスの背後にあって常に父性的な原理をもたらす神格であり、神産巣日神は母性的な原理の神格であるが、天之御中主神は中心にありながら何ら行為しない。月読命もアマテラスとスサノオの中にありながら行為せず、ともに中空構造をなしていると指摘している。けれども重要なのは、中空そのものより、中空を介して対立するものが働いて全体がバランスを取って展開することであろう。しかも河合は、イザナギとアマテラスに父と娘、イザナミとスサノオに母と息子の原理を見出し、基本的に母性原理が優勢であることを指摘している。男女が親子を成して、交錯しながら世代を超えて展開することになる。

(2) 国譲りと天孫降臨

出雲に降ったスサノオは、八つの頭と尾を持つ大蛇のヤマタノオロチを退治して土地のクシナダヒメと結婚する。スサノオの六代後の子孫が大国主神《おおくにぬしのかみ》である。最初オオアナムヂノカミと呼ばれる。オオアナムヂは、八十神の兄弟がいるが、稲羽（因幡）の素兎《しろうさぎ》を助けて、八上姫《やがみひめ》と結婚するが、兄神たちの嫉妬を受けて二度殺されるが、母神により復活し、迫害を逃れるために、根の堅州国に行く。そこにはスサノオが住んでいるが、その娘のスセリビメが迎えて「目合し」て結婚する。しかし二人の結婚を認めない父のスサノオは、オオアナムジを蛇が棲む部屋に寝かせ、ムカデや蜂の室に入れ、野原では火を放つなど、次々と難題を出す。オオアナムジはスセリビメの助けによって、これらを克服し、ついにスセリビメを背負って太刀や弓矢、琴を持って地上に戻ってくる。スサノオは追いかけるが、最後にはオオアナムジに「大国主神」となれと祝福の言葉をかける。

大国主神は地上に戻って、スクナビコナノカミ（神産巣日神の子）の協力を得て出雲の国づくりに成功する。その時になってアマテラスは、地上の葦原中国《なかつくに》も自分の子孫が統治すべきだと考えて、高天原から子（実はスサノオがアマテラスの勾玉を噛み砕いて生まれた男神）を降そうとするが、その子供、つまり天孫となるニニギノミコトが降ることになる。

アマテラスは出雲に使いを遣わして交渉するが、三度目に降った使者の建御雷《たけみかづち》神が、大国主神の息子の建御名方《たけみなかた》神に対して圧倒的な力を見せ、建御名方神は諏訪に退避して服従を誓ったので、大国主神は大きな社を築いて祭られることを条件に「国譲り」をすることに同意する。

天孫のニニギノミコトが葦原中国へ降臨してくる。ニニギは山の神の娘と結婚し、三人の子が生まれるが、その内のホオリノミコトが海の神の娘と結婚して、その霊力も得た子が地上の世界を支配することになる。それが初代の神武天皇である。

ここには、天皇の支配を神話的に基礎づけようとする、白鳳から奈良時代の編集意識を感ぜざるを得ない。けれども敵を滅ぼすのではなく、祭ることを条件に「国譲り」で平和的な形で支配が成されていることは注目に値する。異民族の支配がなく、敗者の神が祭られることで、融和的に支配が展開するのは、これまで弥生時代に諸国が統合されていく過程であったことであろうし、また、これ以後の歴史でも、武士が支配しても天皇は滅ぼされず、また武士の最後の将軍が大政奉還して内戦を回避して殺されることがなかったことは、この祖形の繰り返しとも考えられる。

また天皇の父（ウガヤフキアエズノミコト）が生まれる時、海の神の娘が出産の時の姿を見るなという禁を夫が破ったので、妻は子を残して去ることになる。妻は夫を恋しながら、歌を詠み交わして別れる。実はイザナギが黄泉の国を訪れた時にも禁を破った罰を受けずに、イザナギとイザナミは人草を殺し、生むという話で終わっていた。このホオリノミコトの場合にも、禁を破った夫は罰を受けずに、妻の方が立ち去ってうらみの歌を詠む。そこにもののあはれを感じて、美的に一つの決着をつけるのが日本的な特徴であることを、河合は論じている。

たしかに相手を責めるのでなく、うらみを持ちながら自ら身を引いてあはれを感じて歌を詠むことで美的に決着を図るというのは、平安朝の『蜻蛉日記《かげろう》』や『源氏物語』にも見られることである。

(3) 国の統一過程—ヤマトタケルの像

『古事記』は、中巻になって人代となる。降臨した天孫の曽孫で初代の神武天皇は、日向《ひゅうが》から東征して瀬戸内海を東上するが、難波《なにわ》で大きな抵抗にあったので、紀伊半島を迂回して熊野から近畿に入って飛鳥に至る。その後、系譜のみで物語がない八代をはさんで、第一二代景行天皇は皇子の倭建命《やまとたけるのみこと》を派遣して熊襲《くまそ》や出雲を征伐し、さらに東国にも派遣して征服を図る。

ヤマトタケルは、日本統一を達成した英雄とされるが、武力で征服するのではなく、少女の姿で熊襲タケル兄弟の許へ近づいて討ったり、イヅモタケルとは偽の刀を交換してだまし討ちをしている。数々の苦難をして西国遠征から帰るや、すぐに東国遠征を命ぜられたので、「天皇すでに吾《あれ》死ねと思ほすか」と伊勢にいる姨《おば》のヤマトヒメに訴えている。駿河の焼津で豪族に焼き殺されかけたが、姨から授けられた草薙の剣と袋に入った火打ち石で苦難を脱する。走り水から房総半島に渡ろうとして暴風雨に阻まれた時には、后のオトノタチバナヒメが歌を詠んで入水して海を鎮めた。ヤマトタケルは時々に歌を詠んでいる。

最後に伊吹の山の神に敗れて死ぬが、その直前に故郷を偲《しの》んで詠んだ歌が印象的である。

〈倭《やまと》は国のまほろば　たたなずく青垣　山隠《こも》れる倭し美《うるわ》し〉

亡くなって後、后や御子たちが御陵を造って歌うが、その霊は白鳥になって飛んで行ったとされる。若い時代は負けることを知らないが、人生の終わりには敗れ、孤独に死んでいく。ヤマトタケルのように強いだけでない「歌心ある武人」は以後、日本的な英雄の理想像ともなる。

中国の歴史書では歌謡を含めることは稀《まれ》であるのに対して、日本の『古事記』では英雄的な行為を讃える時や高揚した場面では歌が詠まれている。言葉に霊力を認める言霊信仰があったことによって、神の名とともに古来からの歌は音を正確に伝えようと記されたのである。これ以後、物語の中に要所で和歌を挿入する手法は日本文学の伝統となる。

歌を大切に伝える思いから、飛鳥・白鳳時代からの多くの歌が後に『万葉集』に編集されて、残されることになる。

5．飛鳥・白鳳時代の文化のまとめ

六世紀末から七世紀は、激動する東アジアにおいて、日本は急速に文明化して、大きな都が出来、各地に国府も整備されて、全国の支配体制が確立した時期である。仏教を導入し、またたく間に多くの寺院が建てられた。危機意識が働いていたが、急速な文明化の進展には驚くべきものがある。渡来人も多く関わっていたが、仏像や仏画には、中国や朝鮮にはない、日本的な特色がすでに観取されることは注意すべきである。縄文中期の大きな土偶《どぐう》の造形の美が、弥生時代で一旦途切れたように見えながら、仏教が入ってくるや、新たな形を取って展開したようにも思われる。東アジア情勢も落ち着いて、日本で天皇制が始まった白鳳期になると、寺院や神社建築においても、仏像においても、古典となり得る完成した域にまで達していると思われる。また漢字によって神話や伝承歌謡を記録し、国の歴史を編纂し、公的な場で、また私的にも新たな歌を作るようになって、その考えや思想が急速に複雑に展開してきたことが分かる。

参考文献

吉川真司『飛鳥の都』（シリーズ日本古代史③・岩波新書・二〇一一年）
田中英道『日本美術全史　世界から見た名作の系譜』（講談社学術文庫・二〇一二年）
頼住光子『日本の仏教思想　原文で読む仏教入門』（北樹出版・二〇一〇年）
守屋正彦『すぐわかる日本の仏教美術〔改訂版〕』（東京美術・二〇一〇年）
鎌田東二監修『すぐわかる日本の神々』（東京美術・二〇〇五年）
山口佳紀・神野志隆光校注・訳『古事記』（新編日本古典文学全集・小学館・一九九七年）
河合隼雄著・河合俊雄編『神話と日本人の心』（岩波現代文庫・二〇一六年）
ドナルド・キーン（土屋政雄訳）『日本文学の歴史』第一巻（中央公論社・一九九四年）

3 古代の古典の成立（奈良時代）

《要旨とポイント》 八世紀初頭、平城京に遷都して奈良時代が始まる。律令体制は整備され、全国に中央集権体制が敷かれることになる。『古事記』と『日本書紀』には神話から飛鳥時代までの歴史が記録された。八世紀中葉には災害や疫病に反乱もあったので、聖武天皇は国家を鎮護するために国分寺・国分尼寺を建立する詔を出し、さらにそれらを統べる東大寺の大仏建立の詔も出した。大仏建立は国家を挙げた大プロジェクトであったが、民間僧の行基《ぎょうき》らの協力を得ながらも、七五二年に大仏の開眼供養が行われた。神仏習合の形がこの頃から出てくる。

奈良時代に編纂された『万葉集』には、飛鳥時代以来、四期に分けられる四五〇〇首余りの歌が集められ、有名歌人だけでなく、伝承歌謡や無名の者、敗者、地方の者や防人《さきもり》の歌を今に伝えている。そこには大仏建立のことは何も出ず、仏教的な発想もほとんど表現されていない。より素朴で素直な庶民の思いが表されている。

《キーワード》 平城京、東大寺、大仏、正倉院、『古事記』、『万葉集』

1．平城京の造営と律令体制

大宝律令が制定された七〇一年の元日朝賀では、国家の威儀を示すための「文物の儀、是に於いて備われり」（『続日本紀』）と記されている。翌年、三三年ぶりに遣唐使が派遣されたが、その報告で藤原京の形式が唐の長安とは大きく異なっていることが判明した。そこで改めて長安をモデルとしてその二分の一の大きさで、平城京を建設して七一〇年に遷都した。奈良時代の始まりである。

律令によって中央集権体制が整えられた。太政官と神祇官の二官の下に宮内・大蔵・刑部・兵部・中務《なかつかさ》・式部・治部・民部の八省が置かれて中央官制が整い、全国を畿内と七道の行政区分に分け、要地と、諸国には国衙を置いて、中央から国司など官人を派遣した。都には、正一位から従五位までの一〇段階で清涼殿に昇殿を許された殿上人（貴族）と、正六位から少初位まで上下で細分された一六段階の下級官人、さらに無位の官人が大量にいた。官人は一万人以上で、平城京は一〇万人以上の人口であったと見られる。京には、労働に動員された多くの人々や地方からの庸・調を運脚《うんきゃく》で持ってきた人々も集まった。各官庁には、長官《かみ》・次官《すけ》・判官《じょう》・主典《さかん》の四等官が置かれ、それぞれ統括・補佐・文書審査・文書作成にあたった。地方では国司の守・介・掾・目が、この四等官となった。文書は木簡に漢字で記された。

公民には口分田が支給され、租・庸・調などの税を徴収された。官人と公民、官庁に所属する雑色人までが良民であったが、賤民として官の雑役をする官戸や貴族・寺社の私有の家人には口分田も班給されたが、最下層には売買もされる公と私の奴婢《ぬひ》もいた。戸籍や税負担などから推定して、当時の全国人口は六〇〇万～六五〇〇万人前後であったらしい。

2.『古事記』と『日本書紀』

七一一年に元明天皇は太安万侶《おおのやすまろ》に『古事記』の撰録を命じた。天武天皇の命により、稗田阿礼《ひえだのあれ》が誦習していたものを筆録し、文章を整えなければならない。安万侶は、漢字の音と意味による訓を交えて表記することにした。叙述の基本は、漢文体の表記であるが、神の名や歌謡は、決して読み誤ってはならないものなので、音の仮名表記とした。神の名は訓表記のところは、その旨を表記している。『古事記』は翌年に完成する。上巻は「天地初発《あめつちのはじめ》」から始まる神代の巻で、天孫降臨して神武天皇の誕生までである。中巻は初代の天皇の神武天皇の東征から始まり、日本各地の征伐と朝鮮まで支配を及ぼす応神天皇までである。この巻は人の世ではあるが、英雄的な人物が活躍する。下巻は一六代の仁徳天皇から三三代の推古天皇までで、まさに人の世の物語である。中巻の二代から九代までの八代と、下巻末尾の二四代から三三代まで十代の天皇は系譜のみで物語は語られていない。『古事記』は、最初に撰録された日本の神話や伝承であり、稗田阿礼が誦習してきたものを正確に伝えようとして漢文としては変体的なものとなったが、物語的な要素が強く文学書としての性格が強い。

これに対して、八年後に完成した『日本書紀』は、太安万侶も含めて舎人《とねり》親王が中心となって歴史書として編纂されている。全三〇巻で、巻一、二が神代とされ、巻三から巻三十は、神武天皇から四一代の持統天皇までを編年式で編纂している。対外的にも示せる日本の正史を作るという意識があり、できるだけ正式の漢文の表現形式にしている。基本的には『古事記』と共通する資料に基づき、ほぼ同じ物語を叙述しているが、印象はかなり異なるところも多い。「一書に曰く…」として、別伝の資料も載せる。

『日本書紀』は、日本の歴史の初めの書とされて、以降、重視され、読み継がれていく。『日本書紀』に続いて、『続《しょく》日本紀』以降、平安初期の『日本三代実録』まで、編年式で連なる六国史が編纂されていくことになる。

それゆえ、『日本書紀』については、平安時代以降も注釈書や関連文献が多く作られていった。これに対して『古事記』は、伝承された範囲が限られていた上、平安初期には音訓が正確に読めなくなり、しかも変体漢文であったので、江戸時代になって国学で研究されるまでほとんど読まれていなかった。本居宣長《もとおりのりなが》が十八世紀後半、三三年もかかって全文の訓読と注釈をした。これ以降、日本の古代の固有の心を知る最重要文献として大きく扱われるようになったのである。

なお、七一三年には、『風土記』として、諸国の地名の由来や地誌を書き上げることを命じた詔が出された。そうした由来を知ることは、その地を統治することになる。今日完本として残るのは『出雲国』だけで、ほかに欠損のある『常陸国』『播磨国』『豊後国』『肥前国』の風土記が現存するが、『古事記』や『日本書紀』とは違った伝承が記録されていて貴重である。

3. 聖武天皇と光明皇后

平城京に移った時には元明、元正と二代の女帝が続いた。これは天武と持統の息子である草壁皇子の子の文武天皇が若くして亡くなったので、まだ七歳だった文武の子の首皇子《おびと》を確実に天皇に即位させるため、文武の母、そして姉と二代がつなぎの女帝となったのである。もちろん皇位を継ぐ資格を持つ皇子が多くいた中で、皇位は兄弟継承を排して直系が継ぐべきだと天智天皇が定めたとする「不改常典《ふかいじょうてん》」があったと強調して、藤原不比等《ふひと》の強力な後押しで成立していた。その首皇子が成長してやっと七二四年に聖武天皇として即位した。藤原氏は聖武天皇の許に娘の光明子《こうみょうし》を入れ、二年後、待望の皇子が生まれるや、一カ月後には皇太子とした。けれども、この基王《もとい》が一歳に満たずして没して、権力基盤が危うくなると、藤原氏は皇族の出でない光明子を皇后とすることに反対していた長屋王を、基王を呪詛《じゅそ》していたとの嫌疑をかけて自害させた。光明子は「天平」と改元されたその年に皇后となった。帝位をめぐる血の争いは凄惨であった。

天平は、その名とは裏腹に旱魃・地震・流星など天変地異が相次ぎ、疫病の流行、凶作などで社会不安が高まっていた。七三五年から七三七年にかけて天然痘が大流行して、最上位の藤原不比等の四人の息子も相次いで病没した。

このような社会状況に加えて近親者の死去が、天皇・皇后の仏教への傾倒を進めることになった。七三八年には皇后もすでに三十八歳となり、皇子誕生の確率が低くなる中で、他の夫人に生まれた皇子が皇太子となることを避けるために、娘の阿倍内親王を史上初の女性皇太子とした。先例のない強引な措置に、これを認めない皇族もいた。しかも七四〇年に大宰府少弐に左遷された藤原広嗣が失政と天地の災異を挙げて乱を起した。広嗣は皇后の甥にあたる。聖武天皇は大変なショックを受けて、伊勢へ行幸し、以後五年間、宮都も山城恭仁《くに》京、難波宮、紫香楽《しがらき》宮と彷徨することになる。しかもこの間に聖武天皇は、国分寺・国分尼寺造立の詔、墾田永年私財法、大仏造立の詔など重要な決定を発する。七四五年にようやく平城京に戻り、大仏も平城京に造立することになった。

4．天平仏と鎮護国家仏教

平城京には、藤原京にあった大官大寺や薬師寺を移築した他、観世音寺、西大寺、元興寺などがあり、紀寺や菅原寺など有力貴族の寺もあった。外京で春日山を背景に大きな寺域を構えたのが、当時の最高権力者の藤原氏の氏寺の興福寺であった。不比等の一周忌の七二一年には、元明上皇と元正天皇は彼の菩提を弔うために北円堂を建てさせている。その後、皇后は七三四年に母の一周忌に西金堂を建立している。この時、釈迦三尊を取り囲んで十大弟子、八部衆、四天王などが造立された。この時の像で現在残っているのは、十大弟子六体と八部衆八体である。八部衆の内でも最も有名なのが阿修羅《あしゅら》像である。

　阿修羅像は、元来インドの戦闘の神であり、赤い肌、三つの顔、六本の手で激しい憤怒の形相で仏敵と戦う姿であるが、興福寺の阿修羅像は、少し前にもたらされた『金光明最勝王経』の「夢見《むけん》金鼓懺悔品《こんくさんげぼん》」に基づいて、霊鷲山《りょうじゅせん》の釈迦の説法を聞きながらこれまで多くを殺した自らの罪を懺悔する姿を示している。当時悔過会《けかえ》が盛んであったが、参加者が自らの罪を懺悔して、身心を清めて、薬師如来や観世音菩薩の現世利益を得ようとするものであった。阿修羅像は、金鼓の響きの中で自らの心を見つめる厳粛で敬虔な表情を見せている。八部衆は二体を除いて少年の姿をしている。光明皇后は、自らの子を少年期に亡くした亡母の思いも、また一歳余りで亡くした基王の成長の姿を思い描いたのかも知れない。塑土《そど》で原型を作って、その上に麻布を漆役で貼り固めて乾燥させた後、内部の塑土を取り除く脱乾漆像であり、繊細な見事な仏像である。皇后宮職が関わり、将軍万福の制作と正倉院文書は伝える。

　広嗣の乱の翌年に出された国分寺・国分尼寺建立の詔は、諸国にくまなく仏寺を建てることで国家鎮護を願ったが、すでに地方は疲弊しており、建立の催促の詔が再三出された。

　総国分寺である東大寺の大仏はそうした中で、造仏司に造東大寺司の二つの部局を設けて推進された。聖武天皇は政治への関心を失って専らこれに集中していたようである。大仏造立は国家によるだけでなく、広く大衆にも喜捨を呼びかけ、民衆から絶大な信頼を得ていた民間僧行基も協力させて推進された。

大仏像は約一五メートルの金銅仏で、三年間にわたり八回に分けて約五〇〇トンもの大量の銅を用いて造られた。諸国で銅、水銀、白錫、鉄、顔料などの資源開発がされた。『華厳経』が説く盧《る》舎那《しゃな》仏であり宇宙の中心で輝くので全身を金で鍍金する必要があったが、当時金は日本では出土しないとされていたのが、陸奥国から出土して献上されたので聖武天皇は狂喜した。ただ、それでも必要な金の一割ほどだったので、新羅からの輸入に頼ったようである。

七五二年、つまり仏教の公伝から二〇〇年後には、中国にもなかった巨大な金銅仏の大仏（盧舎那仏）の開眼供養が、外国人も招いて盛大に催された。三年前に譲位した聖武太上天皇、光明皇太后、孝謙天皇をはじめ一万人の僧が参列し、華やかに供養が催された。その企画のスケールと、それを実現した大仏像の鍍金された煌《きら》びやかさを想像するだにすごいことである。現在の大仏と大仏殿は、江戸時代に再建されたものであるが、台座の線刻に描かれていると考えられる当初の大仏の顔と姿は、もっとスマートであり、大仏殿は現在は正面七間（五七メートル）であるが、当初は一一間（八八メートル）もある巨大なものであった。

それは国力を超えるもので、大きな疲弊ももたらすものではあったが、行基などの聖を介して民間の協力を得たので、民間僧の活動が広がるとともに、仏教が民衆に近づくことにもなった。仏教の在家の修行者とされた男の優婆塞《うばそく》、女の優婆夷《うばい》が存在していたことも注目される。すでにこの時期から山林修行者がおり、奈良時代には修験道の開祖とされる役小角《えんのおづぬ》も現れている。

さらに建立に際しては宇佐神宮の神託があったとされ、平城京の手向山八幡神が祭られることになった。国家に公認されて神仏習合が始まったのを象徴するものでもあった。

大仏開眼の翌年、唐から鑑真が来日した。日本では受戒が行われていたが、中国で正式な戒律を授与できる資格があった僧侶が待ち望まれていた。遣唐使節による請来に応えた鑑真は渡航に五度失敗して盲目になったが、六度目でようやく成功した。唐招提寺の鑑真像は強い意志を秘めて静かに瞑想する姿を写した脱漆乾像である。鑑真の来日以降、東大寺、筑紫の観世音寺、下野《しもつけ》の薬師寺に戒壇が設けられ、僧になるためにはいずれかで受戒しなければならないとされるようになった。

5. 正倉院―工芸品の宝庫

聖武太上天皇が七五六年に没した後、その遺愛の品および東大寺の寺宝・文書類九〇〇〇点が木造高床式の校倉造《あぜくらづくり》の正倉院に収められた。特に光明皇太后が納めた献物帳にあるものは厳重に勅封とされて保管された。宝物は多種多様で数量が多い。服飾・調度、楽器・遊戯具、薬物、武器・武具、仏具など当代の仏教文化に結びついた品で、素材や製作技法にしても、木竹甲角品から漆工、金工、陶器、ガラスと玉石器、染織、絵画、彫刻、書跡と、美術工芸のすべての分野にわたっている。ペルシア、中国、朝鮮などからもたらされたものがあり、西域や、さらに東ローマ帝国までの外来の要素が混じった、それぞれの地ではすでに失われた工芸の優品が残っており、その点では世界の宝物庫でもある。けれども大部分は唐風のモチーフを持ちながら、日本の工人たちが制作した品である。その技術の高さは、現代の職人をも驚かせるものである。専門の技を磨き、卓越した技術に誇りを持って全身全霊を挙げて最高のものを作り上げていった、その努力がうかがえる。

6. 『万葉集』の歌

『万葉集』には、飛鳥時代から奈良時代にかけての歌が編まれている。『古事記』『日本書紀』にも伝承歌謡が載せられていたが、それに続く大部の歌集である。歌の記載は、基本的には一音を一字の漢字に写す万葉仮名なので大変な作業である。しかも全二〇巻で四五〇〇首余りもの多様な歌が載せられている。律令制や仏教文化など唐風文化が大規模に導入されていた時代に、他方で広範囲の人々の歌が載せられていることは、歌に神聖性を見るゆえであったと思われる。天皇から庶民まで各層の歌があり、何十行にわたる長歌が二六五首、それをまとめるように載せられた三十一文字の反歌・短歌、また五・七・七の片歌に相手が五・七・七で答える旋頭歌《せどうか》、五・七・五・七・七・七の六句の仏足跡歌など多様な形式である。宮廷の歌が中心だが、九州・筑紫の歌壇の歌もあれば、瀬戸内海や東国の羇旅《きりょ》歌、さらに関東・東北の東歌《あずまうた》や、防人《さきもり》の歌も載せている。特に東歌には素朴な共《とも》寝《ね》などを詠む歌も見られる。また、後の歌集には見られなくなる社会批判の歌も山上憶良《やまのうえのおくら》のものが載せられている。歌の分類である部立《ぶだて》は三つであるが、雑歌が宮中行事などに関するもので、先に載せられている。相聞歌は、恋歌で私的な歌の中心である。挽歌《ばんか》は、死者を悼む歌であるが、辞世の歌も含まれている。

『万葉集』の成立過程と構成に関しては諸説あるが、最も組織だって説得力があると思われる伊藤博《はく》の説を見ておきたい（図表2－1参照）。

『万葉集』は、巻一の五三首までは、天皇家の歌を中心に、持統上皇の時代、八世紀初頭までには出来ていたらしい。その後、元明上皇の時代に、巻二として相聞歌・挽歌を編集して、巻一には雑歌の名を与えて、後半に新しい歌も加えて、巻一、巻二が成立したらしい。以上が中核の古撰集である。次いで巻三、四は拾遺的な続編、さらに巻五、六の奈良時代に入ってからの歌が追加された。特に巻五は、大伴旅人《たびと》や山上憶良らの筑紫歌壇の歌である。以上の巻六までが、作者の名のある歌集でAのまとまりである。

巻七と巻八、巻九と巻十は、三部立と四季に分けた同じ分類で、作者の名のある歌と「詠み人知らず」の無名歌が合わさっている中間歌集でBである。巻十一と巻十二は相聞歌で無名の集、巻十三は長歌を軸とする集で、巻十四が東歌で無名である。Aの有名歌に、有名・無名が合わさるBを介して、Cの無名歌が結びつけられ根幹部を成す。Dの巻十五は羈旅歌、巻十六はさまざまな歌で、物語的に付け加えられた葉部だとする。以上の一六巻がまとめられて第一部が成立した。ここまでは、祖母と母の上皇の下で成立した古撰集を知っていた元正上皇の内意で、左大臣 橘《たちばなの》諸《もろ》兄《え》の下で編纂されたのであろう。諸兄編という伝承（『栄華

図表２－１　『万葉集』の構成

E	D	C	B	A
十七 十八 十九 二十：歌日記的歌集	十五 十六：物語的歌集――異類歌集	十一 十二：古今相聞往来歌集 十三 十四：長短歌謡集 →無名歌集	七 八：三部立・四季分類集 九 十：三部立・四季分類集 →中間歌集（有名・無名）	巻一 二：中核的古撰集 三 四：捨遺的続撰集 五 六：天平雑歌集 →有名歌集
	葉部	根幹部		
第二部	第一部（16巻本万葉集）			

出所：各巻ごとの分類は伊藤博『萬葉集釋注』第１巻解説より一部抜粋，改変。

物語』）がある。実際には諸兄の配下で「歌の家」の意識も持っていた大伴家持《やかもち》らが編纂に関わったであろう。巻十六までは七四四年以前の歌であり、七四六年閏七月に家持は越中守として赴任するので、その間に成立していただろうと伊藤は推測している。

Ｅの巻十七以下、巻二十までの四巻は、大伴家持の周辺に限られ、巻十七の最初を除けば七四六年以降の歌日記の趣であり、巻二十には家持が役職で接した防人の歌が収められている。最終の歌は、家持が因幡守として国庁で詠んだ七五九年の歌である。最後の四巻は一まとまりで、第二部である。家持は、因幡守以後も長く地方勤務が続くので、都に戻った七七〇年から亡くなる七八五年までの間に第二部を編み、第一部と合わせて二〇巻をほぼ集成したと伊藤は論じている。

『万葉集』は最初に雄略天皇の歌とする伝承歌謡的なものを載せ、記紀と連続させているが、実質的には天智・天武天皇の父の舒明朝（六二九〜六四一）から、奈良前期七五九年までの一三〇年余りの間の歌である。ここでは、時代の画期と第一部の成立で区分して、六七二年の壬申の乱までを第一期、以降から七一〇年の平城京遷都までを第二期、十六巻が成立する七四四年までを第三期、それ以後、七五九年までを第四期として、主な歌を見ることにする。

(1) 第一期の歌人たち

巻一の巻頭は雄略天皇の歌とされるが、次が舒明天皇の国見の歌である。

「大和には　群山《むらやま》あれど　とりよろふ　天の香具山　登り立ち　国見をすれば　国原は煙立ち立つ　海原は鷗《かまめ》立ち立つ　うまし国ぞ　蜻蛉島《あきづしま》　大和の国は」（巻一・二）

天皇は国土を誉める歌を詠んで、国の幸いを予祝しているのである。

第一期は、宮廷の女性による歌が中心で、中でも活躍するのが、額田王《ぬかたのおおきみ》であろう。
〈熟田津《にぎたづ》に船乗りせむと月待てば潮もかなひぬ今は漕ぎ出でな〉（巻一・八）
百済《くだら》救援に赴く大船団の船出に、天皇に代わって詠んでいる。
額田王は、かつて大海人《おおあま》皇子の愛人であったが、天智天皇に嫁した関係から、近江の狩りの後の宴席で即興的に詠まれた、
〈あかねさす紫野行き標野《しめの》行き　野守は見ずや君が袖振る〉
〈紫のにほへる妹を憎くあらば人妻ゆゑに我恋めやも〉（巻一・二〇、二一）
のやりとりが有名である。
巻二の挽歌の最初には、孝徳天皇没後に謀反の疑いで刑死した有馬皇子の歌が載せられている。
〈磐代《いわしろ》の浜松が枝を引き結び　真幸《まさき》くあらばまた還り見む〉（巻二・一四一）
謀反の疑いで召喚された時に、殺される覚悟をしながら、常盤木《ときわぎ》の松の枝を結んで幸いを願った歌である。
第二期になるが、天武天皇崩御の直後にも、謀反の疑いで死に追いやられた大津皇子の歌も巻三の挽歌の二番目に「死を被《こうむ》りし時、磐余《いわれ》の池の堤にして涙して作らす歌」として載せられている。
〈ももづたふ磐余の池に鳴く鴨を　今日のみ見てや雲隠りなむ〉（巻三・四一六）
政治的敗者の刑死前の歌を載せているのは、その霊魂を鎮めるためと考えられる。歌は呪力を持つとされていたのである。

（2）第二期の歌人―柿本人麻呂の歌

『万葉集』第二期の代表的歌人は、柿本人麻呂である。持統朝（六八六〜六九七）に登場して活躍する。人麻呂の歌は、長歌一八首、短歌六七首が載せられているが、長歌は構想も雄大で荘重な調べをなし、序詞、枕詞、対句などの修辞を駆使した格調の高い歌で、後代に「歌の聖」と仰がれるようになる。題詞に人麻呂作と明記する八四首で、宮廷儀礼歌や皇子・皇女の挽歌、相聞歌、妻の挽歌などいずれにおいても最高度の評価を受ける歌を残した。『万葉集』のみならず、日本の歌の基礎をつくったと言っても過言ではない。また後の巻にも『人麻呂歌集』からとして採る歌が三六四首もある。人麻呂が採集した他人の歌であろうが、そこにも人麻呂の手が加わっていると見られる。

人麻呂が詠んだと記載される最初の草壁皇子の挽歌（巻二・一六七）では、天照大神《あまてらすおおみかみ》が地上を子孫が知らせよという記紀の神話から語り出し、天武と持統の息子の「日並皇子《ひなみしのみこ》」が、天皇になられて天下を治められることを期待していたのに、今は殯宮《あらきのみや》（遺体を祭る宮）を立派に作られたが、仰せ言もないので、「皇子の宮人　行方知らずも」と締める。荘厳な言葉の形容が続くが、死者自身の霊には触れず、仕えている人がどうしようもなくなったとして、死者を悼んでいるのである。

人麻呂は後に、草壁皇子の皇子の軽皇子《かるのみこ》の安騎野《あきの》の狩りにお供して、次の歌を作った。

〈東《ひむかし》の野に炎《かぎろひ》の立つ見えて　かへり見すれば月傾きぬ〉

〈日並皇子の命《みこと》の　馬並めて　御猟《みかり》立たしし　時は来向ふ〉（巻一・四八、四九）

草壁皇子もかつてこの地で狩りをされたが、軽皇子に「日並皇子」と称《たた》えられた父の霊力が賦与される幻影を歌って寿ぐのである。〈東の野に…〉の歌は、人麻呂の代表歌として有名であるが、先の挽歌とともに、その前に載せられている長歌を読まなければ、その予祝の言霊もよく分からないであろう。

ただこうした長歌も叙事詩も挽歌の伝統も『万葉集』以後には消えてしまった。和歌が三十一文字の短歌に限定されたせいである。『古今集』以後は、死者を直接に詠む歌はなくなってしまう。

人麻呂は、荒れ果てた近江京の跡に立って懐旧する短歌も残している。

〈近江の海　夕波千鳥汝が鳴けば　情《こころ》もしのに古《いにしへ》思ほゆ〉（巻三・二六六）

時の移り行きを、深い詠嘆を籠めて歌うのは、日本の和歌の基調にもなっていく。

人麻呂は、宮廷に関わる公的な歌のほかに、私的な相聞歌や挽歌も多く残している。

詞書に「柿本朝臣人麻呂、石見国より妻に別れて上り来し時の歌」とある「石見相聞歌」は、妻と別れ来たゆえに、痛切に湧き上がる愛の歌である。

「石見の海　角《つの》の浦みを　浦なしと　人こそ見らめ　潟なしと　人こそ見らめ　よしゑやし
浦はなくとも　よしゑやし　潟はなくとも　鯨魚《いさな》取り　海辺を指して　和田津《にぎだつ》の　荒礒《ありそ》の上に
か青く生ふる　玉藻沖つ藻　朝羽振る　風こそ寄らめ　夕羽振る　波こそ来寄れ　波の共《むた》
か寄りかく寄る　玉藻なす　寄り寝し妹《いも》を　露霜の　置きてし来れば　この道の　八十隈《やそくま》ごと
に　万たび　かへり見すれど　いや遠に　里は離《さか》りぬ　いや高に　山も越え来ぬ
夏草の　思ひ萎《しな》えて　偲《しの》ぶらむ　妹が門見む　靡《なび》けこの山」（巻二・一三一）

人麻呂は、おそらく都の人の集う場でこの歌を披露したのであろう。石見の国の叙述から入るが、見るべき浦や潟はないと人は言おうが、かまわない。荒礒の辺りに青々と生い茂る美しい沖つ藻が、朝に風が、夕べに波が寄ってくる様が、そのまま添い寝した妻の姿のイメージをかきたてる。その妻を、露や霜のように置いて来たので、旅路の曲がり角ごとに何度も振り返ってみたが、山々を越えてしまい、はるかに遠ざかってしまった。今頃、妻は私を思って夏草のごとくに打ちひしがれていよう。妻の門を何とか見たい、邪魔をしている山々よ、靡いてしまえと、叫んでいる。

抒情の中心は最後の五句、三十一文字に集約されているが、それまでの叙述で高まってきたゆえに、現実にはあり得ない強い表現によって思いのたけを伝える。長歌ならではの調べである。

この長歌には短歌が二首付されている。

〈石見のや　高角山《たかつのやま》の木の際より　わが振る袖を　妹見つらむか〉（巻二・一三二）

〈笹の葉は　み山もさやに　さやげども　我れは妹思ふ　別れ来ぬれば〉（同・一三三）

高角山は、角の地の高い山で、妻の里を見納める山であったのだろう。そこを越えれば、妻の里と縁が切れてしまう。そのように改めて妻を思うことで、石見の妻は心の中に生きることになる。二首目にあるように、「別れ来ぬれば」と、その別れを噛みしめて生きていくのである。

また『万葉集』には「人麻呂歌集」から三六四首も採られているが、これらは伝承の歌を記載したものであったらしい。人麻呂の名は、『万葉集』以外には見られないので、下級役人であったらしいが、この後、十一世紀頃から歌の神に祭り上げられることになる。

(3) 第三期の歌人――山辺赤人《やまべのあかひと》と山上憶良の歌

人麻呂の影響を受けた第三期、奈良前期の山辺赤人の富士讃歌には、自然への畏れが見られる。

「天地《あめつち》の分かれし時ゆ　神さびて高き貴き　駿河なる布士《ふじ》の高嶺を　天の原振り放《さ》け見れば
渡る日の影も隠らひ　照る月の光も見えず　白雲もい行きはばかり　時じくそ雪は降りける
語り継ぎ言ひ継ぎ行かむ　不尽《ふじ》の高嶺は

反歌

田児の浦ゆうち出でて見れば真白にそ不尽の高嶺に雪は降りける」（巻三・三一七、三一八）

第三期には、大伴旅人（家持の父）の大宰府赴任に伴って、筑紫歌壇が展開している。大宰少弐《しょうに》小野老《おののおゆ》朝臣の歌が、有名な次の歌である。

〈あおによし　奈良の都は咲く花の薫《にほ》ふがごとく今盛りなり〉（巻三・三二八）

九州の地から都を寿いだ歌である。もっとも現実の都では政争があり、藤原氏が次第に大伴氏ら旧族を圧迫しつつあった。旅人の大宰府への赴任もその表れでもある。しかも旅人はすでに六十四歳で、同伴した妻は筑紫に着いて間もなく亡くなった。

筑紫国司であった山上憶良が「日本挽歌」を捧げてその死を悼んでいる。旅人を中心に展開した筑紫歌壇の歌は、巻三から巻六に収められている。

『万葉集』の中に、日本は「言霊の幸はふ国」と呼ばれていることが注目される。

「神代より言ひ伝て来らく　そらみつ倭《やまと》の国は皇神《すめかみ》の厳《いつく》しき国　言霊の幸はふ国と語り継ぎ言ひ継がひけり‥‥」（巻五・八九四）、

これは、自らも遣唐使として中国に渡ったことがある憶良が、遣唐使に出る人に無事に行って来ることを願って贈った「好去好来の歌」の冒頭部である。後の巻にも、「柿本朝臣人麻呂歌集の歌に曰く」として

〈磯城島《しきしま》の大和《やまと》の国は言霊の助くる国ぞま幸くありこそ〉（巻十三・三二五四）

と載せられているが、これも長歌の内容からして、遣外使節を送る歌である。外国を意識した時に日本は「言霊の幸はふ国」と言われ、歌は日本を代表するものと捉えられていたのである。

歌が言霊であるせいか、先に見たように盛んに造寺造仏があったにもかかわらず、仏教には一切触れていない。仏教的な教えの影響もまったくない。よく無常を詠んだ歌として挙げられるのは、筑紫歌壇で僧満誓《まんせい》が詠んだ歌である。

〈世の中を何に喩へむ　朝開き漕ぎ去にし船の跡なきごとし〉（巻三・三五一）

けれども世の中の無常さを嘆く以外に、これを越えて悟りを得ようとする意思はうかがえず、仏教的とは言えないであろう。世の中の無常を嘆く点では、この歌より山上憶良の巻五・八〇四の「世間《よのなか》の術《すべ》なきものは　年月は流るる如し……」の歌の方が散文的により直截に表現している。

憶良は、巻五・八九七の前に付した「沈痾自哀《ちんあじあい》の文」では、より切実に述べる。「初め痾《やまい》に沈みしより已来《このかた》、年月稍《やや》に多し　是の時に年は七十有四にして」、「今吾病の為に悩まされ、臥坐することを得ず」。それに続く「詩一首」では「釈・慈の示教（注：釈迦と弥勒菩薩の教え）先に三帰（仏・法・僧に帰依するをいふ）五戒を聞きて　法界を化し　周・孔の垂訓（注：周公・孔子の教え）　前に三綱　五教を張りて　邦国を済ふ　故に知りぬ、引導は二つ（注：仏教と儒教の二つ）なれども、悟を得るは唯一なることを」。注としたのは、引用者の補足だが、『万葉集』で唯一、仏教・儒教に触れた箇所である。これは遣唐使で中国に行った憶良だからの言であり、非常に長文であるが、「文」であり、「詩」であって、歌ではないとされているのである。しかも憶良の結論は、「世に恒《つね》の質無く、所以に陵谷も更に変り、人に定まれる期なし」、「故に知りぬ、生るれば必ず死あることを。死をもし欲はぬときには生れぬに如かず」である。

巻十四には「東歌《あずまうた》」として東国の民衆の歌が収められている。東国は未知なので都の人は驚異と憧れも示すが、辺境から民衆の歌を献上して天皇の権威を示そうとする意図もあったと考えられる。

〈多摩川に晒《さら》す手作《てづくり》　さらさらに　何ぞこの子のここだかなしき〉（三三七三）
〈伊香保ろの岨《そひ》の榛原《はりはら》　ねもころに　将来《おく》をなかねそ現在《まさか》しよかば〉（三四一〇）

また巻十四の終わりには「防人《さきもり》の歌」が五首載せられている。防人の歌は、巻二十にも八四首が載せられている。これは七五五年に兵部少輔であった大伴家持が難波に赴いて採取したもので第四期になるが、家持は続けて「昔年防人の歌」八首も載せているので、ここで見ておく。防人の歌は、そのほとんどが妻や子供との別離を悲しみ、故郷の母や両親への思慕の念が歌われている。

〈白波の寄そる浜辺に別れなば　いとも術《すべ》無み　八度袖ふる〉（四三七九）
〈韓衣《から》裾《すそ》に取りつき泣く子らを　置きてぞ来ぬや　母《おも》なしにして〉（四四〇一）

任期三年だが、延期されることもあり、病気などで帰ることが叶わないこともある防人に出る深い嘆きが今に伝わってくる。

(4) 第四期の歌人──大伴家持

『万葉集』の最後四巻は、大伴家持の歌日記の趣である。家持は、七四六年から七五一年までの越中の守時代に巻十七から巻十九の前半に載せる歌を詠み、平城京に戻って七五三年二月で巻十九をまとめ、巻二十には以降、防人の歌も合わせて七五九年正月までの歌を載せている。その歌は、長歌四六、短歌四二五（合作一首を含む）、旋頭歌一首、漢詩一首の合計四七三首もある。

雑歌、相聞歌、挽歌のいずれもあり、叔母である坂上郎女《さかのうえのいらつめ》との歌の贈答で実力を高め、その娘で妻となる坂上大嬢《おおいらつめ》との相聞歌、また越中の国守として赴任した際の大伴池主らとの饗宴の歌、弟書持《ふみもち》への挽歌など、多くの歌が思い浮かぶ。また兵部少輔となって、巻二十に防人の歌八四首を採取している。けれどもここでは、その最終部の歌にだけ触れておきたい。

巻十九末尾の三首には、名門の大伴氏の族長でありながら、今は藤原氏が専横して、官位はなかなか上がらず、鬱々たる思いが詠まれている。

〈春の野に霞たなびき　うら悲し　この夕かげに鶯鳴くも〉

〈わが屋戸のいささ群竹《むらたけ》吹く風の　音のかそけきこの夕べかも〉

〈うらうらに照れる春日に雲雀《ひばり》上がり　情《こころ》悲しも独りし思へば〉（四二九〇〜九二）

には、左注で「悽惆《せいちゅう》の意（痛む心）、歌に非ずしては撥ひ難きのみ」として、歌を詠んで鬱屈した思いを晴らそうとしている。実はこの歌が詠まれたのは七五三年春、つまり大仏開眼供養が盛大に催された翌年の春である。『万葉集』は、国家的事業であった大仏の造営にも開眼にも一切触れていない。

『万葉集』の最後の歌は、家持が因幡の国守となって任地で七五九年の正月を迎えた時の歌、

〈新しき年の初めの初春の　今日降る雪のいやしけ吉事《よごと》〉（巻二十・四五一六）

である。『万葉集』は、新年の吉事を願う歌で終わっているのである。

(5)『万葉集』のまとめ

『万葉集』の歌を読むと、一三〇〇年前後の時が隔たりながら、その思いが直接に伝わってくる。歌においても、記録する手段を得て、一気に表現が展開してきたように思われる。

異性を思い、家族を思い、故郷を思って歌う。天皇の御世を寿ぐ歌は多いが、自身の得意の権勢を誇る歌は稀《まれ》で、政治的な敗者の歌が載せられている印象がよほど強い。社会のことを詠むのは、

遣唐使で中国の詩になじんだ山上憶良らが例外のようである。仏教は導入されても、その教えは浸透しておらず、この世を越える意識は希薄で、時の流れ行くのを悲しんでいる。『万葉集』は、古代人の思いを知ることが出来る宝庫である。

ただ万葉仮名の読みがすぐに分からなくなったため、全文の解読には江戸中期からの国学、契沖《けいちゅう》の『万葉代匠記』、そして賀茂真淵《まぶち》『万葉集』研究を待たなければならなかった。そのため平安時代から江戸後期までは『万葉集』はごく限られた範囲でしか読まれず、歌の道の形成は十世紀初頭の勅撰和歌集の『古今集』によった。けれども近代になると、『古今集』に代わって『万葉集』が大変重視されるようになる。今日、和歌、短歌を詠む上でも、『万葉集』は読まれているのである。日本文化が歌につながる伝統の重さを考えざるを得ない。

7．天平文化のまとめ

天平文化というと、東大寺の大仏と正倉院の品々がまず思い浮かぶので、国際的な、壮大華麗な文化と思うが、当時は天変地異があり、疫病が流行り、乱も次々と起こって政情は不安であった。こうした社会だからこそ、鎮護国家を願って、中国にもない金銅鍍金の大仏を民間の聖の力も結集して神仏習合の形も採って完成させたのである。大仏だけでなく、天平仏は、後に鎌倉の仏師たちがまねるべき古典的な様式に達していた。また輸入された素晴らしい工芸品に学びながら、日本の工人たちも工夫を重ねて唐風の立派な工芸品を作り上げた。『古事記』『日本書紀』『風土記』などの他、『万葉集』も逐次編纂され、この時代のかなり広い層の人々のさまざまな心情が記録されている。地方の伝承や生活の一端も垣間見られる。これらの総体が天平文化であり、いずれにおいても後に古典とされるものが成立した、文化的には非常に豊かな時代であったと言えよう。

参考文献

坂上康俊『平城京の時代』（シリーズ日本古代史④・岩波新書・二〇一一年）

蓑輪顕量《けんりょう》編『事典　日本の仏教』（吉川弘文館・二〇一四年）

金子啓明『もっと知りたい興福寺の仏たち』（東京美術・二〇〇九年）

『週刊朝日百科　日本の歴史50』「古代⑩大仏建立と八幡神」（朝日新聞社・二〇〇三年）

北啓太監修『正倉院の世界』（別冊太陽・平凡社・二〇〇六年）

小島憲之・木下正俊・東野治之校注・訳『万葉集』全四巻（新編日本古典文学全集・小学館・一九九四～九六年）

桜井満訳注『万葉集』上・中・下（旺文社文庫・一九七四・七五年）

伊藤博『萬葉集釋注』全十巻（集英社・一九九五～九八年）

伊藤博『萬葉のあゆみ』（塙新書・一九八三年）

4 国風化への転換（平安前期）

《要旨とポイント》 八世紀末、平安京に遷都して、平安時代が展開する。四期に分けられるが、最初期には律令制の建て直しが図られたが、令外官《りょうげのかん》の職も多く設けられるなど日本化が進んだ。

仏教では天台宗や真言密教が広がるとともに、寺院が山中にも建てられ、木像の仏像が多く作られ、不動明王などの像や図像、曼荼羅《まんだら》なども制作されるようになる。怨霊への恐怖も強く、貴族の間では加持祈禱が盛んとなる。また山林修行が修験道となり、神社の国家的な整備も進んで、神仏習合が広まった。

九世紀初頭には勅撰漢詩集が作られていたが、後半には漢字の崩し字や部分を基にして平仮名、片仮名が誕生した。九世紀末には遣唐使が廃止され、社会・生活・文化の各方面で国風化が進んでいく。

十世紀初頭には勅撰和歌集の『古今和歌集』が編纂され、平仮名表記は公的に認められることになる。和歌は貴族のものにほぼ限られ、長歌はなくなり、すべて短歌となり、季節や恋を主題とする部立が立てられ、花鳥風月の美の基準を定めることになった。

十世紀前半には、左遷されて亡くなった菅原道真の怨霊が怖れられ、天満宮に祭って鎮魂を図った。この時期、関東では平将門《たいらのまさかど》が、瀬戸内海では藤原純友《すみとも》が反乱を起こした。この鎮圧にあたった武士が台頭し自立するようになり、乱後に作られた『将門記《しょうもんき》』は合戦を語り鎮魂を図る軍記物語の先蹤となった。これらも律令体制が変質していた表れであった。

《キーワード》 平安京、平安仏教、神仏習合、国風化、平仮名、『古今和歌集』

１．平安時代の始まり

八世紀末に都は平安京に移る。桓武天皇は、天智天皇系であり、天武天皇系の平城京を拠点とした貴族や寺院勢力を排除し、天皇中心の律令体制を再建しようとした。寺院は東寺、西寺だけとし、仏教勢力は排除し、鬼門の北東は比叡山を守りとした。

仏教の位置づけは変わったが、密教が伝わって仏教の内容自体も大きく変容する。深層で流れていた神道も形成されるようになる。山林修行は修験道となる。また怨霊に対する恐れが表面に出てくる。

律令制度にはない令外官《りょうげのかん》として重要なポストが次々に新設される。この時、「征夷大将軍」が出来、蔵人頭《くろうどのとう》が置かれる。蔵人は、天皇が内覧する文書を扱う職であり、藤原冬嗣が長官になって、大きな権限を揮《ふる》うようになる。また検非違使《けびいし》には警察権があるが、武士が任命されて、武士が公の官職に就く職となる。

律令の補助法となる格式《きゃくしき》が、九世紀初期の弘仁格式から、半ばの貞観《じょうがん》格式、十世紀初頭の延喜《えんぎ》格式と、次々と補充され改訂されていくことになる。

平安京になって都が固定化し、以降千年の都となる。貴族は都に住んで代々受け継いで、「みやび」を尊重するようになる。平安時代を鎌倉幕府の成立までとみると、約四〇〇年続くことになる。

平安時代は、大きく四つの時期に分けられる。

第一期は、八世紀末から十世紀半ばまで律令制の建て直しが試みられた時代である。九世紀末には遣唐使が廃止され、政治的にも文化的にも国風化が進行するようになる。

第二期は、十世紀後半から十一世紀前半の摂関期で、後宮を中心に王朝文化が全盛となる。律令制は変容して荘園が展開し、地方では武士団が成長してくる。

第三期は、十一世紀後半から十二世紀半ばの院政期で、三代の上皇が権力を握って貴族文化が爛熟する。院が設けた北面の武士を足がかりとして、武士の棟梁《とうりょう》が中央に進出する。

第四期は、十二世紀後半の保元・平治の乱から武士の平氏が実質的な権力を握る時代に入る。しかし二〇年余りで源氏が挙兵して、全国規模の合戦となり、平氏ならびに奥州藤原氏も滅んで、十二世紀末に鎌倉幕府が成立し、鎌倉時代になる。

この章では、第一期を問題にするが、この時期に以降に展開するものの芽はすべて出ている。現実に合わせて設けられた令外官の蔵人頭は、藤原氏の権力掌握の手掛かりとなり、検非違使は武士の台頭の足場になる。賜姓皇族の中から桓武平氏や清和源氏が生まれている。仏教は密教化し、山岳宗教も展開して、修験道が成立する。しかも八九四年に遣唐使を廃止してから、唐風は急速に後退して国風化が進行する。国風化は、政治・経済・社会・文化の全般にわたるものであった。この時代に日本独特の文化の基盤が形成されたといっても過言ではない。以降も文化を領導していくのは、都の貴族文化の「みやび」であった。

2. 仏教の密教化の展開

仏教も、平安時代になると大きく変貌する。奈良時代は平城京で経典が研究されていたが、寺院が山の中に造られるようになると、山での修行も取り入れて、実践的な「行《ぎょう》」が重視されるようになる。仏教に対しても、鎮護国家から、次第に天皇や貴族などの個人が救いを求めるようになる。

平安京に移る直前には長岡京が造営されたが、それを推進していた藤原種継《たねつぐ》が暗殺された。この事件に連座して桓武天皇の弟の早良《さわら》親王は皇太子を廃されて幽閉され、淡路島に流されたが、無実を訴えて、食を拒否して亡くなった。その直後から天皇や代わった皇太子が病気となり、諸国で旱魃となり、飢餓が生じ、伊勢神宮が焼失するなど災いが相次ぎ、それらについて卜させたところ、早良親王の祟りであると出た。この時に「怨霊」の文字が初めて出てくるが、これ以後、怨霊を慰撫することが大きな課題となった。

最澄は、十九歳で東大寺において正式な僧侶になったが、その直後に『願文』を著し、無常観と「愚の中の極愚」という自省、そして六根清浄に達するまでは下山しないと誓って生地近くの比叡山に籠《こ》もった。以後の一二年間の消息は不明だが、『法華経』を深く読むとともに山林修行によって験《げん》力《りき》を得たのであろう。やがて最澄は桓武天皇に近侍する内供奉《ないぐぶ》十禅師となり、『法華八講』の講義をしており、学識とともに怨霊を鎮める験力を持つと認められたのである。最澄は、八〇四年に遣唐使節に加えられ、唐に渡って天台宗を本格的に学ぶとともに、戒律、禅、密教も学んで翌年帰国した。ただ密教は本格的に学んだものではなかったので、後に空海から灌頂《かんじょう》を受けることになる。比叡山では後に円仁・円珍が本格的な密教化をすることになる。ともあれ、最澄は、比叡山において、天台を中心に戒・禅・密教を総合する道を開いた。最澄は、大乗仏教では戒律は従来の二百五十戒ではなく、十重戒と四十八戒の梵網《ぼんもう》菩薩戒によるべきだと主張し、南都六宗とは厳しく対立した。最澄の死後に比叡山に大乗戒壇を設けて僧侶となることが認められたので、比叡山は奈良仏教から独立を果たし、後に鎌倉新仏教の祖師たちは皆比叡山で学んで、新たな宗派を立てることになる。

他方、空海は四国の讃岐の生まれだが、上京して桓武天皇の皇子の家庭教師であった母方の伯父について儒教を学んで、十八歳で官僚を目指して大学に入った。けれども仏教に惹かれて翌年大学を中退して、私度僧となって吉野や四国の山林や洞窟で修行をした。二十四歳で『三教指帰《さんごうしいき》』を著し、仏教が儒教や道教に優ることを論じた。八〇四年、三十一歳の空海も遣唐使に加えられ唐に渡ったが、長安で唐の皇帝の国師でもあった恵果阿闍梨《けいかあじゃり》にたちまちに認められ、多くの弟子たちを差し置いて最新の密教をすべて受け継ぐことになる。恵果は翌年亡くなるが、それまでに密教の曼《まん》茶羅《だら》や法具を譲り整えさせて、早期に帰国して法を広めるように促した。空海は二〇年間は唐で学ぶ約束の留学僧であったが、八〇六年に多くの請来物を持って帰国した。

密教は、インド仏教の最後に成立し、中国で展開したもので、宇宙大の真理そのものの法身仏の大日如来《だいにちにょらい》が、理解できる少数の者にだけ秘密に説いたとする教えであり、経典に説かれたこれまでの顕教とは異なると主張する。経典に説かれた仏や菩薩の他、仏教を守護するものとして多くの民間の神々を明王や諸天として取り入れ、いずれも大日如来の現れだとした。諸仏諸菩薩や諸王諸天が一体となっている様を直截に表す曼荼羅を念じ、火を焚く護摩《ごま》を修し、諸仏諸尊を召喚する真言陀羅尼《だらに》を誦し、印契《いんげい》を結んで、真理と一体となるとする。そのため密教儀礼が行われるが、諸仏の世界を凝縮した曼荼羅が描かれ、さまざまな仏や菩薩がさまざまに変化した像や諸王・諸天の像、また儀式に使う多種類の独鈷《どっこ》や鈴《れい》などの法具が作られることになる。それらの教えを説いた『大日経』や『金剛頂経』などが持ち帰られた。これまでも変化仏《へんげぶつ》や仏教を守護する四天王などもあったが、それらとは違って、大乗仏教の「空」の思想に基づき諸仏諸天を体系的に位置づけた思想であり、それまでの雑密に対して純密として区別した。

空海は早期に帰国した罪を問われるところを、密教の膨大な請来物と知識ゆえに許され、都に密教を広めることになる。当時は都では薬子の変、東北では蝦夷の反乱が起こり、疫病も流行して社会不安が大きかったが、空海は嵯峨天皇の命により、鎮護国家の修法を度々行っている。八一六年には高野山を根本道場とすることを願い出て許しを得た。一〇〇〇メートル級の山々に囲まれ、古来山中他界であり、水源信仰もあった聖地に、密教の堂を建て、拠点としたのである。その七年後には嵯峨天皇は都の東寺を空海に託して鎮護国家の根拠地とせよと命じた。空海は、東寺講堂に、五智如来を中心に、右に五菩薩、左に五大明王、まわりを四天王と梵天と帝釈天と、二一体の仏像を配して曼荼羅を立体的に表した。

密教の発展によって寺は山中に建てられるようになり、仏像も多様なものが作られるようになる。すでに奈良後期から金銅仏や脱乾漆仏は廃れて木像の仏像が多くなっていたが、平安時代からは木に霊力を見る古来からの信仰によって、ほとんどが木像の仏像になっていた。十一面観音などの変化仏のほか、諸王や諸天はさまざまな姿で表される。とりわけ広く流布したのが不動明王像である。忿怒《ふんぬ》の形相で右に剣、左に綱を持ち、人々の煩悩や迷いを打ち破る姿で、炎を背負っている。その他、四天王や帝釈天、吉祥天、十二神将、八部衆など多様な仏像が作られることになった。

これらの図像を用い、また儀礼を通じて身・口・意で法身仏と一体となることを念じて「即身成仏」となることを目指した。仏の慈悲が衆生《しゅじょう》に加わり感応して衆生の中にある仏性に目覚める「加持祈禱」で人々にも福利をもたらすことを目指した。それは天皇や貴族にとっては、怨霊を封じ、現世的な利益をもたらすこととして受け取られた。空海は満濃池の開削などのさまざまな社会事業も行っている。空海が若い頃に山林修行で各地を歩いたことと合わさって、弘法大師信仰が全国に広まることになる。

空海は八三〇年には『秘密曼荼羅十住心論』一〇巻を著し、密教の真言宗が仏教で展開したあらゆる段階を包摂する教えであることを論述した。それは仏教の教えだけでなく、世界の中にすでに真理が現れていることを示すものであった。

この後、天台宗でも密教化が進むが、やがて「山川草木悉有仏性《しつうぶっしょう》」として自然にも霊力を認め、現実を肯定して、そのままで悟りも顕現するとする「本覚論《ほんかくろん》」が展開することになる。それはインドや中国では展開しなかった思想であり、縄文以来の自然に神を見ていた日本の思想が、高度な仏教的な形で理論化されたものと見ることもできよう。

3. 修験道と神道の成立

最澄や空海も若い時期に山に籠もり、山林を歩いて修行していた。山や森は昔から聖地とされており、特に滝に打たれて身を清め、大峰山などの奥地に踏み入ったり、洞窟に籠もったりすることは、特別な「験力《げんりき》」を修行者に与えるとされていた。この山岳信仰と密教の行法とが集合して山伏《やまぶし》の修験道が成立した。奈良時代に葛城山や大峰山を開いて修行した役小角《えんのおづぬ》（役行者）が開祖とされた。霊場は他に、紀伊の熊野山、伊予の石鎚《いしづち》山、豊後の彦山、加賀の白山、信濃の戸隠山、出羽三山など全国に及ぶ。いずれも縄文時代から神体山で霊山とされていた山である。

平安時代には、神社での祭祀方法も国家的に再整備されている。八世紀末には早良《さわら》親王の怨霊を鎮めるため、御霊《ごりょう》社が創祀されたが、その後も政治的な敗者が非業の死を遂げるたびに祟りをなすという怨霊への恐れから六所御霊が設けられ、後には菅原道真の怨霊は北野天満宮に祭られ、御霊会が盛大に営まれるようになって、地方にも広がった。また九世紀初期の「弘仁式」では、忌むべきものが具体的に挙げられ、死や産は「穢れ《けが》」として禁忌の期間が細かく規定されている。穢れに触れると祟りがあるという思想が強まって、これ以後、死や死後の世界は仏教に委ねられることになる。神事と仏事を分けて、使い分ける日本的な信仰のあり様がこの頃から明瞭になる。

また十世紀頃からは、物忌《ものい》みや方違《かたたが》えなどで、不浄や不吉を避けることが貴族の間では盛んに行われ、安倍清明など陰陽師《おんみょうじ》に災厄を除去してもらうようにもなる。

また神社に幣《ぬさ》が奉げられるが、その違いにより格が決められるようになる。弘仁式や貞観式は残っていないが、それを改訂した十世紀初期の「延喜式」には、全国の三一三二の神社の神名と諸国の一之宮が載せられている。伊勢神宮など十六社は朝廷から定期的に奉幣されるようになり、十一世紀後半には二十二社の体制となって以後続くことになる。神社に対する扱いが国家的に再整備される中で、神社の神を信仰する神道が確立したと言ってよいであろう。

4．平仮名の形成―女流文学の前提

この時代の文化的な大きな出来事は、平仮名、片仮名の成立である。八世紀には、日本語の音を漢字で表記する万葉仮名があったが、仮名表記を漢字のさまざまな崩し方から簡単に書ける字形に収斂していき、音を特定の字形に固定化して、九世紀後半には平仮名が形成された。平仮名を使うと女性でも容易に読み書きが出来た。平仮名によって、日本語表記がはるかに容易になり、和歌が書かれ、日本語の文章が飛躍的に展開することになる。他方、経典などで漢文を日本語に訓読する中で、漢字の偏や旁《つくり》の一部を表記する片仮名も使われるようになった。

公的文書や男性官人は日記も漢文表記であったが、私的には仮名も使っていた。とりわけ貴族においては妻問い婚という社会で、交際はまず私的な和歌の贈答から始まるので、そこでは平仮名が用いられた。平仮名は、女文字ともされ、漢字（真名《まな》）に対して劣るものとされていた。

こうした状況を大きく変革したのが、天皇の命による勅撰和歌集の編纂である。十世紀初めに勅撰の『古今和歌集』が編纂され、しかもその表記に平仮名が用いられたことは、平仮名も公的に認められたということであり、以後の日本の文学の展開に大きく寄与することになる。

平仮名は、「いろは歌」が習字の手習詞として学ばれるようになり、普及する。いろは歌は四十七字の仮名すべてを一度ずつ用いて七五調で作られた、以下の歌である。

〈いろはにほへと　ちりぬるを　わかよたれそ　つねならむ　うゐのおくやま　けふこえて
あさきゆめみし　ゑひもせす〉

これを、名詞や動詞を漢字として書き、濁点も付ければ、切れ目も意味も明瞭になる。

「色は匂へど　散りぬるを　我が世誰ぞ　常ならむ　有為の奥山　今日越えて
浅き夢見じ　酔ひもせず」

仏教的な無常を超え出る深遠な意味を持った歌であり、覚えやすいので、以降、辞書の配列順に広く使われるようになる。俗に空海の作と言われるが、いろは歌が作られたのは十世紀中頃と考えられている。

5.『古今和歌集』の誕生

『古今集』は、醍醐天皇の命により九〇五年に初めて編じられた勅撰和歌集である。それまで勅撰は漢詩集であったのに対して、平仮名による和歌集を勅撰として公的に編纂されたことの歴史的意味は非常に大きい。漢詩・漢文が正式なもので、和歌は私的なものであり、平仮名は女文字であって教養ない者が使うものとされていた。そうした経緯の中で勅撰の和歌集を編纂するのであるから、編者の「貫之らが、この世に同じく生まれて、この事の時に逢へるをなむ喜びぬる」として、他から非難されずに後世に残るものを作ろうとする意気込みと高揚感は大変なものであった。

(1)『古今和歌集』仮名序

『古今集』は巻頭に仮名序、巻末に漢文の真名序《まなじょ》があるが、まず和歌が中国の漢詩に対して引《ひ》けを取らない立派な文芸であることを堂々と主張する。表立って言ってはいないが、『詩経』大序を踏まえて書かれている。

「やまと歌は、人の心を種として、よろづの言の葉とぞなれりける。世の中にある人、ことわざ繁きものなれば、心に思ふことを、見るもの聞くものにつけて、言ひ出せるなり。花に鳴く鶯、水に住む蛙の声を聞けば、生きとし生けるもの、いづれか歌を詠まざりける。力をも入れずして天地《あめつち》を動かし、目に見えぬ鬼神《おにがみ》をもあはれと思はせ、男女の中をもやはらげ、たけき武士《もののふ》の心をも慰むるは歌なり」。

和歌は人間の心の働きから生まれるが、詞にうまく表現しなければならない。「花に鳴く鶯、水に住む蛙の声」のように、生きとし生けるものすべてに通じる自然な営みだが、よい歌が詠めれば、力を入れずして天地を動かし、目に見えぬ鬼神にもあはれと思わせ、男女の仲をも打ち解けさせ、猛々しい武士の心をも和やかにさせるというのである。

急に「天地を動かし」や「鬼神をも」と出てくるのは、中国の『詩経』「大序」にある「天地ヲ動カシ、鬼神ヲ感ゼシムル、詩ヨリ近キハナシ」を踏まえているからである。けれども『詩経』が次に「先王是ヲ以テ夫婦ヲ経シ、孝敬ヲ成シ、人倫ヲ厚ウシ、教化ヲ美トシ、風俗ヲ移ス」として、政治的な教化の性格を言うのとは決定的に違っている。「あはれ」なるもので、男女の仲を取り持つもの、武士をも和らげると、あわれさの感情に歌の効用を語るのである。

そして「この歌、天地の開け始まりける時よりいできにけり」とし、記紀神話によりながら、「神世には歌の文字も定まらず」だったが、「人の世となりて、素戔嗚尊《すさのおのみこと》よりぞ三十《みそ》文字あまり一《ひと》文字は詠みける」と述べる。記紀にある〈八雲《やくも》立つ出雲八重垣妻籠《やえがきつまご》みに八重垣つくるその八重垣を〉の歌を根拠に、和歌が古来三十一文字であったとする。

このように日本の神話に基づけることで、和歌は神代から受け継がれた神聖なものだとする。漢詩が正式で和歌などは私的なものだとする当時の常識に対して、和歌こそ天地開闢以来のものだと主張するのである。しかも神話時代から三十一文字の短歌だったとして、それを『古今集』では基本的には短歌のみにする根拠とする。『万葉集』には多くあった長歌や、旋頭歌、仏足跡歌など多様な形式は採らないのである。

次いで「歌の六義」六体を和歌によって例示しているのも、『詩経』大序にならったものであり、和歌が普遍的な詩であることを示す意図から来ている。

では、どのようなことを歌に詠むのか。

「また、春の朝《あした》に花の散るを見、秋の夕暮に木の葉の落つるを聞き、あるは年ごとに鏡の影に見ゆる雪と波を嘆き、草の露、水の泡を見て我が身を驚き、あるは昨日は栄えおごりて、時を失ひ世にわび、親しかりしも疎くなり、……歌にのみぞ心を慰めける」。

要するに、四季と人間において見られる、時の移ろいとそれがもたらす変化への嘆きを、主たるテーマとするのである。中国の漢詩が政治的な性格を持っていたのに対して、和歌の主調は時の移り行きをあはれとして詠むのである。

仮名序は、次に和歌の歴史を述べる。『万葉集』の柿本人麻呂や山辺赤人《やまべのあかひと》を高く評価した後、九世紀半ばに摂関政治が展開する頃から、よく歌を詠んだ者として、在原業平《なりひら》や小野小町ら六歌仙の歌を挙げて簡単に批評をする。特に業平は「心あまりて詞足りず」と評しており、『古今集』の中でも詞書が長くて印象的な歌を多く載せている。そして今上天皇（醍醐天皇）は「古《いにしえ》のことをも忘れじ、……今もみそなはし、後の世にも伝われ」と、この歌集を奉るように命じられた。撰者たちは、時代による和歌の変遷と六歌仙の歌の批評をした上で、この歌集の歌を選んだのである。

(2) 歌の選定

『万葉集』は、伝承歌謡から天皇から庶民に至るまで、長歌、旋頭《せどう》歌、短歌などさまざまな種類の歌を二〇巻、四五〇〇首余り収録していた。『万葉集』の最後の歌は七五九年の歌だが、それから一五〇年、漢詩が全盛になったとはいえ、こうした歌の伝統から膨大な歌が伝えられていたはずである。けれども『古今集』は三十一文字の短歌以外はまったく採らなかった。短歌に近い「旋頭歌」のみ三首選んでいるが、撰者が大幅に直して収録したことは、続けて貫之の旋頭歌を載せていることからも分かる。

『古今集』は、二〇巻、約一一〇〇首である。『古今集』で記名の歌は貴族階層に限られ、それも下級貴族と女性、僧侶の歌が中心である。歌数を多い順に挙げると、撰者（＊）たちの歌が多くを占め、*貫之一〇二、*凡河内躬恒《おおしこうちのみつね》六〇、*紀友則四六、素性法師三六、業平三〇、*壬生忠岑《みぶのただみね》三六、伊勢二二などとなる。

三分の一ある読み人知らずの歌は『万葉集』以後に伝わった歌であろうが、これらの歌も大幅に撰者の手が加わっているとみられる。明らかに『古今集』調になっている。

(3)　『古今集』の部立《ぶたて》

『万葉集』の部立は「雑《ぞう》」「相聞《そうもん》」「挽歌」の三つしかなく、巻ごとの編成は不明だったが、『古今集』は、巻第一から春（上下）・夏・秋（上下）・冬の歌を六巻置く。季節の順で、春は花、秋は紅葉を詠む歌が多い。続いて、賀歌（老齢をたたえ祝う歌など）、離別歌（官人の地方赴任に際しての送別の歌が中心）、羈旅《きりょ》歌（官人の旅中の歌が中心、業平の東下りが有名）、物名《もののな》（物の名を隠し題として詠み込んだ歌）を置いている。集の後半には恋一～五の五巻を据えて、これらを時の移り行きの順に並べている。恋一は噂に聞くばかりの恋、一目見た人を恋うる歌など、恋二も逢わぬ恋だが逢瀬を求める思いが高ぶる。恋三は初めての逢瀬前後の歌であるが、喜びというより、逢瀬の儚《はかな》さを詠んでいる。そのほぼ真ん中の歌は、〈秋の夜も名のみなりけり　逢ふといへばことぞもなく明けぬるものを〉（六三五・小町）である。恋四は恋人の心変わりが予感され、恋五では失われた恋を愛惜する歌である。恋の後には、哀傷歌（人の死を悲しむ歌）、雑上下（老齢や無常を嘆く歌が中心）、雑躰《ざったい》（長歌、旋頭歌、誹諧歌〈滑稽味のある歌〉）、巻二十には大歌所御歌・神遊びの歌（宮廷の儀式歌）・東歌《あずまうた》を置く。

個々の歌は、時代も作者の別も無視して、この部立と時間の流れに従って並べられる。後続の勅撰集もまた私撰集の部立もほぼこれに則っていくことになるという後の展開を考えると、ここで撰者たちが選び並べた基準は、日本の文学史上、計り知れない影響をもつものであった。

(4)『古今集』の歌

では、『古今集』はどのような歌なのか、貫之の歌を見ておく。

〈袖ひちてむすびし水のこほれるを　春立つけふの風やとくらむ〉（二）

「春立ちける日よめる」歌だが、「袖が濡れるのをかまわず手にすくった水」として夏、その水の氷れるで冬、そして春立つと、三つの季節を巧みに詠み込み季節の移り行きを歌うのである。

貫之の歌として最も有名なものは、春上にある歌であろう。

〈人はいさ心も知らずふるさとは　花ぞ昔の香ににほひける〉（四二）

しばらくぶりで訪ねた家の女性に疎遠だったことを皮肉られた時に、梅の花を折って即妙に答えた歌である。

〈人知れぬ思ひのみこそわびしけれ　わが嘆きをば我のみぞ知る〉（六〇六）

恋二にある歌で、「思ひ」のひに火、「嘆き」のきに「木」の掛詞があるが、人に伝えられぬ思いで自らの嘆きをかみしめていると読めばよいであろう。

『古今集』の中では、在原業平の歌には長い詞書が載せられているが、「羇旅《きりょ》歌」に載る「東下り」の二首など『伊勢物語』とほぼ同じである。『伊勢物語』の元の形は今の半分以下の量で十世紀半ばの成立とされるが、これを編集したのも、文体的な類似からみて貫之だとする説がある。確かなことは不明だが、『伊勢物語』の成立には、『古今集』が基になっている部分が大きい。

また『古今集』の「哀傷歌」にある、死を前にした業平の歌、

〈つひにゆく道とはかねて聞きしかど　昨日今日とは思はざりしを〉（八六一）

は、『古今集』の死生観を代表するものである。

6.『古今集』の影響―国風文化の展開

平安朝の貴族社会では、男性が女性に歌を贈り、女性が即座に歌を返すところから恋は始まる。男性が女性の許を訪ねる妻問《つまど》い婚なので、男性も女性も優美で上品な歌を見事な書で書くことが求められた。『古今集』が成立するや、これが歌を作る基本となり、『古今集』に載っている歌を踏まえて歌が詠まれたから、それが分からないと教養ない者とされ、恋も成就しないので、男女とも一層『古今集』の歌を学ぶことになった。『古今集』によって季節の類型的なイメージが出来、その時期に詠むべき情趣ある花鳥風月が固定化される。現実に直接ふれるものよりも、ここで示された花鳥風月のイメージによって見ることになる。恋の表現も『古今集』にあるものがモデルとされる。さらに地方についても、貴族は都の周辺にとどまっていてほぼ旅行しなくなったので、地方については歌枕として古歌に詠まれたものからの連想や地名の響きでイメージすることになる。

貴族の地方への意識として注目されるのは、『土佐日記』である。『古今集』の編纂から三〇年後、紀貫之が女性の体裁で平仮名で書いた日記である。男性の日記は公的な行事や政治的な事柄などを漢字で書き付けていたが、女性の平仮名の日記とすることで、私的な事柄に徹底的に絞って書いている。土佐から上京する旅でも、その間の景色や庶民の姿は一切書いていない。最も表現したかったことは、任地で亡くした子供への思いを詠んだ、最後に載せられた和歌にあったからである。

〈生まれしも帰らぬものをわが宿に　小松のあるを見るが悲しさ〉

こうして始められた仮名による日記は、やがて平安中期には女性自身の手によって綴られていくようになる。和歌を中心に王朝文学が展開するのである。

7．律令体制の変容－菅原道真の怨霊と平将門の乱

平安時代も初期には律令体制の再建が目指されていたが、令外官《りょうげのかん》が次第に重要な職を占めるようになり、政治も大きく変わっていった。八五八年にわずか九歳の清和天皇が即位したが、歴史上初めての幼帝であり、外祖父の藤原良房が実質上の摂政の任にあたった。しかも八年後の応天門の変で大納言伴善男《とものよしお》らが配流されてたので、良房は皇族でない初めての摂政となる。八八四年には良房を継いだ基経が事実上の関白となり、三年後には正式の関白の詔を受ける。摂関政治の基礎がすでに築かれていたのである。

けれどもまだ摂関政治への流れを止めようとする努力がなされた。宇多天皇は、藤原氏を抑えるために、文章博士で漢学に優れた菅原道真を重用した。道真は公的な六国史の最後の『日本三代実録』を編纂するとともに、六国史を内容別に分類した『類聚国史《るいじゅうこくし》』を編纂した。これは六国史の膨大な記述を、二〇項目前後の大項目で二〇〇巻にわたって分類して、これまでの歴史を体系的に捉え直したもので、律令国家は先例を尊重して運営されていたので、官僚にとって座右の書となっていた。また道真は八九四年には遣唐使の廃止を建言し、これが認められたことが、以降の国風化への大きなきっかけとなる。

道真は右大臣にまでなったが、醍醐天皇に変わってから、九〇一年に大宰府に左遷され、二年後

に無念の内に死んだ。その没後から、都で疫病が流行り、道真を左遷した藤原時平とその一族が相次いで病死し、九三〇年には内裏の清涼殿に落雷があって廷臣が死傷し、醍醐天皇自身も翌月に発病、二カ月後に崩御することになる。これらは道真の怨霊によるものとして大変に怖れられた。醍醐帝が地獄に堕ちて苦しんでいるのを見たとする書まで作られた。

道真は、律令体制の建て直しを図った官人であったが、左遷された任地で亡くなり、その怨霊が怖れられたが、こうした現象は社会の変容を示している。そして律令国家を直接に揺るがす事件が起きる。

九三五年、東国で平将門《たいらのまさかど》の乱が生じた。当初は一族間の内紛であったが、九三九年には将門は常陸・上野《こうずけ》・下野《しもつけ》の国府を襲い、さらには巫女の託宣によって「新皇」を称するに至った。この時にも武の神の八幡大菩薩と菅原道真の霊魂が兵を興《おこ》す正当化に用いられた。同じ年、瀬戸内海では藤原純友《すみとも》が海賊たちを率いて讃岐の国府、さらに大宰府を攻撃した。

この時、将門は、常陸掾《ひたちのじょう》・平貞盛、下野押領使・藤原秀郷、武蔵介・源経基らによって、純友は追捕使・小野好古《よしふる》と源経基らによって鎮圧された。二つの乱は二年を経ずして平定されたが、国家に対する公然たる反乱が生じた衝撃は大きかった。

将門は、桓武天皇の曽孫で、上総介でそのまま関東に土着した高望王《たかもちおう》の孫にあたる。この乱の直後に、『将門記《しょうもんき》』が書かれている。合戦を主題に、亡くなった者の鎮魂を籠めた軍記物語の先蹤である。以後、合戦が起きるたびに軍記物語が作られ『平家物語』へとつながる。

将門の乱の記憶は長く残り、源頼朝が源平合戦の最中に関東の自立を図る時の先蹤とされたし、また貴族の九条兼実は頼朝の挙兵の報を聞いた時、「さながら将門の如し」（『玉葉』）と書いた。

朝廷はこの乱の鎮圧に活躍した者たちの子孫を、後に治安が乱れたり、乱や合戦が起きるたびに動員することになる。それが武士の棟梁《とうりょう》を生むことになる。平貞盛の系統から六代目に清盛が出る。また源経基は、清和源氏であり、この系統から四代目が義家であり、さらにその四代後が頼朝である。そして藤原秀郷の子孫が、奥州藤原氏となる。つまり、後に武士の棟梁となるのは、この乱の鎮圧に活躍した者の子孫たちだったのである。

十世紀後半から社会の大きな変化が見られるようになるが、それは次回に論じることにする。ここでは、道真の怨霊とされた天神への関わりだけを見ておこう。

十世紀後半、藤原氏でも道真と良好な関係だった時平の弟の子・師輔《もろすけ》が、道真の霊を祭るため民間の手で建てられていた北野社に、新築の自邸を社殿として奉納して、摂関家の繁栄を守護してほしいという祭文を捧げた。師輔の子が兼家、孫が道長であるが、彼らが摂関政治を展開していく。

朝廷も、内裏が七年間に三度も焼失することもあったので、十世紀末に「北野天満宮天神」の勅号を贈り、大宰府の道真の墓所に勅使を立てて正一位太政大臣を追贈した。すると、天神は満足して王権の守神となると約束する漢詩を下したという。

怨霊は祭られて静まると、祭るものに福をもたらすとする御霊《ごりょう》信仰は、平安初期の早良《さわら》親王の祟《たた》りからあったが、道真に対する処遇で決定的となった。天満宮は平安中期に出来た神社であるが、朝廷から奉幣を受ける二十二社に入れられた。道真は学問に優れていたので、天満宮は「学問の神様」とされ、全国に祭られることになるのである。

参考文献

川尻秋生『平安京遷都』（シリーズ日本古代史⑤・岩波新書・二〇一一年）
末木文美士《すえきふみひこ》『日本仏教史』（新潮文庫・一九九六年）
武内義範・梅原猛編『日本の佛典』（中公新書・一九六九年）
義江彰夫『神仏習合』（岩波新書・一九九六年）
三橋正「神祇信仰の展開」（『日本思想史講座1—古代』・ぺりかん社・二〇一二年）
小沢正夫・松田成穂校注・訳『古今和歌集』（新編日本古典文学全集・小学館・一九九四年）
木村正中校注『土佐日記・貫之集』（新潮日本古典集成・新潮社・一九八八年）

5 王朝文化の展開（平安中期）

《**要旨とポイント**》 十世紀後半、藤原氏が賜姓源氏も排除して権力を独占するようになり、摂政・関白が常置されて摂関制度が確立した。摂関の地位をめぐって、藤原氏内部の権力争いとなり、天皇の后に入内する娘たちの教養を高めようと有能な女房たちが集められ、彼女たちが和歌を中心として、日記、随筆、物語などを書くようになる。十世紀後半には、救いが困難な末法の世が迫ってきたとされて、『往生要集』がリアルに描いた地獄の様は不安を高め、阿弥陀仏信仰が広まった。

十一世紀初頭に成立した『源氏物語』は、光ると形容される優れた皇子が臣下に降って源氏となって自由を得て、女性遍歴を重ね、一時は地方に逼塞するが、ついに栄華を極める話だったが、作者が宮廷に出仕後に、光源氏の栄華が徐々に崩壊していく後半生、さらにその子や孫の貴公子が宇治の姫君たちと複雑な愛情関係を織り成す話まで書き継がれた。紫式部は、最上級の貴族の華やかな表面とその内部の影に立ち入って、男女の微妙な心理やそれぞれの宿命が織り成す「もののあはれ」を描いており、世界最古の小説と評されている。

十一世紀半ば、末法に入った年に関白藤原頼通《よりみち》が建立した平等院鳳凰堂は、優美な外観とともに和様化を極めた寄木造の阿弥陀仏と雲中供養菩薩、扉や壁に大和絵風に描かれた「九品来迎図」などが堂内に飾られて、貴族の浄土への憧れを今に伝えている。

《**キーワード**》 摂関制度、年中行事、女房、王朝文学、末法思想、『源氏物語』、平等院

1．摂関制と王朝文化の展開

平安中期には藤原氏が権力を独占するようになる。前章に見たように、九世紀半ばに清和天皇が九歳で即位してから、外戚の藤原良房が、事実上の摂政となり、九世紀末には良房の養子基経が、事実上の関白になっていた。その後、宇多天皇は藤原氏を抑えようと菅原道真を重用し、後に道真は左遷されたが、醍醐天皇、村上天皇は摂政・関白を置かなかった。

けれども、九六九年に醍醐天皇の皇子で賜姓源氏の左大臣 源《みなもとの》高明《たかあきら》が安和《あんな》の変で左遷されて以降、藤原氏が権力を独占して、摂政・関白が常置されるようになる。藤原氏の内部で競争は激しくなるが、娘を天皇の后として入内させ、その皇子が生まれると、幼くして天皇となれば、その外戚として摂政となり、天皇が長ずると関白となった。関白であった二人の兄の没後、九九五年に、摂関に準じる内覧となった道長は、翌年律令官僚のトップの左大臣も兼ねて、以後二〇年間その両職を保持した。この間に律令制の公卿に諮《はか》ることなく、蔵人《くろうど》から上がる案件を決裁して天皇に奏上し、決定事項を施行する段階になって初めて公卿が関わる奏書形式を作って定着させた。かくして公卿の会議で重要事項を決定していた律令制から摂関制へと移行した。公的な官僚体制から、天皇と私的な関係にある蔵人や摂関などごく一部の身分の者による専断へと移行したのである。

その変化を象徴的に示すのが新年の儀式である。律令制では、参議から六位以下まで総勢九〇〇人ほどが内裏の朝堂院の庭に整然と並ぶ。天皇は中国式の正装の服を着て高御座《たかみくら》に立つ。皇太子、続いて奏賀者が賀詞を述べ、詔を下す形であり、律令官人たちが服属を誓う性格が根本であった。それが、九九三年を最後に行われなくなり、それに代わって小朝拝が行われるようになる。天皇が日常生活をする清涼殿の東庭に親王以下が整列するが、総勢六〇人ほどで、摂関、殿上人、蔵人など天皇と私的な関係にある官職・身分の者だけが集まる儀式となった。七〇一年に「文物の儀、ここに備われり」と誇らかに宣言されて始められた儀式は道長政権で止められた。天皇は文化的な権威の象徴となり政治的実権は摂関家が握るという、日本独特の政治制度が確立したのである。

しかも道長は一〇一六年に摂政になったが、翌年、その職を息子頼通《よりみち》に譲り、世襲を示すとともに、自らは大殿として実権を握った。摂政となった頼通は、一〇一九年関白になり、以後五〇年もの間その地位にあった。道長・頼通時代に摂関家が藤原氏の道長一統（御堂流）に独占され、徐々に他の貴族の位階や格式も親から子へと譲られて、個々の家の地位や役割が固定化するようになり、家が成立するようになるのである。

貴族は都とその周辺にとどまり、年中行事や和歌を中心とする雅《みやび》の文化に集中することになる。摂関制の中で宮中の後宮の文化が発展し、有能な女房が集められて競い合い、和歌や日記、随筆、物語など王朝文学が展開することになる。

経済面では、私的所有地の荘園が広がり、十一世紀頃からは地方の土地所有者が租税や外圧を免れるために、中央の有力貴族や寺社に寄進する荘園が広がった。中流貴族は国司（受領）として地方に赴任したが、中央への貢納以外は自由な裁量が与えられていたので、地方で蓄財して経済的な余裕も出来たが、国司に任命されるために権力者の藤原氏に寄進する荘園や貢物も多くなった。

2．王朝文学の展開

『古今集』から半世紀後、勅撰集第二番目の『後撰和歌集』が編纂され、一世紀後には第三番目の『拾遺和歌集』が編まれ、合わせて三代集と言われる。いずれも『古今集』の影響が強い和歌集である。それらの編集に際しては、個人の秀歌を集めた私撰集が大量に撰者の下に届けられることになったので、膨大な歌が残って、和歌は日本の文化の持続を担う重要なものとなった。後続の勅撰集でも私撰集でも基本的に『古今集』と同じ部立《ぶたて》が踏襲され、歌の内容も優美さと時の移ろいを感じ取るあわれさを主調とすることになる。

十世紀後半から十一世紀にかけては、歌合《うたあわせ》が盛んになった。九六〇年の内裏歌合で番《つが》った歌が、次の歌である（ともに『百人一首』に掲載される）。

平　兼盛　〈しのぶれど色に出でにけりわが恋は　ものや思ふと人の問ふまで〉
壬生忠見《みぶのただみ》　〈恋すてふ　わが名はまだき立ちにけり　人知れずこそ思ひ染しか〉

判者となった藤原実頼も甲乙つけがたく、村上天皇が兼盛の歌を口づさむ気配だったので、兼盛の勝ちとしたが、負けとされた忠見は鬱になってついに死んでしまったという（『沙石集』）。

また歌を核にして日記や歌物語、随筆、そして物語など女房文学が展開する。

書では、和様の三蹟（小野道風・藤原佐理・藤原行成）が現れ、絵では、唐絵にかわり大和絵が発展した。題材や描法において日本的な美意識が発達して、これが寝殿造の部屋を仕切る屏風に多数描かれた。貴族の衣装も男性は衣冠束帯、女性は裳唐衣《もからぎぬ》姿（十二単《ひとえ》は俗称）が正装とされ、常用では男性は烏帽子《えぼし》に狩衣《かりぎぬ》・指貫《さしぬき》、女性は重袿《かさねうちぎ》であった。室内は板間に畳、屏風や几帳《きちょう》で間仕切りをして、貴人の席には茵《しとね》と脇息が置かれ、灯台、鏡台、唐櫃《からびつ》、硯箱などの調度品が整えられた。屋形を付けた牛車で出掛けた。季節に合わせた年中行事が執り行われた。宮中の華やかな貴族の生活が文学や絵画に描かれ、高度で優美な古典文化が成立した。

仮名による日記としては、十世紀後半には女性自身による『蜻蛉《かげろう》日記』が生まれた。『更級《さらしな》日記』の作者の叔母にあたる著者は、道長の父・兼家の第二夫人としての結婚生活と自らの心理にのみ焦点を絞った日記を綴っている。当時は男性が女性の家に通ってくる妻問い婚で、権力者の兼家にはより位の高い正妻がいたが、著者に言い寄ってきて道綱が生まれる。その後、兼家は他の女性にも通って、なかなか来なくなる。しかもその女性へと兼家が通う道の途中の家にいる、二十歳頃で誇り高い彼女の心理は、その牛車の音にも神経を尖《とが》らせる。兼家が久しぶりに訪れて門をたたくが、拒んで家に入れず、翌朝に「うつろひたる菊」（色あせた菊）を添えて贈った歌が『百人一首』にも採られた有名な歌である。

〈嘆きつつひとり寝《ぬ》る夜の明くる間は　いかに久しきものとかは知る〉

摂関家の妻である地位の高さにもかかわらず、『蜻蛉日記』は、宮廷の出来事に一切ふれず、夫との関係と子の成長のみに関心を集中して、兼家から最初に恋文をもらった時から最後はもはや夫に会うことはあるまいと諦めるまでの二一年間を描いている。この心理描写があって初めて、後の『源氏物語』の記述も可能になったと言える。

3．末法思想と浄土信仰

十世紀後半は、末法思想が広く流布して社会不安が高まった時期であった。末法思想は、釈迦の入滅後、一〇〇〇年はその教・行(実践)・証(悟り)が残るが、次の一〇〇〇年には証が欠け、さらに末法に入ると行も証もなくなり、世界は衰滅していくという思想である。日本で独特に展開して一〇五二年に末法に入るとされていたが、折から武士が台頭して地方では戦乱が生じ、都でも災害や飢饉に度々見舞われていたので、末世という時代認識と相まって、大きな不安が広がっていた。九八五年に源信は『往生要集』三巻一〇章を著し、「厭離穢土《おんりえど》」「欣求浄土《ごんぐじょうど》」を説く中で、地獄と浄土を具体的で鮮明なイメージとなるように描き出した。地獄に堕ちた罪人は嘴《くちばし》鋭く炎を吐く悪鳥にくわえられて空高くから石の地に落とされて百分に砕かれる。鋭い刀の道を歩かされて足が裂け、炎の歯の狗《いぬ》に身を齧《かじ》られるなど、きわめて具体的にイメージされる。対して浄土は、色、音、香、味などの感覚的な喜びに満ち溢れた世界であり、阿弥陀仏の導きを受けて修行して成仏する。そのように浄土を観想することが求められる。源信においては、称名は観想の補助的なものとされ、造寺造仏などの諸行の功徳が往生業の一環として位置づけられているので、貴族や院による造寺造仏が盛んになることになる。

この時代の代表的な知識人であった慶滋保胤《よししげのやすたね》も、漢学の第一人者であったが、源信と交流を持って浄土信仰を深めて、『日本往生極楽記』（四二話四五人の往生伝）をまとめた後、出家して聖となったのも、この時代の風潮を示すとともに、後にも影響を及ぼすことになる。

十一世紀に入って末法が近づくにつれ、『往生要集』が描く地獄の世界に対する恐怖は一層高まり、極楽への往生を願う阿弥陀信仰はますます高まることになった。貴族の華やかな世界の底流には、死後への暗い不安が渦巻いていた。そうした時代の中で『源氏物語』が著されたのである。

4.『源氏物語』の世界

『源氏物語』は、平安中期、一〇〇〇年頃に紫式部が著した長編物語である。

(1) 紫式部と執筆の状況

紫式部は、越前と越後などの国守を歴任した中流貴族の藤原為時の娘である。本名は不明で父の官職が式部であり、『源氏物語』が「紫の物語」と呼ばれたところから、紫式部と呼ばれている。生年も不明だが、九七三年説が有力である。子供の頃、父が弟に漢籍を教えていた時に、傍にいて聞き習ってよく出来たので、父が女であることを残念がったと、『紫式部日記』に書いている。父が越前に赴任した時に同行したが、その時二十五歳くらいとされる。その二年後、二十歳以上も年上の藤原宣孝と結婚して、翌年に娘の賢子（大弐三位《だいにのさんみ》）が生まれたが、その二年後、流行した疫病で夫と死別している。

寡婦となった式部は、三十歳前後から『源氏物語』を執筆したようである。「光の君」と呼ばれる類いまれな美しい皇子が臣下に下って源氏となり自由を得て多くの女性遍歴を重ね、地方へ下る苦労もするが栄華を極めるという物語が評判になり、藤原道長に才を認められて、一〇〇六年の年末から、道長の娘の中宮彰子《しょうし》に仕えることになった。宮仕えしてから、物語の続きを書くように求められて、光源氏の後半生からその子・孫をめぐる話にまで展開する長編になっていったようである。一〇〇八年から中宮彰子の皇子出産の前後を記録するように求められ、二年間の『紫式部日記』を書いている。その中に、一条天皇もこの『源氏物語』を読んで、「作者は『日本紀』に精通しているに違いない」と感想を漏らしたとされる。当時から宮廷で大きな評判となっていたことが分かる。紫式部は一〇一四年頃、四十二歳くらいで没したと言われる。

(2) 『源氏物語』の構成と概要

『源氏物語』はフィクションであるが、華やかな貴族の生活の表と裏を物語り、当時からよく読まれ、後に絵巻物が作られ、また能楽などでも作品化され、後代では内容は知らずとも平安貴族の代名詞ともなっている。近代以降も現代語訳がいくつも出来、さらには外国語にも翻訳されて、世界最古の小説と評されている。それゆえ、その内容をおよそ見て、その魅力は何なのかを考えておきたい。

『源氏物語』は五四帖で、主人公の光源氏の一代記とその死後の子や孫の世代にわたる長編物語である。もちろん一度に書かれたわけではない。物語には、その内容からも明確な区切りが認められる。光源氏が誕生する第一帖から始まり、さまざまな女性遍歴を重ね、須磨・明石への逼塞を経験しながら、源氏が三十九歳で准太政天皇として栄華を極める第三十三帖までの第一部、源氏が四十歳になって異母兄の院の女三の宮と結婚する第三十四帖から、その栄華の秩序が次第に崩れていき、その死に向かう第四十一帖までの第二部、その死後、嗣子薫と孫の匂宮《におうのみや》が登場し、宇治を舞台に三人の姫君たちとの関係を描く第三部である。

第一部は、ある帝の後宮で、故大納言の娘の桐壺更衣は、後見人もないまま多くの女御《にょうご》や更衣のいる中で帝の愛を一身に受けて、皇子を産んだ。更衣は他の女御や更衣たちの嫉妬の的となり、皇子が三歳の年に、心労のあまり病死した。更衣の遺児の皇子は帝の庇護のもとに成長するが、光るごとき美貌を持ち、学問諸芸の万般に才能を発揮した。七歳の時、高麗《こま》の人相見が来朝したので、帝は皇子の身分を隠して占わさせると、「帝王の位にのぼるべき相を持つが、その位につくと国が乱れることが起きる。しかし臣下となって政治を補佐する役でもない」と首をかしげて怪しんだ。

帝はこの皇子を東宮に立てたいと願っていたが断念し、皇子を臣籍に下して源姓を授けることになった。こうして光源氏となる。弘徽殿《こきでん》の女御腹の第一皇子が東宮になった。帝には母によく似た藤壺が入内したので、源氏は藤壺を慕うようになる。

十二歳で元服した源氏は、左大臣の娘で四歳年上の葵の上と結婚し、社会的地位の安泰は約束されたが、藤壺を思い続けていた。正室の葵の上としっくりいかず、藤壺にも近づくことが出来ない源氏は、愛の渇きから女性遍歴を始める。源氏が十八歳の時、北山の庵で藤壺の面影を持つ少女を発見する。それが藤壺の姪の紫の上だった。都に戻った源氏は、藤壺が病気で里に帰っていることを知り、抑えがたい情熱に駆られて苦労の末、一夜の契りを結び、藤壺は身ごもることになる。しばらくして源氏は紫の上を邸に引き取り、理想の女性とすべく養育する。藤壺はやがて皇子を産んだが、秘密を知らぬ帝は、源氏に生き写しの皇子の誕生に大いに喜ぶが、二人は絶対に知られてはならない罪に慄《おのの》く。

源氏二十歳の年、帝は譲位して東宮が朱雀帝として即位し、藤壺腹の皇子が東宮となった。朱雀帝の治世では、その母弘徽殿や右大臣一族が繁栄し、源氏や左大臣の勢力は衰退に向かった。源氏の正妻葵の上は長男夕霧を出産したのち、源氏の愛人となっていた六条御息所《みやすどころ》の生霊《いきりょう》の物の怪《け》に取り憑かれて死んでしまう。二十三歳の年、父院が崩御するや、右大臣一派の専横によって源氏は次第に苦境に追い詰められる。そうした中で、朱雀帝の寵愛を受けていた朧月夜《おぼろつきよ》と源氏の仲が露見する。朧月夜は右大臣の娘であり弘徽殿の妹で、入内前から源氏とは忍びの仲だった。激怒した弘徽殿や右大臣は、源氏を謀反者として政界から抹殺しようとたくらんだ。源氏は二十六歳の春、自ら京を離れて須磨の地に退居し、謹慎の生活に入ったが、一年後、暴風雨に襲われ、夢枕に現れた父帝の亡霊の教えに従い、近くの明石に居を構える明石の入道の邸に移った。やがて入道の娘明石の君と契って、明石の姫君をもうける。

　都では凶事が続き、朱雀帝は父院の源氏を大事にせよという遺言に従わなかったことを後悔して、源氏を都に呼び戻した。朱雀帝は病が重くなって位を譲り、藤壺腹の冷泉帝の御代となった。源氏は政界に返り咲き、栄華への道を進むことになる。かつての親友で頭中将だった左大臣家と次第に対立関係を深めるが、圧して無類の権勢を確立する。源氏三十二歳の年、藤壺が崩御した時、夜居の僧の密奏によって、冷泉帝は自らの出生の秘密を知った。帝は実父の源氏に譲位しようとしたが、源氏はその意向を返上し、やがて太政大臣から准太上天皇の位に上る。こうして高麗の人相見の予言は実現した。源氏は六条院の邸を、春、夏、秋、冬を主とする趣向に分けて造り、源氏と紫の上は春の邸に住み、夏、秋、冬の邸には明石の上などの愛人を共に住まわせて栄華を極めた。

　以上、源氏三十九歳までの第一部の主筋だが、この間、「並びの巻」として、女性遍歴を語る帚《はは》木《ぎ》から、空蟬《うつせみ》、夕顔、末摘花《すえつむはな》などと源氏の密かな愛と失敗の物語、さらに夕顔の娘玉鬘《たまかずら》の成長譚の一六帖が随時織り込まれて語られる。武田宗俊は、これらの「玉鬘系」と名付ける帖は、誕生から栄華までの「紫上系」が完成してから後に書かれて随所に付け加えられたことを論証した（図表5−1参照）。大野晋は、これらは紫式部が宮中へ出仕して高位の男性貴族の目を意識して書き加えたものと論じている。

　第二部に入ると、物語の世界の基調は暗転する。朱雀院は重い病になって出家したいと思うが、すでに母女御に先立たれている女三の宮の将来が憂慮されるので婿選びに日夜思案した末、結局源氏に委ねることにした。源氏四十歳の時、十三歳の女三の宮が降嫁することによって、源氏と紫の上との関係にひびが入って六条院の調和が崩れ始める。もっとも源氏の世間的栄華はむしろ増さるものとなった。翌年、紫の上に養育されて東宮妃となった明石の女御に男子が誕生したが、五年後には冷泉帝が譲位し、明石の女御腹の宮が東宮に立ち、源氏の家門の末長い繁栄は約束される。けれども翌年、紫の上はついには心労のため病気となり、六条院を去って二条院で養生する。源氏が紫の上の看病に余念のない間に、女三の宮は、かねてより彼女に思慕を募らせていた頭中将の息子柏木に迫られて密通し身ごもってしまう。柏木が女三の宮に送った手紙から事の真相を知った源氏は、この事態を、かつて父院を裏切って藤壺と密通した罪の報いだと思わざるを得ない。女三の宮は薫を産んでまもなく出家し、柏木は犯した罪の重みに堪えられず病み、源氏の長男夕霧に後事を託して世を去った。夕霧は柏木の残された妻落葉の宮に同情するうち、恋慕に変じて一方的に思いを遂げた。そのために夕霧と正妻雲居雁《くもいのかり》との仲は

図表5－1　『源氏物語』54帖の巻名

部	系	巻名
第一部	紫上系	①桐壺　⑤若《わか》紫《むらさき》　⑦紅葉賀　⑧花宴　⑨葵　⑩賢《さか》木《き》　⑪花散里《はなちるさと》　⑫須磨　⑬明石　⑭澪《みお》標《つくし》　⑰絵合　⑱松風　⑲薄雲　⑳朝顔　㉑少女　㉜梅枝　㉝藤裏葉
第一部	玉鬘系	②帚木　③空蝉　④夕顔　⑥末摘花　⑮蓬《よもぎ》生《う》　⑯関屋　㉒玉鬘　㉓初音　㉔胡蝶　㉕蛍　㉖常夏　㉗篝《かがり》火《び》　㉘野分　㉙行《み》幸《ゆき》　㉚藤《ふじ》袴《ばかま》　㉛真《ま》木《き》柱《ばしら》
第二部		㉞若菜上　㉟若菜下　㊱柏木　㊲横笛　㊳鈴虫　㊴夕霧　㊵御《み》法《のり》　㊶幻　（雲《くも》隠《がくれ》）
第三部		㊷匂宮　㊸紅梅　㊹竹河　㊺橋姫　㊻椎《しいが》本《もと》　㊼総《あげ》角《まき》　㊽早《さ》蕨《わらび》　㊾宿木　㊿東《あずま》屋《や》　51浮舟　52蜻蛉　53手習　54夢浮橋

出所：第一部の分類は武田宗俊『源氏物語の研究』（岩波書店、1954年）による。

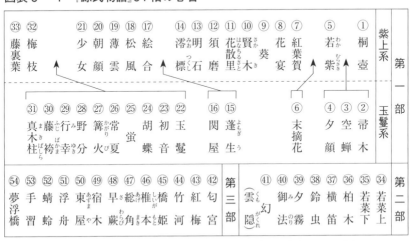

険悪化する。源氏の身辺には数々の不幸な事態が生起する。病状が悪化した紫の上は、源氏五十一歳の年に死去した。源氏は紫の上を追慕し、わが生涯を顧みながら述懐する。「すべてもののあはれも、ゆゑあることも、おかしき筋も、広う思ひめぐらす方々添ふことの浅からずなるなむありける」（「幻」）。一年を過ごし、出家への心の準備を整えて年の暮れに最後に歌を詠んでいる。

〈もの思ふと過ぐる月日も知らぬ間に　年もわが世もけふや尽きぬる〉

源氏は自らの宿命（「宿世」）を生き、翌年の出家を示すところで第二部は終わっている。

第三部になると、「光隠れたまひし後」と八年の空白を置いて、今は二十歳となっている源氏の子薫と、明石の女御の皇子で源氏の孫の匂宮と宇治の姫君たちとの物語が新しく語り起こされる。「橋姫」から最終「夢浮橋」の一〇巻は「宇治十帖」と呼ばれている。文体的にも少し異なり、第二部から少し間を置いて書かれたと考えられる。

自らの出生の秘密を感じ取って出家への本願を抱く薫は、源氏の異母弟の皇子で今は宇治に隠棲する俗聖八の宮を求道の先達と仰いで通ううちに、その娘の大君と中の君を垣間見て、大君にひかれる。やがて八の宮の死後大君に求婚するが、大君は薫と結ばれたなら、敬愛する関係が崩壊するであろうことを恐れて、拒否した。かわりに妹の中の君を薫と結婚させようとするが、薫は、匂宮に中の君との仲をとりもち、結婚させた。しかし匂宮は皇子ゆえに宇治になかなか通えない上、夕霧の六の君との婚約の噂もあった。中の君の身の上を憂慮した大君は、心労の果てに病死した。大君を失った薫は、彼女の面影を中の君に認めて後悔もしたが、中の君から異腹の妹浮舟の存在を知らされ、尋ね出して宇治に住まわせた。しかし浮舟はやがて匂宮に迫られて契りを交わすことになった。その関係を薫にも知られて、浮舟は進退に窮した末、「すべて朽木などのやうにて、人に見棄てられてやみなむ」（「手習」）と、宇治川に身を投じようと決意した。浮舟は入水したが、横川の僧都に助けられて小野の山里に隠れ住み、僧都に頼んで得度して出家した。失踪した浮舟を捜し求めた薫は、その生存を聞きつけ、浮舟の弟を使者にたて浮舟を訪ねさせたが、浮舟はこれを見ず知らずの人だとして背を向ける。現世における諸縁を断とうと努め、誦経と手習いに明け暮れる浮舟は、薫の手の届かぬ境地を生きる人となっていた。第三部はここで終わる。

(3) 物語の主題

この長編の物語で、作者は何を語ろうとしたのだろうか。物語について、作中で源氏の口を借りて次のように語っている（第二十五「蛍」帖）。

源氏は、「日本紀などはただかたそばぞかし」、『日本書紀』などは、歴史書であっても、そのほんの片端にすぎないものだと言う。対して物語は、「その人の上とて、ありのままに言ひ出づることこそなけれ、よきもあしきも、世に経る人の有様の、見るにもあかず、聞くにもあまることを、後の世にもいひ伝へさせまほしきふしぶしを、心にこめがたく言ひおきはじめたるなり」、つまりありのままに書くのではないが、見るに見飽きることなく、聞くに聞き流しに出来ないことを、心に包みきれずに言っておこうという物語論を語っている。

おそらく紫式部も、最初は身分が低い更衣から生まれた皇子が苦難を経て栄華に至る話を語ろうとしたのだろう。それも母に似て慕う中宮との密通という不義を犯していたが、当時の結婚事情から絶対にあり得ないことではなかった。しかも歴史書のように源氏の半生を年代を追って書いたので、リアリティを持って受け止められた。けれども不義が当人たちの心にどういう悩みをもたらしたのかは、第一部ではほとんど深刻に語られなかった。その後、紫式部が宮仕えして宮廷世界を知って、女房たちが高位の殿上人に不意に訪れられることも知り、光源氏があまりに理想的に過ぎて「作り物めきてとりなす」という人の批判に答えて「あながちに隠ろへ忍びたまひし」(「帚木」)女性遍歴を「並びの巻」に語り出したと考えられる。

その後、『紫式部日記』に暗に語られているように、紫式部自身も道長に言い寄られた体験をして、高位の貴族に強引に迫られる姫君や、別の女性が出現して愛の行方を深刻に考えざるを得ない女性の立場になって、第二部を書いたとすれば、それらの人物は自らが置かれた立場に通じるものとして、置かれた状況から必然的にたどっていく心理をより深く探求せざるを得なかったであろう。この物語には、どこにも超人間的な救済はない。人間としての運命を深く考えざるを得ないテーマであった。光源氏も、第二部で不義の子をわが子として自ら抱くことになって初めて、父の院もこの苦しい思いを隠しておられたかと思いやる。仰ぎ見る天皇や隔絶した理想的な皇子であっても、その内に実は苦悩が隠されている。恵まれていると見える紫の上にしても、自分の子供は生まれず、思いがけない女三の宮の降嫁によって愛憎の世界に生きざるを得ず、それを超えんとして出家を願っても許されない。生まれから特別であった源氏も、最愛の紫の上と死別し、自らの死を見据えて出家を準備していく。出家後や死後はもはや物語の世界ではないので、語られない。物語はあくまで現実的な人と関わりゆく愛憎と悲喜こもごもの世界なのである。

光源氏は、生まれつき皇子であり比類のない人物であり、まさに光があった。けれども第三部になると、薫は臣下の列であり、出生の秘密をどこかで感じており、最初から暗さを持つ。匂宮は美香を焚き染めた皇子ではあるが、宮廷ではなく、宇治の地に隠棲した八の宮の姫やその縁の浮舟を相手の色好みであって、源氏のような貴種流離によって在地の生命力を得るというわけでもない。そして浮舟は、「憂き舟」のごとく二人の貴公子の大波に翻弄されながら、入水する。『万葉集』には、二人の男に求婚されてついに自殺した真間の手児奈の話があった。けれども助けられた浮舟は、出家することにより、自らの運命を見つめて生きる意志を持った女性に生まれ変わったようである。手習で独詠の歌を書き付けながら、自らの心を見つめている。そこには物語を書き紡ぎながら深めていった紫式部自身の姿が現れているようにも思われる。

源氏の一生とその子や孫の世代まで七〇年余りの物語を書き続けながら、時の流れの中で、さまざまな人物がそれぞれの思いを抱きつつ愛憎の世界を織り成していく。源氏は亡き母の面影を追って藤壺、紫の上、女三の宮と関わっていく。皇子でありながら、臣下に降ろされたゆえに、帝を裏切る禁断の恋にかえって踏み込んでいく。自らの心の深層には気付かないまま、母、妻、愛人（娼）、娘などのイメージを持つ女性たちとさまざまに関わっていく。私的な思いや行動がさまざまな波紋を広げて、それぞれがそれぞれの人生を生きていかなければならない。物語が進むにつれ、登場する人物はそれぞれに自らの運命を歩んでいくようになる。すべてを書かずに読者の想像に任せるような文体が、さまざまな人物へのイメージを膨らませていく。

男と女の愛をめぐるさまざまな心理の追求は、近代小説でも追求され続ける問題である。『源氏物語』は、一〇〇〇年も昔の物語でありながら、それが抱える問題とその心理描写は現代にも通じるものを持つのである。

（4）『源氏物語』の影響

『源氏物語』は以降の物語に決定的な影響を及ぼしている。同時代の菅原孝標女《すがわらのたかすえのむすめ》はこの物語を読むのに夢中になったと『更級《さらしな》日記』に書いている。すでに同時代から古典として認められていたのである。そして一〇〇年後には「源氏物語絵巻」が制作されたが、まさに王朝の古典を代表する絵巻で享受者を広げた。

藤原俊成《しゅんぜい》《（としなり）》が「源氏読まざる歌人は遺恨のことなり」との判詞を書いたことによって、歌人にも『源氏物語』が決定的に広まった。その息子の定家《ていか》《（さだいえ）》は、『源氏物語』の本文を最初に校訂した「青表紙本」を作り、さらに『源氏物語』に見られる漢籍の典拠を指摘する『源氏物語奥入』を著した。室町時代には能楽が、この物語の一場面を材料とすることが多かった。

江戸時代に入って一般にも公開されるようになると、北村季吟の『源氏物語湖月抄』の注釈書が木版印刷で早速出ている。「源氏物語絵巻」に範を取る源氏絵も多く描かれた。江戸中期からは『源氏物語』への注釈や解釈も格段に多くなるが、その中でも徹底したのは、『紫文《しぶん》要領』『源氏物語年紀考』『源氏物語玉の小櫛』を著した本居宣長《もとおりのりなが》であろう。宣長は、蛍巻の源氏の述懐などを踏まえて、「もののあはれ」論を展開する。元の発想を示す『紫文要領』から摘要しておく。

「大よそ此物語五十四帖は、物のあはれをしるといふ一言にてつきぬべし」。「物語は‥‥見る人に物のあはれをしらするものなるに、此の好色のすぢならでは、人情のふかくこまやかなる事、物のあはれのしのびがたく、ねんごろなる所のくはしき意味はかきいだしがたし」。「よろづの事わがみにひきあてて見るときは、ことに物の哀ふかき物也。されば物語は上々の人のみるものなれば、上々の事をもはらかきて、心に感じやすからしめんためなり」（『本居宣長全集』第四巻）。

江戸時代の国学、そして明治になってからの国文学でも、『源氏物語』研究は花形であり、多くの研究が生み出されている。長編にもかかわらず、全文を現代語訳したのは、与謝野晶子、谷崎潤一郎、戦後になって円地文子、瀬戸内寂聴、最近でも橋本治、林望など多々ある。さらに英訳でも戦前のウェーリー訳、そして戦後のサイデンステッカー訳など、世界でも読まれるに至っている。今や世界文学の傑作と広く認められている。

5. 宇治の平等院

『源氏物語』はフィクションの物語であったが、現実の最上級の貴族による建築・芸術品が今日に残されている。関白藤原頼通《よりみち》は、一〇五二年に道長から受け継いだ宇治の別荘を平等院の寺とした。

道長は、娘三人を皇后に立てて絶頂を誇って、〈この世をば我が世とぞ思ふ　望月の欠けたることもなしと思へば〉と詠んだ一〇一八年に胸痛を覚え、死病を自覚して、都の自邸の隣に、急遽九体の阿弥陀仏を据えた法成寺を造営した。その後、娘三人と息子を亡くし、一〇二七年には道長も六十二歳で亡くなった。道長は出家し、最後は九体の阿弥陀仏の手と結んだ五色の赤い糸を握って亡くなった。源信に帰依して阿弥陀仏による救いを得るという浄土信仰に縋《すが》ったのである。

平等院の寺とした一〇五二年は、末法に入るとされた年で、頼通は六十二歳であったがまだ元気で、娘寛子が前年に皇后に入ったばかりで、阿弥陀堂を建立する功徳によって、来世の救いとともに、娘が皇子を産むという願いも込めていたのではないか。豪華で贅《ぜい》を尽くした阿弥陀仏と鳳凰堂の建物が完成したのは翌年である。

阿字池の州浜に、金色に輝く鳳凰二羽を屋根に掲げる阿弥陀堂が優美に建ち、阿弥陀仏の顔が庭からも見えて、現世に阿弥陀浄土を具現した趣である。須弥壇は螺鈿《らでん》の豪華な細工で、八葉の蓮の華の上に本尊の阿弥陀仏が座し、天蓋も黄金に彩られた檜《ひのき》の細工で豪華華麗な装飾が施されている。扉や壁面には「九品来迎図」や日想観など板絵一六面が飾られ、壁には来迎の時に阿弥陀仏に伴う雲中供養菩薩が木彫で五二体も飾られている。

阿弥陀仏は、定朝《じょうちょう》作の寄木造で非常に穏やかで優しいお顔で、和風の仏像の典型として、これ以後多くの阿弥陀仏のモデルとなった。雲中供養菩薩像も定朝工房が二、三体ずつ分担制作した寄木造の木彫で、形もさまざまで表情も動きもあり、手に持つ道具にも変化があり、制作当時は美しく彩色されていた。扉や壁の「九品来迎図」は、仏画というより、大和絵の四季山水図の中に、山のかなたから阿弥陀仏が多くの聖衆を連れて亡くなろうとする人の病床に来迎する姿や、魂を山の向こうに持って帰っていく姿が色鮮やかに描かれている。道長は「下品下生」で往生したと娘が夢に見たということもあってか、九品来迎図は、下品では仏や菩薩は迎えに来ずに台だけが来るという経典の叙述と違って、下品でも阿弥陀仏が来迎する様を描いている。堂内は仏の空間なので、狭いがここに籠もると浄土が幻視されるように造られている。鳳凰堂は、朝日を受けて輝くように、また日没や月が上がる方向も計算されて造られている。二〇一四年からの解体修理によって、創建当時の彩色が今日に蘇って一段と映えている。この建物の外観にも内部の仏や装飾にも貴族文化の粋を見ることが出来る。

なお頼通の邸で里内裏ともなった高陽院《かやのいん》の再建修造の時に作庭を見聞した頼通の三男の橘俊綱は、最古の造園論の『作庭記』の著者と推定されている。

頼通の養女と娘にはついに皇子が産まれず、藤原氏に血縁関係がない後三条天皇が一〇六八年に即位して院政に移行することになる。頼通は関白職を、皇太后となっていた姉の彰子が道長の遺言だと強く言ったので弟教通に譲ったが、将来息子に返すことを条件にしていた。頼通は四年後出家して平等院に住んだが、最期は宇治の邸で迎えたらしい。頼通は、道長のように阿弥陀仏像を結んだ五色の糸を握りしめるといった信仰ではなく、より自然な形の臨終を迎えたようである。

平等院には宝蔵が建てられ、頼通の賀に使った屏風や姉の彰子の婚礼調度が保管され、経蔵には『万葉集』からの和歌集が納められて、藤原氏の長者が代々管理するようになった。平等院は、一般には「極楽いぶかしくば宇治の御寺をうやまへ」（『後拾遺往生伝』）とすら言われて浄土信仰の象徴として受け取られたが、摂関家だった藤原氏にとっては、家の継承ということに、より大きな意味を持つようになっていく。

平等院は、寺院建築の歴史から見れば、きわめて唐突で突飛な様式であったが、その荘厳さは後にも大きな影響を与える。鳥羽上皇が一一三七年に造営した勝光明院は、工事中に諸々の工人がしばしば平等院に行って、仏像・仏壇・内部などの寸法を測ったという。また奥州藤原氏の秀衡が平泉に建てた無量光院は、「院内の荘厳はことごとくをもって宇治平等院を模すところなり」（『吾妻鑑』）と言われ、発掘跡から中堂・翼廊も同じ形態で、やや大きかったようである。

道長が京の都に造営した法成寺も、鳥羽上皇や奥州藤原氏が建立した二つの寺院も、戦乱で焼失した。けれども頼通が都を離れた宇治の地に造った平等院鳳凰堂は、宝蔵や経蔵など他の建物が失われた中でも、奇跡的にほぼ完全な形で今日に遺され、王朝文化の華麗さを今に伝えているのである。

参考文献

古瀬奈津子『摂関政治』（シリーズ日本古代史⑥・岩波新書・二〇一一年）
秋山虔《けん》・阿部秋生・今井源衛校注・訳『源氏物語』一～六（日本古典文学全集・小学館・一九七〇～七六年）
秋山虔『源氏物語』（岩波新書・一九六八年）
大野晋『源氏物語』（同時代ライブラリー・岩波書店・一九九六年）
武田宗俊『源氏物語の研究』（岩波書店・一九五四年）
河合隼雄『源氏物語と日本人　紫マンダラ』（岩波現代文庫・二〇一六年）
倉田実編『平安大事典　図解でわかる「源氏物語」の世界』（朝日新聞出版・二〇一五年）
本居宣長著、大野晋・大久保正編『本居宣長全集』第四巻（筑摩書房・一九六九年）
秋山光和他編『平等院大観』全三巻（岩波書店・一九八七～九二年）
『平安色彩美への旅　よみがえる鳳凰堂の美』（平等院ミュージアム鳳翔館・二〇一四年）
神居文彰監修『平等院　王朝の美』（別冊太陽・平凡社・二〇〇九年）
藤井恵介「藤原道長・頼通親子の建築的想像力」義江彰夫・山内昌之・本村凌二編『歴史の対位法』（東京大学出版会・一九九八年）

6　武士の台頭の中での王朝古典主義（院政期）

《要旨とポイント》　十一世紀末から院政期に入る。院政は、天皇を早く譲位した上皇（院）が背後から政治を動かしたが、二代で七〇年も続いた。この時代、院への寄進が盛んとなり、院は浄土を模した豪勢な離宮を造り、造寺造仏を盛んに行った。この時代に院周辺の企画で「源氏物語絵巻」も制作され、貴族文化の爛熟期を示している。

院が設けた北面の武士を足場に、武士が中央に進出する。十二世紀後半に起こった保元の乱以降、武士が決する世へ、中世へ転換していく。最初に権力を握った平氏は、身内を宮中に入れ外戚として権勢を揮《ふる》うようになる。この時代、武士は文化的には貴族への憧れが強かった。

歌合や勅撰和歌集の撰進があったので、貴族にとって和歌を詠むことは最も重要なことだった。「歌の家」を任ずる貴族の藤原俊成は、古典を踏まえながら余情ある優艶、幽玄という古典主義を打ち出す。また武士であった西行は、隠遁して、心澄ませて自らの心を見つめた歌を詠み、やがて侘びの美を歌うようになる。鴨長明も歌人として有名だったが、隠者となって散文の『方丈記』を著した。

十三世紀初頭、後鳥羽院は王権の力を示すべく『新古今和歌集』を編纂するが、その撰者となった藤原定家は耽美的な美学を打ち出した。後鳥羽院が承久の乱を起こして敗れた後、晩年の定家は、王朝の古典を伝承することに力を注ぐ。定家は、以後中世の美学に決定的な影響を与え、その子孫の冷泉家は、今日に至るまで大量の古典籍と歌の行事を受け継いでいる。

《キーワード》　院政期、「源氏物語絵巻」、古典主義、西行、藤原定家、『新古今和歌集』、後鳥羽院、『百人一首』、冷泉家

1. 院政期の社会と文化

十一世紀末に、摂関政治から院政へと転換する。院政は、天皇が自らの血筋の者を天皇にするために、早めに譲位して上皇となり、さらに出家して院となって、院庁で近臣を使って権力を揮《ふる》う政治体制である。一〇八六年の白河上皇から始まるが、その院政は四三年も続き、次の鳥羽上皇の院政も二七年にわたる。人事権を握っている院への寄進が盛んとなり、荘園は集積され、その財力によって貴族文化が爛熟することになる。

末法に入り、社会は不穏であったので、両上皇は広大な庭園に寝殿、阿弥陀堂を配した鳥羽離宮を建て、六勝寺と呼ばれる六つの壮大な寺院を造営した。また院に寄進する造寺造仏が狂信的なほど盛んとなった。院は熊野権現に救いを求める熊野詣も一〇〇〇人もの伴を連れて頻繁に行った。

十二世紀初期には、院の周辺で『源氏物語』を絵画化した「源氏物語絵巻」が企画され制作された。それは貴族文化の煌《きら》びやかさを表現するもので、以後に大きな影響を与えることになった。

院が設けた北面の武士を足場に、武士が中央政界にも進出するようになる。武士は、地方から武士団を形成して力をつけてきた。平家は、西国で海賊などを追捕する守《かみ》となって力をつけた。平清盛は瀬戸内海の交通の要・安芸に厳島神社を造営、日宋貿易で大きな財力を得るようになる。

対して源氏は東国で勢力を伸ばす。十一世紀後半、奥州で起こった前九年の役、後三年の役では、朝廷から「私戦」とされたので、源義家は動員された武士たちに自らの財力でまかなったことで、かえって関東武士団の結束を得ることになる。これ以後、鎌倉に本拠を築く。また奥州では藤原氏が勢力を確立し、平泉を中心に東北での覇権を確立した。

鳥羽上皇の没後、一一五六年に起こった保元の乱は、天皇家と摂関家の後継者争いだったが、それぞれが招いた武士の武力により決したので、これより「武者の世」に入ると『愚管抄』は述べている。三年後に起こった平治の乱により、平清盛の覇権が確立する。ただ前年から後白河院政が始まっており、三四年間も続くことになる。

清盛は、妻の妹を後白河院の后に入れて高倉天皇が生まれると、娘を高倉天皇の中宮とし、その皇子が生まれると、安徳天皇として即位させた。藤原氏と同じように天皇の外戚となって、清盛は太政大臣にまで上り詰める。平氏は貴族文化に憧れ、一門を多くの国守に任命して、貴族化していった。

平氏政権時代の文化を象徴するのが、厳島神社の社殿である。そこに奉納された『平家納経』は、華やかな彩色が施され、貴族的な文化を示す。また京都の三十三間堂は、平清盛が後白河院に寄進したもので、一〇〇一体の観音像が並んだ、壮麗で贅《ぜい》を尽くした寺院であった。

奥州藤原氏は、戦役での死者を弔うため一一〇五年、平泉に中尊寺を建立した。金色堂は、一一二四年に創建された阿弥陀堂で、黄金で装飾され、螺鈿《らでん》の柱がある。平等院を模した無量光院の阿弥陀仏は京の仏師に注文されたが、出来上がりのあまりの素晴らしさに院がさしとめようとした逸話もある。

2. 「源氏物語絵巻」と「伴大納言絵巻」、「鳥獣戯画」

絵巻物は、詞書《ことばがき》と絵とを連動させてつなげて鑑賞するもので、日本独自の形式で、大和絵で描かれて発展していたが、院政期の十一～十二世紀が絶頂であった。院政期の貴族が作らせた絵巻物は華麗な作りであるが、その中でも「源氏物語絵巻」は、まとまった形のものとして最も古く、最高の仕上がりであり、後に貴族を描く絵画に決定的な影響を与えている。

「源氏物語絵巻」は、一一一九年に白河上皇と孫の鳥羽天皇の中宮の許で企画された（源師時『長秋記』）らしい。現在に残るのは、絵一九段と詞書三六段であるが、元は五四帖にわたって、それぞれ一～三場面を選んで絵にし、対応する本文を美しい料紙に写して挿入して、絵巻として鑑賞できるように企画されたものと推定されている。現存のものでも、各絵と詞書の書風の違いから、五つのグループに分けられる。縦二一・五センチメートル、幅は三九センチメートルと四八センチメートルの二種類がある。詞書の料紙も色鮮やかで金箔も配し、仮名の散らし書きである。絵は、絵師が線描きをした上に、濃彩の色付けをし、さらにその上に線を入れる「つくり絵」である。

絵巻物は、詞書を読んで、巻いていくと次々に画面が展開していく。室内は吹抜屋台で俯瞰的に描かれ、時に庭の草花も描かれている。人物は「引き目鉤鼻《かぎばな》」で抽象的な描き方であるが、それでいてよく見ると線を微妙に重ねて描かれ、その場面の心理や情趣を醸し出す。能楽の面のようなものである。

特に『源氏物語』で源氏に女三の宮が降嫁して六条院の栄華が崩壊していく第二部は五帖分、詞書も絵もほぼ全部揃って残っている。不義を犯した女三の宮が出家したいと泣いて願うのを、事情を知らぬその父の院が涙を押さえ、夫の源氏も沈痛な思いでいる場面が、畳や几帳の線が入り組んで三人のちぢに乱れる心を表す。また源氏が不義の子の薫を抱く場面の絵は、これも罪の報いかと苦悩する思いも十分に伝わってくる。源氏が実は我が子である冷泉帝と対面する横で、息子の夕霧が背を向けて笛を吹く絵は、畳や長押《なげし》の線が並行に入って、交わらぬ心を象徴している。また紫の上と最後に歌を交わす別れの場面も、庭の秋草が哀愁を表している。場面の選び方、緻密な描き方は見事である。物語の重要な場面の主人公の心理まで知られる。絵巻物は、絵と詞書で物語への導入にもなるし、鑑賞の深まりともなる。絵は物語を離れても、平安貴族の生活の様を、ありありとリアルに想像させてくれる。

この「源氏物語絵巻」は、以後、さまざまな形で「源氏絵」として大きな影響を与えることになる。ただ鎌倉時代以降は、「引き目鉤鼻」ではなく、顔の表情も描かれるようになる。とりわけ鎌倉時代には貴族の絵として歌仙絵が描かれる。歌仙絵は、藤原公任《きんとう》が選んだ『三十六歌仙』の三六人の歌人の絵で、歌、位、官職などが書き込まれている。女性は宮中に仕える女房姿の裳袿《もうちぎ》、俗に十二単《ひとえ》で、男性貴族は衣冠束帯、僧侶は墨染めの姿である。これは江戸中期に出来る『百人一首』カルタの女房と公達の絵姿のモデルとなり、われわれが貴族で連想する姿となる。江戸初期には、「源氏絵」として、俵屋宗達や大和絵の土佐派などが王朝絵巻の場面を多く描くことになる。

再び院政期へ戻ると、「源氏物語絵巻」は、制作に宮中の女房たちも関わった、色鮮やかで「女絵」と呼ばれたが、これに対して「男絵」は、線描きで色はわずかに着けるだけで物語本位に場面を描く。「伴《ばん》大納言絵巻」はその代表例で、後白河上皇の周辺で活躍した常盤《ときわ》光長の筆とされる。応天門の放火事件の発端が露見する場面では、子供の喧嘩に父親が駆けつけ、相手の子を蹴飛し、母が子の手を引いていくところが、同一画面に連続して描かれて、成り行きが巧みに描かれている。平安時代の絵巻物や絵では、貴族は「引き目鉤鼻」であるが、武士や庶民は明確な表情が描かれているが、この絵巻には、庶民の生活の姿まで活写されている。

また「鳥獣戯画」は四巻あるが、特に甲巻は、蛙や兎や猿などが擬人化されて、相撲を取ったり、川に飛び込んだりして、わいわい戯れている風刺画である。その表情や動きが墨一色の描線による白描画で活《い》き活きと描かれており、棒を飛び越えたりする場面など、今日のアニメの描き方とほとんど変わらない。作者は、鳥羽上皇の信任を得て鳥羽離宮に住んだので鳥羽僧正と呼ばれた覚猷《かくゆう》と言われているが確かではない。しかし、後に戯画が「鳥羽絵」と称される所以となる。

絵巻物は、時の移り行きに敏感な日本で出来た独特の絵画形式であるが、鎌倉時代には合戦絵や仏教宗派の祖師の生涯や神社の霊験譚を描く形式ともなるのである。

3.「歌の道」の形成―歌合と古典主義

院政期には、和歌は「治天の君」が行う文化事業として捉え直された。白河天皇は一〇七五年に第四勅撰集『後拾遺和歌集』を下命している。『拾遺和歌集』から七〇年ぶりであった。奏上された一〇八六年から院政を敷くが、一一一二年の白河院の六十歳の賀には料紙の華麗さで有名な『三十六人集』(西本願寺本)が制作されている。白河院は第五の勅撰和歌集『金葉和歌集』を下命したが、一一二四年の撰進本は新味が乏しいと却下し、翌年の奏上本は当世的に過ぎるとして返し、次の年に三度目でようやく受理している。

すでにこの頃までには、貴族社会のあり様は変化して、歌道、楽道、書道、蹴鞠《けまり》などは特定の家々が担当し世襲するようになった。摂関期の後宮世界は廃《すた》れて、女房文学の基盤が崩壊し、和歌も男性の専門歌人に担われるようになる。和歌は世俗の事柄より高次な価値を持つとされ、「和歌三神」(住吉明神、玉津島明神、柿本人麻呂)が祭られ、自作の和歌を神仏に奉納することも急増した。「数寄《すき》」として和歌に打ち込むことが称揚され、よい歌を詠むために心を澄ませ、絶えず修練していることが求められた。上流貴族はほとんど地方に行くことがなかったが、辺境には観念上の憧れがあり、歌枕として、地名や古歌に歌われたイメージによって詠むことが盛んであった。

歌合《うたあわせ》は、あらかじめ歌の題が提示されており、それにさまざまなイメージを抱いて詠む題詠で、左右に分かれて一〇〇首詠んで、その優劣が競われた。晴れの舞台での歌の勝負となって、主な歌人も、摂関期の女房から専門の知識を持った男性歌人へと変化している。歌合では、歌にかけて権威があるものが判者となり、どちらが勝ちか、あるいは引分け（持）かを判定する。判詞《はんし》も書かれる。時にその判定に異議の申し立てもあった。こうなると、どこにも欠点がないように詠むことが主となる。また過去の歌をよく知っていることも重要で、些末なことも含む「歌学」が成立した。

院政期から、和歌や有職故実など専門の家職が成立した。和歌の家とされたのが、歌合で判者を務めた、源俊頼などの六条源家《げんけ》、藤原顕輔《あきすけ》などの六条藤家《とうけ》、そして十二世紀末には、藤原俊成・定家などの御子左家《みこひだりけ》などであった。

十二世紀後半の保元の乱、平治の乱以来、「武者の世」となっており、平氏が全盛になるが、平氏は貴族化して、宮廷世界に進出したので、他の武士たちの反発は大きかった。二〇年後、平家打倒を目指して各地の源氏が兵を挙げるに至った。

こうした時代になればこそ、貴族は自分たちの存在理由として、和歌の芸術化にますます集中することになる。源平合戦の最中の一一八三年に、後白河法皇は藤原俊成に勅撰和歌集の編集を下命している。俊成は五年後に第七番目の勅撰集『千載集』を完成したが、その序で「まことに鑽《き》ればいよいよ堅く、仰げばいよいよ高きものはこの大和歌の道になむありける」と言っている。それは、衰退した現状から本来あるべき正統なものとしての歌の道を回復することを求めるものであった。

俊成は、「何となく艶《えん》にもあはれにも聞ゆる」ことを求めた。歌をいかに詠むべきかを説く『古来《こらい》風躰抄《ふうていしょう》』では、『万葉集』から『千載集』までの和歌の風体を、それぞれの秀歌を抜き出して示している。俊成は、新奇な言葉や趣向の面白さを追求することを批判して、和歌本来の持つ抒情性を回復すべきことを説いた。また判詞で、「源氏見ざる歌詠みは遺恨のことなり」と、『源氏物語』を読むべきことを勧めている。俊成は九十一歳の長命を保ち、多くの歌合の判者を務めて宮廷和歌の第一人者となった。この古典主義が『新古今集』の基調になる。

4. 西行の隠遁と〈侘《わ》びの美〉

この時代に、歌でも貴族とは別種の美を詠み始めたのが隠者の西行である。西行は、一一一八年、藤原秀郷の八代目という由緒ある武家の家に生まれ、鳥羽院の北面の武士となって前途有望であったが、二十三歳で突然に出家・隠遁した。

〈身を捨つる人はまことに捨つるかは　捨てぬ人こそ捨つるなりけれ〉

の歌からは、世俗の思いを断ち切ることによってこそ、真の生き方ができようという気負いが感じられる。とはいえ、身を捨てることは簡単ではない。

〈捨てたれど隠れて住まぬ人になれば　猶《なお》世にあるに似たるなりけり〉

西行は、自らの心をじっと見て、素直に平明に詠む。

西行の根底には無常感があった。「諸行無常の心を」と題して詠んでいる。

〈はかなくて行きにし方を思ふにも　今もさこそは朝顔の露〉

隠遁者は草庵で孤独に生活する。僧侶のように寺で共同で生活するのではなく、山林に侘しい庵を囲って寂しさに生きる。そして時々各地に修行に出掛ける。

二十七歳頃に、みちのくにも行った能因法師を慕って、自らの遠縁になる奥州藤原氏を訪れ、陸奥・出羽を巡っている。歌枕に自ら足を運んで、そこで歌を詠むが、長い詞書を付けている。

「十月十二日、平泉にまかり着きたりけるに、雪降りあらし烈しく、ことのほかに荒れたりけり。いつしか衣河見まほしくて、まかり向ひて見けり。……汀《みぎわ》氷りてとりわき冴えければ

とりわきて心もしみて冴えぞわたる　衣河みにきたる今日しも」

奥州から戻って高野山に草庵を結んで二〇年近く住んでいるが、時々は吉野や都にも出ていた。三十九歳の時、かつて仕えた鳥羽法皇の葬送に参列したが、その直後に、保元の乱が起きる。この乱で敗れて仁和寺に身を潜めた崇徳上皇の許へ馳せ参じている。

〈かかる世に影も変らず澄む月を　見る我身さへ恨めしきかな〉

上皇が髪を下した姿を見て、同情しながら月の澄んだ下で冷静に事態を見ている。

崇徳院は四国に流されたが、西行は以後も院に近侍する女房を通じて音信を交わしていた。一二年後には、恨みを呑んで没した崇徳院の怨霊を鎮めるために四国にまで出掛けている。

〈よしや君むかしの玉の床とても　かからむ後は何にかはせむ〉

敗者の無念の思いを汲みながら、その怨霊を鎮めるべく歌を奉ったのである。

西行は花と月をよく詠むが、それらの美しさではなく、それらに向かう自らの心のあり様を詠む。

〈あくがるる心はさても山桜　散りなんのちや身に帰るべき〉

西行にとって歌は趣味で詠むのでなく、心澄ます修行であったようである。「和歌は常に心すむ故に悪念なくて、後世《ごせ》を思ふもその心をすすむるなりけれ」（『西行上人談抄』）と語っている。

〈世の中を思へばなべて散る花の　わが身をさてもいづちかもせむ〉

世の中に無常なるあはれさを見出しながら、わが身はこれからどうなることか、仏教の観念を言うことなく、あくまで自らの行末を見つめようとするのである。

一一八〇年、源平合戦が全国に広がる中で、六十三歳になる西行は伊勢に庵を移した。西行は出家の身でありながら、伊勢神宮にも参詣している。

〈何事のおはしますをば知らねども　かたじけなさに涙こぼるる〉

「大かた歌は数寄の源なり。心のすきて詠むべきなり。しかも太神宮の神主は、心清くすきて和歌を好むべきなり。御神よろこばせ給ふべし」。後に伊勢神宮に生涯の秀歌を二つの自歌合《じかあわせ》に編んで奉納することになる。

源平合戦は、木曽義仲に続き、平家も滅亡する事態になっていた。「打ち続き人の死ぬる数きく夥し。まこととも覚えぬほどなり。こは何事の争いぞや」。武士出身なので他人事ではなかった。

〈心なき身にもあはれは知られけり　鴫《しぎ》立つ沢の秋の夕暮〉

世俗の思いを捨てきって澄んだ境にこそ、鴫がはばたく秋の夕暮に言いようもない寂寥感に襲われた。陽が沈んでまだ朱《あか》るさが残る中で鴫が飛び立った後に広がった静寂の内で何ともいえぬ感慨に心ふるえている自らに気づいた。存在するもののあはれさに心打たれた。何もかも捨てきって澄んだところに開かれた〈侘びの美〉である。ただ俊成は『千載集』に西行の歌を一八首も採ったが、この歌は採らず、西行はがっかりしている。王朝の美意識とは異質だったのである。

一一八六年、源平戦乱で焼けた東大寺の復興のために奥州の藤原氏に勧進を頼みに、六十九歳の老軀をおして再度みちのくへ行っている。この途中、鎌倉では頼朝と一夜話しているが、歌について尋ねられて、「詠歌は、花月に対して感を動す折節は、僅かに三十一文字を作る許《ばか》りなり、全く奥旨を知らず」と答えている（『吾妻鑑』）。

この旅での歌を、「自讃歌」生涯の最高の歌としている。

〈風になびく富士の煙の空に消えて　ゆくへも知らぬわが思ひかな〉

富士の煙が空に静かに立ち昇るのをしばらく見ていたのだろう。つい来し方を振り返り、また近いであろう自らの死も思うが、富士の悠然たる山頂からゆったりと空に消えていく煙に、自らの思いもまた大空に拡散して消えていくのを感じたのであろう。これも〈侘びの美〉である。

西行は、一一九〇年二月十六日に没した。

〈願わくは花の下にて春死なむ　そのきさらぎの望月のころ〉

と、かつて詠んでいた通りだったので、西行は往生したと大評判となる。

確かに釈迦の入滅の日に亡くなったが、願っていたのは、春の「花の下」で「望月」の頃である。花と月とは、この詩人が自然の象徴で生涯詠んでいたものであった。自然の中に帰っていく、神道的な発想が元にあると言えよう。

西行より少し後になるが、鴨長明も歌で有名である、後に述べる『新古今和歌集』の寄人《よりうど》になりながら、鴨社の禰宜《ねぎ》となる望みが断たれると、五十歳で隠遁している。日野の山中に方丈の庵を編んで、時代と自らの生涯を振り返って『方丈記』を記している。それは、かつて賀茂姓であった慶《よし》滋保胤《しげのやすたね》の『池亭記《ちていき》』に倣ったものであった。長明は、その二、三年後には、隠遁・往生した人の説話を集めた『発心集』を編集している。

十三世紀半ばには、西行の一代記『西行物語』が出来、さらにその絵巻物も作られる。宮廷人から武士、庶民と広く交わり、全国を旅したこと、往生伝説があり、それに技巧を凝らさず、素直な詠みぶりの歌が『新古今和歌集』に最多の九四首も採られたので、伝説化されたのである。また編者を西行に仮託した隠者の説話を集めた『撰集抄』も現れた。これらから西行についてのイメージが作られていく。

西行は隠者の代表的人物とされ、室町時代に生まれる能の「諸国一見の僧」のモデルになる。江戸時代には、松尾芭蕉が西行を慕って、江戸郊外に庵住し、また西行が歩いた各地を旅することになる。

5．藤原定家の登場

藤原定家《ていか》（さだいえ）は、一一六二年、俊成の四十九歳の時に生まれる。母は美福門院加賀で、藤原隆信（「伝源頼朝像」の作者）が異父兄弟になる。歌の家で両親から薫陶を受けて、早くから歌に才能を見せた。十七歳の時に歌合に参加している。翌々年の一一八〇年九月、源氏の挙兵の報を聞いたが、日記『明月抄』に「紅旗征戎《こうきせいじゅう》、吾が事に非ず」と書いた。武士間の戦乱などには目を向けず、貴族として新たな和歌の創造に集中していたのである。二十歳の「初学百首」の最初の歌は、立春を詠んでいる。

〈出づる日のおなじひかりに四方《よも》の海の波にも　けふや春は立つらむ〉

新春の元日、初日の出が大海原の波を照らして昇っていく荘厳な情景を寿いだ歌である。

この歌は分かりやすいが、青年時代の歌は晦渋《かいじゅう》で、六条家など旧派からは「新儀非拠達磨歌《ひきょだるまうた》」と非難された。二十五歳の時、西行に勧められた「二見《ふたみ》浦百首」の中で、次の歌を詠んだ。

〈見渡せば花も紅葉もなかりけり　浦の苫屋《とまや》の秋の夕暮〉

『源氏物語』明石の「なかなか春秋の花紅葉の盛りなるよりも、ただそこはかとなう繁れる蔭どもなまめかしきに」とか須磨の「松島の海人の苫屋もいかならむ須磨の浦人潮垂るる頃」などを踏まえた歌であったが、後には侘び茶の精神を示す歌として引かれることになる。

定家は、その家司であった関白九条兼実の失脚に伴って、一時不遇を託《かこ》った。後鳥羽院の百首歌の時にも最初呼ばれなかったので、俊成が長文の上奏文を呈して参加できたが、定家はたちまちにその実力が認められ、俊成の死後は宮廷和歌の第一人者となった。

6.『新古今和歌集』の成立

『新古今集』は、後鳥羽上皇が『古今集』にならって王権の復権を願って、第八番目の勅撰和歌集として編まれた。歌は「世を治め民をやはらぐ道」（仮名序）として政治的意味も持っており、『万葉集』以来の古歌から同時代に至るまでの和歌の歴史全体から歌を収録していた。一二〇一年に和歌所を開設し、藤原定家ら六人を撰者に任じて撰歌させたが、上皇自身が何を選び、何を切り出すか、切継の作業が延々となされ、上皇はすべての歌をそらんじる程であった。この間に定家との間で感情的な齟齬も生まれるようになった。一二〇五年、『古今集』から三〇〇年後に一応の完成をしたとして「竟宴《きょうえん》」が催されたが、定家は前年亡くなった俊成の喪中を理由に欠席している。

実際、竟宴後にも後鳥羽上皇は大規模な歌合を催して、『新古今集』に最新の秀歌を取り入れている。『新古今集』は、一般に一二一六年の書写本を以って最終的に完成したとされている。しかもその後、後鳥羽上皇は鎌倉幕府の打倒を企てた承久の乱に敗れて、隠岐の島に流されて以降も、精選に取り組み、四〇〇首ほども削除、切継をして、これを正本としている（隠岐本）。
『新古今集』は、二〇巻、歌数約二〇〇〇首。『古今集』に倣って、真名序、仮名序があり、部立《ぶたて》は、前半は春（上下）、夏、秋（上下）、冬、賀、哀傷、離別、羇旅《きりょ》、後半は恋一～五、雑上中下、神祇、釈教よりなるが、秋歌が春歌に対して著しく多いことと、最後に神祇、釈教の部を設けたことは、この集の特色である。基本的には『千載集』以後から撰者時代の歌人が中心で、主な歌人と入首数を挙げれば、西行九四、慈円九二、藤原良経七九、俊成七二、式子内親王四九、定家四六、藤原家隆四三、寂蓮三五、後鳥羽上皇三三、俊成卿女二九などで、俊成周辺の者が多いが、貫之三二、和泉式部二五、人麻呂二三などで『万葉集』以来の歴史を踏まえていることも示す。ただし『万葉集』の歌は、この集に相応しい表現となるよう手を加えている。
『新古今集』に特徴的な詠み方として、三代集や古典文学の詞を一部取り入れて、本の歌や物語のイメージを感じさせる本歌取りの手法が有名である。定家の歌を二首だけ取り上げておく。
〈春の夜に夢の浮橋とだえして　峰にわかるる横雲の空〉（春上・三八）
春の歌というより、横雲が峰から離れていこうとする中で、『源氏物語』の最終帖の「夢の浮橋」を取り入れ、薫と浮舟の別れのイメージも重なって、恋の別れの感覚が感じ取れる。春の明け方の艶麗甘美な情緒を表現したもので、余情妖艶という『新古今集』の特色をよく表した歌とされる。
〈旅人の袖吹き返す秋風に　夕日さびしき山のかけはし〉（羈旅・九五三）
これは白居易の『長恨歌』で玄宗皇帝が蜀の桟道を落ちていくイメージを踏まえながら、秋風が吹く中に、孤独な旅人が渡っていく様を印象深く詠んだ歌である。

7. 定家の歌論と源実朝

定家は、一二〇九年四十八歳の時、鎌倉の将軍源実朝にも歌を指導して『近代秀歌』を贈り、四年後には『万葉集』も贈っている。実朝が万葉調の歌を詠むようになるのはこれによる。

五十歳代の順徳朝期には歌合にも数多く列し、半ばには歌集『拾遺愚草』もまとめた。

定家は、『近代秀歌』で「やまとうたの道」を言う。「浅きに似て深く、易きに似て難し」と言う。『詠歌大概』では「情《こころ》は新しきを以て先となし、詞《ことば》は旧きを以て用ゆべし。風体は堪能の先達の秀歌にならふべし」と言う。『毎月抄』において、歌は「よくよく心を澄まして、その一境に入りふしてこそ、稀によまるる事は侍れ。……仮初《かりそめ》にも執する心なくして、なほざりによみ捨つる事得べからず。……常に心有る体の歌を御心にかけてあそばし候。……所詮心と詞とを兼ねたらむをよき歌と申すべし」と「有心体《うしんてい》」を説いている。「およそ歌を見わけて善悪を定むる事は、殊に大切の事にて候」であるが、「秀逸な歌」とは、「心深く、長《たけ》高く、巧みに、詞の外《ほか》まで余れるやうにて、姿気高く、詞なべて続けがたきが、しかもやすらかに聞ゆるやうにて、おもしろく、かすかなる景趣たち添ひて、面影ただならず、けしきはさるから心もそぞろかぬ歌」である。心深く、余情ある歌、味わいがあり、微妙な情景が平凡ではなくイメージされ、心がそわそわせずにしっかりと迫ってくるような歌である。そのような歌も稽古し、工夫して極まり心澄みわたれる中から生まれると言うのである。

実朝は、定家の繊細さを超えて、はるかに力強い歌を詠むことになる。

〈大海《おほうみ》の磯もとどろに寄する波　われて砕けてさけて散るかも〉（『金槐集』・六九七）

8．定家の古典伝承とその影響

定家は承久の乱の直前には後鳥羽上皇の怒りを買い、公的な会に差し留めとなったが、翌年の乱で上皇は配流、摂政以下交替したので、かえって栄進することになった。ただ作歌意欲はとみに衰え、最晩年の十数年間、古典を筆写して後世に遺すことを意図して、写本に精を出している。『源氏物語』は家伝の写本が鎌倉幕府に召し上げられたままになっていたので、妻や娘たちと何人か動員して、よそから借りてきた複数の写本を校合して、混乱している仮名づかいを整えて、納得いく写本を完成させている。「青表紙本」と呼ばれる写本は、最も古く信頼のおける『源氏物語』の写本として、今日のテキストの底本になっている。この他、『古今集』『後撰集』『千載集』『伊勢物語』『土佐日記』など、おびただしい数量の写本を次々と完成させていった。定家は中風にかかって震える文字であったが、かえって読みやすく、定家様という書体で真似られることにもなった。こうして定家は平安時代の貴族の文学を確実に伝えて、後世に多大の貢献をしたのである。

七十三歳の時には、第九番目の『新勅撰和歌集』を単独で下命され、撰進したが、『新古今集』の「余情妖艶」から、三代集にあるような平明温雅な歌風に戻し、これ以後の勅撰集の主流となるものとなる。

また、これまでの主要な歌人一〇〇人を選び出し、それぞれの一首を選んだ『小倉百人一首』を作ったことも定家の大きな功績である。

これは、現在の形式での写本は見当たらないが、『明月記』には、息子為家の嫁の父となる関東の有力武士であった宇都宮頼綱（出家名蓮生）の依頼によって色紙に一〇〇人の歌を染筆したことが書かれている。定家の末裔の冷泉家には『百人秀歌』という鎌倉後期の写本が伝わっている。

定家はそれ以前に、仁和寺道助親王（後鳥羽上皇の皇子）の依頼により、『古今集』から『新古今集』に至る歌集から各一〇首を選んだ『八代集秀逸』を献呈していたが、蓮生の依頼によって『百人秀歌』を選んだようである。九七首は勅撰和歌集から選んでいる。『百人一首』は、『百人秀歌』の実は一〇一首の三人の歌を省いて、最後に後鳥羽上皇と順徳院の二首を入れている。承久の乱で配流された、この二人をどうしても入れたくて、現在の『百人一首』の形にしたのだと考えられる。

『百人一首』は、天智天皇から始まって同時代までの六五〇年にわたる一〇〇人に絞って、それぞれの秀歌一首を選んでいる。主要な歌人を網羅して、さすがに精選された名歌が揃っている。天智天皇とその娘の持統天皇の歌を最初として、飛鳥時代の歌から始めて、最後は承久の乱に敗れた後鳥羽上皇とその息子の順徳院の歌で終わる。二首は乱の前の歌であるが、〈人もをし人もうらめし　あぢきなく　世を思ふゆゑに物思う身は〉と世を憤る上皇の歌を入れ、最後は〈ももしきや古き軒端のしのぶにも　なほあまりある昔なりけり〉と、昔をしのぶのは、まさに宮廷・貴族の文化の終焉を感じていたからであろう。

この時代に古典主義が確立したので、『古今集』以来の勅撰集の美意識が日本文化の持続性を根幹で支えることになった。逆に言えば、和歌で詠われた美意識は、三代集、さらに『新古今集』で確立したものをほとんど抜け出ることは困難になった。定家は、中世には歌の権威と見なされ、定家に仮託した歌論も多く作られた。世阿弥も千利休の師も定家の歌を引用して、その美意識を表そうとした。その後も明治に至るまで、『古今集』から『新古今集』は、歌の道の主流となったのである。

勅撰和歌集は、以後も室町後期に至るまで、一二五〇年にわたり二十一代集まで続くことになる。それを担ったのは、定家の子孫たちであった。息子の為家以後、二条家、京極家、冷泉家に分かれる。その内の冷泉家は歌の家として、今日に至るまで大量の古典籍とともに和歌の家の古式を伝えている。

参考文献

秋山光和『日本の美術10　絵巻物』（小学館・一九八二年）
人間文化研究機構編『うたのちから　和歌の時代史』（人間文化研究機構国立歴史民俗博物館・二〇〇五年）
橋本不美男・有吉保・藤平春男校注・訳『歌論集』（新編日本古典文学全集・小学館・二〇〇二年）
久保田淳・吉野朋美校注『西行全歌集』（岩波文庫・二〇一三年）
石田吉貞『隠者の文学　苦悶する美』（塙新書・一九六九年）
久保田淳訳注『新古今和歌集』上下（角川ソフィア文庫・二〇〇七年）
久保田淳『藤原定家　乱世に華あり』（集英社・一九八四年）
大岡信『百人一首　王朝人たちの名歌百選』（世界文化社・二〇〇五年）
『冷泉家　王朝の和歌守展』図録（朝日新聞社・二〇〇九年）

7 中世の始まりと『平家物語』（鎌倉時代）

《要旨とポイント》 十二世紀末からの中世の始まりを最初に概観した後、新しく登場した武士の姿を「平治物語絵詞」によって見ておく。軍事貴族だった武士階層も、全国規模の合戦とともに一気に増大する。『平家物語』は源平合戦で平家一門が滅亡に至る物語で、琵琶法師の弾き語りによって広く民衆に聴かれ受け継がれていった語り物である。『平家物語』は、無常観をベースとして、滅亡した平家一門の鎮魂を図り、芸の道の始まりであるとともに、武士の生き様を語ることにおいて、武の道の始まりでもある。

鎌倉時代の芸術の主な傾向は、写実的で現実主義的である。それは慶派の仏像彫刻に端的に見られる。それは武士の気性にも合って南都だけでなく、関東にも慶派が広がることになる。

十三世紀初期、承久の乱を鎮圧した幕府は、その勢力圏を西国にも及ぼした。さらに武家の法を制定して、道理に基づく法を示した。公武の二元政治が定着していく。

この時代に農業や手工業が発達し、各地に市も立ち、庶民たちが歴史の表舞台に登場する。十三世紀には、鎌倉新仏教とまとめて言われる新宗派の祖師たちが、庶民の救済を説く信仰を打ち出した。禅仏教は次代に禅文化を展開させ、時宗は庶民に近いものであり、芸の道にも通じるものであった。『徒然草』は、鎌倉末期に市井の隠者の無常観をベースとした中世の美学を打ち出し、江戸初期になって刊行されて古典として広く読まれるようになる。

《キーワード》 「平治物語絵詞」、源平合戦、『平家物語』、語り物、運慶、鎌倉新仏教、『徒然草』

1．中世の始まり

武士の世は、源平合戦を経て、鎌倉幕府が成立し、そして承久の乱後に、本格的に展開する。武士は院政期から朝廷に登場した軍事貴族であった。出仕の時は狩衣《かりぎぬ》であったが、戦いに出陣する時には、晴れの場ゆえ華麗な軍装であった。平安後期に鎧《よろい》や兜、刀や弓などの製法は完成されており、華やかな装いであった。保元・平治の乱の当時は、武士も限られた軍事貴族であったが、あくまで貴族に侍《さぶら》う者であった。武士は馬に乗り、弓を射たが、彼らが連れている大勢の郎党・下人などが実際の殺戮を実行していた。けれども源平合戦が生じた頃には、凄惨な殺し合いが各地で生じる中で、御家人などとして武士が大量に増え、戦い方も馬や人夫を狙うものに変わってきた。

全国的な合戦の中で生じた数多くの悲劇は、『平家物語』として琵琶法師によって語られて広まっていく。『平家物語』は、鎮魂の意味も持つものであり、琵琶法師の語りによって、字が読めない庶民も、その物語に涙したのであり、中世の芸能の大きな源泉となっていく。そこで語られる武士たちの生き様は「武の道」の始まりともなる。

源頼朝の没後、十三世紀初頭は幕府の体制が安定しなかったので、朝廷の権力奪回を狙って後鳥羽上皇が幕府打倒の院宣を出して承久の乱が起こる。鎌倉幕府はすぐに乱を鎮圧して、北条氏が執権として権力を確立するとともに、西国にも幕府の勢力を浸透させた。やがて武家の法・御成敗式目を公布して、公武の二元的な体制が定着することになる。京都に並んで、東国の鎌倉にも拠点が出来て、東西の交通は盛んになる。

鎌倉時代には、牛馬耕や草木灰の利用、畿内を中心に裏作で麦を栽培する二毛作などが始まり、農業生産が大幅に増大する。また手工業が発達して、民間の建築工事が増えて大工の番匠《ばんしょう》や鍋・釜や鋤・鍬などを作る鋳物師《いもじ》なども自立するようになった。各地に定期市が立つようになり、庶民たちが活躍するようになる。仏教においても、庶民たちの救済が大きくクローズアップされ、鎌倉新仏教とまとめて呼ばれる新たな宗派が生まれた。また庶民たちを対象とする芸能が生まれ始めた。鎌倉末期に成立する『徒然草』は、宮廷に出仕してから隠遁した者の目から捉えた無常観を根底においた「侘《わ》びの美」を打ち出し、中世に展開する美意識を明確にすることになる。

2. 武士の姿─「平治物語絵詞」

武士の世になっていく転換期の武士のあり様を活《い》き活きと伝えているのが、「平治物語絵詞」である。『平治物語』によって描かれた、平治の乱の顛末を絵巻にしたものである。制作されたのは、詞書の振るえる字が藤原教能によるものだとすれば(『平治物語絵詞』小松茂美解説)、一二五〇年前後の成立となる。

平治の乱は、保元の乱から三年後、乱後に大きな権勢を得た信西《しんぜい》(藤原通憲《みちのり》)と平清盛に対して不満を高めた藤原信頼《のぶより》が源義朝《よしとも》を促して、清盛が熊野詣で京都を留守にした間に挙兵させ、政敵信西を滅ぼしたが、すぐに帰還した清盛に鎮圧されて、平家の覇権が確立する事件である。

『平治物語』は、合戦場面では義朝の長子悪源太義平と清盛の長子重盛の対決が活き活きと描かれているが、後半では敗れた源氏一族の悲劇に重点を移し、腹心の部下に暗殺された義朝の悲劇や義朝の妻妾常盤《ときわ》が三人の児を抱えて都落ちする哀話が語られる。保元の乱を扱った『保元物語』とともに琵琶法師によって語られていた。

現存する「平治物語絵詞」は四巻であり、一部だけ残るのが二巻、また室町時代に原本を忠実に写した白描画がある。

「三条殿夜討」の巻は、藤原信頼と源義朝の軍兵が後白河上皇の御所三条殿に火を放ち、上皇を内裏に移して幽閉する場面である。乱の勃発に驚いて牛車を飛ばして駆けつける貴族の姿や御所の炎の迫真的な描写、火に追われて井戸端で折り重なって死ぬ女房たち、弓を持って馬で走り回る武士たちや下人が貴族の従者の首を刎《は》ねんとする場面が描かれる。

「信西」の巻は、奈良方面へ逃亡する途中自害した信西の首を討ち取り、都大路を引き回す場面である。はだしの下人が薙刀《なぎなた》に信西の首をつけて歩くが、馬に乗り弓を持った武士が受け取りに行く。それを恐る恐る見る庶民の姿も描かれる。

「六波羅行幸」の巻は、内裏に幽閉された二条天皇が女房に変装して脱出して、六波羅の清盛邸に逃れる場面である。義朝の従者が牛車の中を調べようとするのを貴族が嗜《たしな》めている。両軍の武士たちが控える中を、二条天皇を乗せた牛車を牛飼いが引いて清盛の邸に向かう場面は緊迫感に満ちている。

「藤原信頼邸」の巻は、そこまでの論功行賞で、藤原信頼が堂上から語り、源義朝らは階下で座って聞いている。身分の違いが明らかであり、まさに侍う者であったことをよく示している。そして信頼が、幽閉していた二条天皇がいないのに気づく場面では、信頼が部屋に入り、出て、両足を踏み変えて驚く三図を同一画面に描いて、慌てぶりを巧みに表現している。

また一部のみ残る「六波羅合戦」の巻は、清盛の六波羅邸に攻め込んだ源氏の軍勢がかえって敗退する場面で、義朝が東国に落ちる場面や若き頼朝が描かれた場面は切り取られて伝来している。

武士は、鎧《よろい》に身を固めて馬に乗り、太刀を佩《は》いて弓を持っている。武士は朝廷の権力を具現する存在なので、貴族文化の一部でもあるゆえ、美しく着飾っている。近衛府の四等官以上が着用した騎兵用の挂甲《けいこう》を改良した鎧は、色鮮やかな威《おどし》毛《げ》の札《さね》を横に綴じ合わせて美しい。腰に佩用《はいよう》する太刀は、反りを持つ彎刀形式である。院政期に北面の武士はごく限られた人数であり、多くは賜姓皇族の平氏・源氏や秀郷流藤原氏などの家系の出の軍事貴族であった。都で武装が許されるのは暴力を鎮定する役目を持つからである。晴れの場なので武士の軍装は華やかである。『平家物語』でも武士を紹介するのに、その軍装から始めている。武士は、馬に乗って弓を射るという特殊な技術を持った職能者である。その家臣の郎党、家人も馬に乗って主人を助ける。彼らも武士の階級である。

武士たちの周りに、馬の口取や徒歩の従者や下人が多く従っている。腹巻や顔に半首《はつぶり》を着け、はだしで歩いている。大勢いて、彼らが実際に殺戮などを行っているが、武士とは見なされていない。「平治物語絵詞」のこうした写実的な描写は、院政期の絵巻物とはまったく異なっている。貴族の目に映った武士の恐ろしさが強調されているところもある。そうした武士も滅んでいく悲劇が語られる。

3．『平家物語』の展開

『平家物語』は、平清盛を中心とする平家一門の栄華から滅亡までを描いた歴史物語で、古くは六巻ほどの規模だったと推定されているが、次第に増補されて、十三世紀中頃に現存の一二巻の形に整えられたようである。作者についてはさまざまな伝えがあるが、『徒然草』（二二六段）によると、後鳥羽院の頃に、延暦寺の座主慈円の下に扶持されていた学才ある遁世者の信濃《しなの》前司《ぜんじ》行長《ゆきなが》と、東国出身で芸能に堪能な盲人生仏《しょうぶつ》なる者が協力し合って作ったとしている。つまり仏教界の中心人物である慈円の下で、公家出身で隠者となった行長と、東国の武士社会との関わりの深い語り芸の生仏が提携して作られた語り物ということになるが、成立事情はよく分からない。平安時代の古典作品とは異なる複雑さと多様さを持って、時間をかけて成立してきたようである。

(1) 琵琶法師の語り物としての流布

『平家物語』は、和漢混淆体の文体で琵琶の伴奏によって語られる「語り物」で、耳から聴く文芸として文字の読めない多くの人々にも喜び迎えられた。全国規模で行われた合戦の中でのさまざまな悲劇が語られて、民衆の台頭期である中世において、『平家物語』は幅広い支持を得ることになる。

琵琶法師と呼ばれる盲目の芸能者たちによる『平家物語』の語りのことを「平曲」というが、鎌倉時代の末には、語り本系と読み本系の二つの流派が生まれ、テキストにも二つの系統が見られる。テキストによってその内容や構成がかなり異なるが、最も流布した語り本では、「祇園精舎」の序の後、十二世紀初期に清盛の父忠盛が昇殿を許された時の「殿上闇討」に始まり、十二世紀末に清盛の曽孫六代が処刑されて平家の子孫が絶滅する「六代被斬《きられ》」まで、五世代約七〇年間に及ぶ平家一門の興亡が語られる。最も集中的に語られるのは、一一六七年に清盛が五十歳で太政大臣に昇進して栄華の絶頂を極めてから、一一八五年に平家一門が壇ノ浦で滅亡するまでの一八年間で、その運命の変転の目覚ましさを描き出すことが、物語の大きな眼目となっている。

(2) 物語の内容

「祇園精舎《しょうじゃ》の鐘の声、諸行無常の響あり、沙羅双樹の花の色、盛者必衰の理《ことわり》をあらはす」という有名な序章から始まる。巻一は清盛の父・忠盛が初めて宮中への昇殿を許された時に公家に闇討ちされかけたが、模擬刀で威圧する話から始まる。清盛が保元・平治の乱によって権力を手中にする過程は飛ばして、清盛が太政大臣の栄位に上り、平家一門は栄華を極めるが、やがて清盛は世を世とも思わぬ悪行の限りを尽くすようになると語る。そうした平家の振る舞いは人々の反発を招き、その反感がやがて平家打倒の鹿ケ谷の陰謀となる。これは未然に潰《つぶ》されるが、その罪で島流しにされた俊寛の話が詳しく語られる。そして源三位頼政の挙兵となるが、事前に発覚して失敗に終わるが、頼政の奉じた以仁王《もちひとおう》の令旨が諸国の源氏の決起を促し、源頼朝、木曽義仲の挙兵となる。富士川合戦では、坂東武者は「親もうたれよ、子もうたれよ、死ぬれば乗り越え戦うが、西国の平家は、親が討たれれば供養をし、忌みあけて寄せ、夏はあつし、冬はさむしと嫌う」（巻五）と、東国の御家人と貴族化した平家との違いが誇張して語られている。諸国の挙兵を鎮圧できず、騒然とした情勢の中で、清盛が熱病にかかり悶え死ぬところまでが、前半の六巻に語られる。

巻七からの後半部は、源氏勢の進攻と源平合戦、そして平家の滅亡を内容とする。まず信濃に兵をあげた木曽義仲が北陸から都に向かって快進撃を開始し、この進攻によって平家はついに都落ちして福原へ逃れ去る。その慌ただしい中、平忠度《ただのり》は勅撰集を編んでいた藤原俊成の邸に取って返して、自らの歌を届ける話も挟まれている。都入りした義仲は狼藉を働いたとして、後白河法皇は東国の頼朝に義仲追討を命じ、義仲勢は東国勢の猛攻を受けてあえなく滅びる。東国勢は、時を移さず一ノ谷に拠る平家の攻略に立ち向かう。平家は一ノ谷の防禦を固めていたが、背後の急峻な坂から源義経の軍勢が急襲して屋形や仮屋を焼き払ったので、大混乱となり、沖の船へと逃げることになった。この戦いで海上の船へ逃げんとして馬を入れた武者に「後ろを見せるな」と呼び返した熊《くま》谷直実《がいなおざね》は、その武者を馬から落として組み敷くと、若い貴公子であったので息子を思って逡巡するが、殺し合わねばならぬ武士の罪の深さに慄《おのの》き、その菩提を弔う約束をして泣く泣く討ち取る話もある。平家は四国の屋島に拠点を築いたが、またしても義経勢に背後を突かれて敗北を重ねて、本州の西端の壇ノ浦に追い詰められる。当初平家が優勢だった戦いも潮目が変わって形勢が逆転した。この戦いの終末で、敗北を自覚した清盛の四男平知盛《とももり》は、「世の中は今はかうと見えて候。見苦しからん物共、みな海へいれさせ給へ」と御座所の船に報告し、母二位尼が孫となる幼帝安徳天皇を抱いて入水する。それを見届けた知盛も「見るべき程の事は見つ。いまは自害せん」と続いて、一門の大半は自決して平家は滅亡するのである。(巻十一)。

物語はこの後、捕虜となった宗盛や平家の遺児たちもすべて処刑され、最後に清盛の曽孫・六代の処刑を描いて、「それよりしてこそ平家の子孫は永く絶えにけれ」(巻十二)と結んでいる。流布する覚一本系統の語り本では、壇ノ浦で入水したが助けられた、清盛の娘で安徳天皇の生母で出家した建礼門院が、洛北の大原で平家一門の菩提を弔っていたが、そこへ後白河法皇が行幸して語らう「灌頂巻《かんぢょう》」があり、鎮魂の祈りで締め括っている。

(3)『平家物語』の後代への影響

『平家物語』が描き出しているのは、滅亡する平家の悲劇的な運命であったが、その叙述の基調となっているのは、序章「祇園精舎」に示されているように「盛者必衰の理」を踏まえた無常の思いで、それがこの物語に深い哀感をしみ込ませ、合戦を主題とする勇壮な軍記物でありながら、きわめて陰影に富む「あわれの文学」として独特の趣をつくりだすことになっている。

語り物として広く流布したので、中世の謡曲や御伽草子《おとぎ》、近世の浄瑠璃、歌舞伎などに『平家物語』の個々の話が多く取り入れられることになる。またこの語りの中で語られる、名誉を重んじ、主君のために命を捧げる武士の生き様や、平家一門の滅亡を見て取った平知盛の覚悟など、武士の新しい倫理も見られる。色鮮やかな鎧《よろい》、兜に身を固め、馬を駆って先陣を争う様が語られる。戦う武士を語るものとして、武の道の始めでもあった。

4．東大寺の再建と運慶・慶派の仏像

源平合戦の最中に焼失した奈良の東大寺は、鎮護国家を念じて建立された総国分寺であっただけに、国家の存亡にも関わる重大事として、鎌倉幕府も寄進して国家的な事業で再建された。西行が老軀をおして、鎌倉の頼朝の下や奥州藤原氏を訪れたのも、東大寺再建のための勧進ゆえであった。東大寺は、入宋経験のある僧・重源《ちょうげん》を総責任者として最新の宋様式を取り入れて再建された。

東大寺や興福寺の仏像の制作には、奈良の仏師の運慶など慶派の仏師たちが当たった。彼らは、天平時代の仏像彫刻に学びながら、筋骨も細かく彫って、ギヤマンの眼玉を入れ、写実的な仏像を制作している。運慶の「無着・世親像」（興福寺蔵）は、二メートル近い大きな木像で傑作として名高い。運慶は幕府造営の寺の仏像を一手に引き受けたと言われる。また息子の康勝の「空也上人像」（六波羅蜜寺蔵）は、南無阿弥陀仏を唱えると口から阿弥陀仏が飛び出す様を示して特異な像である。

慶派の仏像は、写実的で意志的な姿で、定朝《じょうちょう》様式の穏やかな和様の仏像とは明らかに異なる個性的な仏像群であった。慶派の仏像は、南都だけでなく、武士の気性にもあって、関東にまで広まることになる。後になるが、鎌倉の大仏として知られる高徳院の阿弥陀如来座像の実制作者は不明であるが、運慶風の様式が見られる。

ただ鎌倉時代以後、国家を挙げてのこれほど巨大な寺の建立は、十七世紀初頭の方広寺の大仏や東大寺の再度の再建以外はなくなる。室町時代以降、仏師たちは、様式化された仏像を制作するようになる。鎌倉新仏教の展開もあって、荘厳な寺院や仏像を造営することの意味があまり信奉されなくなったこともあって、慶派以降、仏像制作の大きな流派はほぼ出なくなってしまうのである。

5. 承久の乱と御成敗式目

鎌倉時代を明確に画するのは、一二二一年に起こった承久の乱である。源氏の三代将軍実朝《さねとも》が暗殺されて以後の幕府側の動揺を見越して、後鳥羽上皇が幕府打倒の院宣を出した。鎌倉幕府は頼朝の妻で「尼将軍」といわれた北条政子が、御家人たちに鎌倉殿への御恩を強調した演説をして幕府をまとめ（『吾妻鑑』）、わずか一カ月で乱を鎮圧した。『平家物語』が語る武士たちの中に、主君の御恩に報いるため、戦いでは主君のために命を捧げて奉公する武士の倫理が示されていたが、承久の乱は、朝廷の院宣にも優先する武士の御恩と奉公を明確に示したのである。

院側に味方した西国の武士はすべて排除され、関東の武士が新補地頭として配置されて、幕府の支配圏が西国にまで及ぶことになった。その後、所領関係の訴訟や地頭と領家の貴族・寺社との争いが激増したために、成文化した法が必要とされて、幕府は一二三二年に御成敗式目を制定することになる。頼朝以来の先例に従って、地位の上下に関わらず、道理によって裁くと宣言して、朝廷から独立した武家法を定めた点に大きな歴史的な意義があった。幕府の政策は評定衆や引付衆などの連衆の合議によって決した。ここでも道理が重視されたのである。

御成敗式目は、貴族にとっても信頼できるものであった。それゆえ、藤原定家の息子・為家の後妻の阿仏尼《あぶつに》は、その息子で冷泉家の祖となる為相《ためすけ》の遺産相続を認めてもらうために鎌倉に赴いている。その時の紀行文が『十六夜日記《いざよいにっき》』である。また鎌倉に禅寺が出来たので禅僧の遍参も盛んになる。後になるが、吉田兼好も金沢文庫に行っている。逆に関東の武士たちは、京都の御所警護の大番役で京都に出仕していた。京都と鎌倉で二元的になってきたのである。

承久の乱以後、執権北条氏の下で、安定した社会となった。武士たちは所領の中に館《やかた》（たち）を構えて、馬を飼い、乗馬や弓術などを鍛練するようになる。万一、事が起きれば鎌倉に馳せ参じる義務があったので、武士としての務めに励んでいたのである。「武の道」が実際上展開していたのである。

またこの頃、中国より伝わった牛馬を使った鋤き返しや灰などを肥料とする農法で生産性が向上するとともに、民間でも市が立って、交易が盛んになり、さらに民間に仕事を依頼される職人たちも現れるようになってきて、庶民の存在が大きくクローズアップされるようになってくる。

6．鎌倉新仏教の展開と後への影響

鎌倉時代には、比叡山延暦寺は仏教を学ぶ総合学術センターであり、鎌倉新仏教と総称される新宗派の祖師たちも皆、若き時代ここで数年以上修行している。比叡山の天台座主は大きな権威があり、高野山と東寺の真言宗も大きな勢力であり、南都六宗の寺も再興されて、貞慶や高弁（明恵）

らの改革運動があった。鎌倉時代には新興宗教はまだまだ抑えられていた。

承久の乱後の鎌倉中期には、鎌倉新仏教のうち、専修念仏を打ち出した法然はすでに亡くなっていたが、弟子の親鸞は越後への配流を赦免されても東国にいて『教行信証』六巻をまとめて、信心を深めて悪人正機説を固めていた。浄土信仰は、藤原頼通《よりみち》時代のものとはまったく違って、自らの罪業を深く自覚して信心一途で往相《おうそう》と還相《げんぞう》を経て、この世で教化活動をすることを求めるものとなった。

臨済禅を中国から招来した栄西も承久の乱前に亡くなっていたが、道元は乱後に入宋して、諸山を遍参した後、天童如浄《にょじょう》の下で「身心脱落」して大悟した。「眼横鼻直《がんのうびちょく》」（眼は横、鼻は真直にある）という真実に改めて目覚めて、帰国後は「只管打坐《しかんたざ》」の曹洞禅を定着させる努力を続ける。真理を和語で解き明かさんと『正法眼蔵』を書き続けている（最終的には七六巻）。末法思想を否定して、晩年は福井の永平寺に籠《こ》もって、弟子に身心脱落を得させんと、洗面から食事作法に至るまで、厳格な修行の作法を制定している。その清規《しんぎ》は、今日まで同寺でそのまま受け継がれている。

十三世紀半ば、中国人僧・蘭溪道隆が来日すると、鎌倉幕府は建長寺を建立し、さらに元寇直前に無学祖元が来日すると、円覚寺を建立して、臨済禅を鎌倉に移植することを図った。禅寺には禅仏教だけでなく、宋の最新の文化が同時に持ち込まれた。円覚寺の舎利殿は宋風建築として有名である。また禅の悟りの風光を表すものとして水墨画も鎌倉中期から導入されている。禅僧の肖像画である頂相《ちんぞう》が「師資相承《ししそうしょう》」、師から真実が伝わった印可として描かれるようになる。

十三世紀半ばには、日蓮が『法華経』に拠って正法を知るべきとし、浄土教や禅を激しく批判し、その弾圧を幕府に迫ったため、迫害を受けた。一方、一遍は元寇の後に、阿弥陀仏を本地とする熊野権現に参籠《さんろう》して神託を得て、「南無阿弥陀仏」の念仏算《ふだ》を賦《くば》る遊行の旅を続けることになる。念仏賦算《ふさん》により衆生救済しようと、同行の時衆ともに、全国を遊行して踊念仏を行った。日蓮は安房の漁師の家に、一遍は伊予の武士の家に生まれ、ともに強い意志を持って行動的な生涯を貫いた。一遍の生涯は、その没後に直弟子によって「一遍上人絵詞」として絵巻物に表されている。

この時代は、「法然上人絵伝」などや、旧仏教側の祖師伝の絵巻、「春日権現験記絵巻」なども見られる。当時の各地の市や庶民の暮らしが、大和絵と宋画を折衷したような絵筆で丹念に描かれている。一遍が始めた時宗の踊念仏は各地で流行し、やがて芸能化して盆踊りにもなる。近世には出雲の巫女の阿国《おくに》の歌をつけた念仏踊りが歌舞伎の発祥ともなる。また室町時代には時宗の阿弥号を名乗る芸能者が、将軍の同朋衆になることになる。

7．『徒然草』──無常観を踏まえた美

(1) 市井の隠者──兼好

鎌倉時代の最後に現れた隠者が吉田（卜部《うらべ》）兼好である。兼好は神道の家に生まれだが、堀川家の家司《けいし》を勤め、その家から出た女性が産んだ皇子が後二条天皇として即位した縁により、六位の蔵人《くろうど》として朝廷に出仕した。この間に豊富な有職故実の知識を得た。七年後に後二条帝が没した後、官を辞し、出家遁世した。諸所に隠棲していたが、十四世紀初期から京都の街中に住み、二条為世の門に入って歌道を学び、『古今集』の秘伝の古今伝授も受けている。『徒然草』は、出てくる人物の官位などからすると、一三三一年前後に成ったと推定されている。鎌倉幕府の滅亡の直前だが、世の中の動乱をうかがわせる記事は一切ない。この時、兼好は四十八歳前後である。

『徒然草』を貫くのは無常の観念である。「世にしたがへば、心、外の塵に奪われて惑ひやすく、人に交われば、言葉よその聞きに随ひて、さながら心にあらず」（七五段）。それゆえ、隠遁して世にとらわれなくなってこそ、自分の心が取り戻せる。それも鴨長明のように山中に庵を結ぶのではない。「しずかなる山の奥、無常のかたき競ひ来らざらんや。その死にのぞめる事、軍《いくさ》の陣に進めるに同じ」（一三七段）。無常の認識は徹底しているがゆえに、兼好は市井の隠者となった。

「人皆生を楽しまざるは、死を恐れざるが故なり。死を恐れざるにはあらず、死の近き事を忘るるなり」（九三段）。死を覚悟して生きる時、「存命の喜び、日々に楽しまざらんや」（同）。「いまだ誠の道を知らずとも、縁を離れて身を閑《しづか》にし、事にあづからずして心やすくせんこそ、暫く楽しぶとも言ひつべけれ」（七五段）という。生死の相を超える誠の道には至らずとも、「暫く楽しぶ」。無常、さらに自らの死の近きことを思って「存命の喜び」を見出し、自らがここに一回的に生きることを徹底して味わおうとするのである。

(2) 〈侘びの美〉

後半最初の一三七段は、世のあはれを「暫く楽しぶ」あり様を叙述したものと見られる。「花はさかりに、月はくまなきをのみ見るものかは。雨にむかひて月を恋ひ、たれこめて春の行《ゆく》方知《え》らぬも、なほあはれに情《なさけ》ふかし」と始まるが、「万《よろず》の事も、始め終りこそをかしけれ」だからである。そのように無常を思い取り、情趣の深さに思いを巡らせば、至る所に「哀れ」さを見出すことができる。「哀れ」さは、宗教的な安心ではなく、美的な安心である。

兼好は、この美的な安心に自らを置いた。西行のように自然の中において存在の寂寥を感得するのではないが、兼好は、無常を深めつつ、人の生きる情趣に関心を持つがゆえに、人々の生きる場の至る所に「哀れ」を見出し、そこに『徒然草』の世界が広がるのである。

このようにみれば、一三七段は、〈侘びの美〉の思想を語っているといってよい。無常の認識を深くして、時の移り行きの中にあって〈侘びの美〉を見出していたのである。

(3) 諸道の位置づけ

『徒然草』はさまざまな「道」についても言っている。例えば、弓を習う時には二の矢を持つなという師の教えから、「道を学する人」「何ぞただ今の一念において、直ちにする事の甚だ難《かた》き」（九二段）と言い、碁を打つ人や歌道の人を例として、「第一の事を案じ定めて、その外は思ひすてて、一事をはげむべし」（一八八段）と説く。高名の木登りの注意に「あやしき下郎なれども、聖人の戒めにかなえり」（一〇九段）と言っているように、諸芸や諸職の達人たちの言動が敬意を持って語られている。

この後、『徒然草』の「花はさかりに、月はくまなきをのみみるものかは」という美意識は、室町後期の連歌師の正徹を通して侘び茶の形成にも影響することになる。

『徒然草』は、正徹までの伝授は不明で、その後も長らく忘れられていたが、江戸初頭に版本が刊行されるや、大変有名になり、擬古文で古典文学への入門書として広く普及することになる。

参考文献

小松茂美編『日本絵巻大成13　平治物語絵詞』（中央公論社・一九八六年）
市古貞次校注・訳『平家物語』1・2（新編日本古典文学全集・小学館・一九九四年）
日下《くさか》力《つとむ》『平家物語の誕生』（岩波書店・二〇〇一年）
『運慶展』図録（東京国立博物館・二〇一六年）
永積安明他校注・訳『方丈記・徒然草・正法眼蔵随聞記・歎異抄』（新編日本古典文学全集・小学館・一九九五年）

8 連歌と能楽─芸道論の成立（室町時代）

《**要旨とポイント**》 十三世紀末、鎌倉幕府は元寇を撃退したが、そのための負担は大きく、御家人の窮乏も深まった。十四世紀初期、後醍醐《ごだいご》天皇は新興武士も動員して鎌倉幕府を倒したが、その新政への不満も大きく、足利尊氏《あしかがたかうじ》が別系統の天皇の宣旨を受けて幕府を京都に開いた。他方、後醍醐天皇は吉野に逃れ、それに従う武士も多かったので、天皇が並立する南北朝の動乱が六〇年も続くことになる。

南北朝の動乱を収束させた三代将軍足利義満《よしみつ》は、太政大臣となり公武の頂点に立ち、かつ中国・明との勘合貿易も開始して経済的にも大きな利益を得た。その経済力を以て造営した金閣は、貴族と武家の文化に、中国の禅宗様を加えたもので、北山文化の性格をよく示している。

鎌倉時代から流行し、南北朝期にその方式を確立した連歌は、寄合の場で、和歌を共同で詠んで楽しむもので、中世を通じて盛んとなった文の道であった。禅は鎌倉時代に広まっていたが、室町幕府は五山制度を敷いて制度化して振興させた。五山の僧は中国との外交交渉や文物の受容にも活躍し、水墨画や庭園、五山文学、詩画軸などの文化を展開させた。

またこの時代、将軍義満の絶大な後援を受けて、猿楽が洗練されて優美な能楽が形成されていく。世阿弥の夢幻能の作品を見るとともに、生涯芸を深めていった世阿弥の芸道論を考える。

《**キーワード**》 連歌、寄合、北山文化、足利義満、二条良基、能楽、観阿弥、世阿弥、『風姿花伝』、夢幻能

1．室町幕府の成立から南北朝の動乱期

十三世紀後期、モンゴル民族が建てた元が、中国大陸の南宋を滅ぼし朝鮮半島の高麗《こうらい》も支配した勢いで、日本への侵略を企てた。一二七四年と八一年の二度の元寇は、異民族によって支配されるかもしれぬ最大の危機であったが、鎌倉幕府は総力を挙げて撃退した。最後は「神風」が元軍の大船団を壊滅させたので、以後、日本は神風によって守られたとする神国思想が展開することになる。

しかし防衛戦争の代償は大きく、御家人が均分相続で所領が細分化していた影響も重なって、幕府は急激に衰える。十四世紀に天皇が二系統から交互に即位する制度となったことも、両系統で摩擦を大きくした。後醍醐天皇は楠木正成や赤松円心らの新興武士を味方とし、また北条執権下で冷遇されていた足利高氏(のち尊氏)らを造反させて、一三三三年、ついに鎌倉幕府を倒すに至った。

後醍醐天皇は建武の新政を開始した。けれども公家たちに手厚くした恩賞の不満に新政の混乱が拍車をかけて、武士たちは、源氏の血筋の足利尊氏を棟梁《とうりょう》として反旗を翻した。紆余《うよ》曲折はあるが、一三三六年に尊氏が京都に軍勢を連れて入り、別系統の光明天皇を擁して足利幕府を発足させた。けれども幽閉されていた後醍醐天皇は隙をみて吉野に逃れて、天皇を象徴する神器の本物を持つとして皇位の正当性を主張した。ここに京都と吉野に二人の天皇が並立する南北朝時代が始まる。倒幕以来、後醍醐天皇の南朝側に付いた武将が全国各地にいた上、北朝側でも、尊氏と弟・直義《ただよし》との間で対立が生じて、直義が一時南朝方に付くこともあり、動乱は六〇年間も続くことになる。

鎌倉幕府の滅亡から南北朝の動乱が小康状態となるまでの五〇年余りの合戦を中心とした軍記物語が『太平記』である。三部四〇巻で、何人かで書き継がれて内乱の時代の全体像を語ろうとした

もので、「太平記読み」として講釈されて広まった。登場する日本人名は三四〇〇人以上に上り、内乱の原因として為政者の問題を論じ、君臣関係や臣下のあり方を語るので、後の武士たちが、先祖の名を見つけながら、武士の生き方を知ろうとして、よく聴き読むものとなる。

鎌倉末期から商工業の発展によって、交通路や要地を押さえる新興武士が多数生まれていた。倒幕の間の混乱に加えて、この動乱の間に新興武士はさらに増大する。彼らは従来の伝統的価値観に反抗して異相で派手な見栄をはる「バサラ」の振る舞いをした。茶の産地を賭け事をして当てる闘茶なども行われた。また卑賤とされた白拍子などの風流踊りなども好まれていた。南北朝の混乱の中で、身分的な上下に関係なく、刹那的な文化が好まれた。こうした時代、和歌も貴族が地下《じげ》の者と一緒に行う連歌が流行した。

室町幕府は、初めから有力な守護大名の連立政権であり、義満は十一歳で三代将軍になったが、実権は管領が握っていた。一三七八年、義満が二十一歳になり右大将となって、幕府を内裏に近接する室町に移してから、幕府の実権を取り戻し、朝廷にも影響力を及ぼし強大化を図った。義満は内紛を利用して守護大名を弱体化させ将軍の権威を高めて、一三九二年、ついに南北朝の統一を実現した。ここに室町幕府は全盛期を迎え、独自の文化が展開することになる。

2. 連歌の展開

この時代に文の道として展開したのが連歌である。連歌は、和歌の上《かみ》の句五・七・五と下《しも》の句七・七を分けて二人で作る平安貴族の遊びから始まったが、院政期から展開して、下の句七・七にさらに五・七・五の句を付けるという風にして、長句と短句を交互に付けて一定数に至るものとなり、院政時代には鎖連歌《くさり》と呼ばれた。数人から十数人の連衆《れんじゅう》で行うのが普通であり、句を連ねる中で季節を変化させ、決まった所（定座）で花と月の句を詠み、恋の句も折り込んで趣深くなるようにした。連歌はこうした一座で変化の面白さを味わうことを目的とした文芸となった。鎌倉初期になると、藤原定家らの新古今歌人の間でも、この長連歌が愛好されたため、しだいに文芸性の高いものになり、形式も整って、百韻を定型とするようになった。百韻十巻を千句、千句十巻を万句と言ったが、百韻に満たない、五十韻、世吉《よよし》（四十四句）、歌仙（三十六句）などの連歌も行われていた。

鎌倉中期には、一般庶民の間でも連歌が流行し、末期には盛大となって、連歌会には上皇や関白などの貴族も参加している。庶民の地下《じげ》連歌師を中心にして連歌は急速に文芸性を高めていった。なかでも救済《ぐさい》は、摂政・関白を務めた二条良基《よしもと》の師となり、良基に協力して、准勅撰の連歌の撰集『菟玖波集《つくば》』（一三五六）を編集し、以前のルールを改訂増補した『応安新式』を制定している。救済は〈わかれはこれぞ限りなりける　雨に散る花の夕の山おろし〉と付句しているが、奇知的性格で付けていた連歌に対して、幽玄の美を志向していた。良基は、『連理秘抄』『筑波問答』などの連歌論書を著作して、連歌の句作の理想を示している。連歌は、南北朝期には和歌にかわって新時代を代表する詩としての地位を確立していったのである。

3. 禅の体制化と禅文化の展開

鎌倉幕府は中国人僧を招いて鎌倉に建長寺や円覚寺などを建立して禅の移植に努めていた。室町幕府は京都に置かれたので、朝廷・貴族の文化に対抗するためにも、禅と当時の最先端の中国文化の導入に熱心であった。足利尊氏は、夢窓疎石《むそうそせき》に帰依したが、後醍醐天皇の没後にはその菩提を弔うために、天龍寺を建立した。その建設費用の捻出のために、中国へ天龍寺船を派遣することを幕府は認めた。以降、元との日中貿易は公的にも再開されることになる。

夢窓は、密教を学んだ後、禅に転じて、無学祖元《むがくそげん》門下の日本人僧から法を継いだが、禅寺の庭にも工夫を凝らすとともに、在家への受戒を熱心に行い、その門下は一万三〇〇〇人を超えた。尊氏以降、代々の将軍も夢窓派の門に入ることになる。義満も熱心で一三八二年には、御所に隣接した地に相国寺《しょうこくじ》を建立して、菩提寺とした。中国の例にならって五山十刹制度を敷き、京都と鎌倉の禅寺を格づけし、相国寺に僧録を置いて官寺を管理するようにした。将軍家が禅門と師弟関係を結んだので、公武の有力者もこぞって禅門に入り、禅は大いに広がった。五山僧は知識人として、公文書の作成や外交文書の作成でも活躍するようになる。この時代、禅僧は宗教的実践を深めるよりも、禅を通じて中国の文物への憧れを強く持って、特に水墨画と漢詩文に熱中した。そのため、禅は世俗化して、日本的に変容された形で文化面において大きく展開することになる。

水墨画は、日本に入ってきた鎌倉中期には、釈迦や達磨など禅の祖師たちを描く道釈画が中心だったが、鎌倉後期から中国の文人趣味に倣って花鳥図や山水図も描くようになる。これらは禅と関係ないが、対象の本質を摑んで最小の筆遣いで描き余白を大きく取る減筆体は禅の精神に合致するとされた。禅寺の方丈などの襖に水墨画を描くことが広まる。さらに禅寺の庭も山水図に模して造られるようになる。夢窓は庭を多く手掛けたが、西芳寺の石組みは後に枯山水《かれさんすい》の庭のモデルとなる。

五山では漢詩文を作る五山文学が展開した。禅の主題に限定されず、杜甫の詩から当代の漢文と詩まで広く読んで、その教養の上で作っていた。夢窓門の義堂周信や絶海中津《ぜっかいちゅうしん》の詩文は中国人にも高く評価された。

上層武士階級は、禅を当時の最先端の中国文化を代表するものとして受け取り、禅とは直接関係がない士大夫《したいふ》層の洗練された文物全般に憧れていた。各種の水墨画や、天目《てんもく》茶碗、青磁の花入れ、硯、筆、各種調度品を大量に購入して、それを飾る「唐物《からもの》趣味」が大いに流行した。

南宋の禅僧・牧谿《もっけい》の湿潤で象徴的な水墨画は、中国では古法に合わないとして評価は高くなかったが、日本では最高度に評価されて、「瀟湘《しょうしょう》八景図」の画巻は切り分けて表装されて飾られた。牧谿の画風は日本の水墨画に大きな影響を与えることになる。

十五世紀に入ると、水墨画に漢詩を付けた詩画軸が流行する。多くは隠棲した地に建つ書斎の画が多かった。官寺にあって世俗の仕事も多かった現実の中で、禅僧が憧れる理想を描いたものだが、寺院の中に前住持の隠居する塔頭《たっちゅう》が分立するようになると、詩画軸の制作に拍車がかかった。詩画軸に賛を書くことが求められたので、五山文学も盛んであった。やがて水墨画を描くことを専門とする禅僧も現れ、相国寺の如拙《じょせつ》、周文など本格的な山水画が描かれるようになる。禅が文化として展開していたが、この時代は中国の文物が模範とされていた。日本的なものへ変容するのは次の時代からである。

4. 北山文化

足利義満は、一三九二年に南北朝合一を成し遂げた後、二年後には将軍職を子の義持《よしもち》に譲って、太政大臣となったが、義持がまだ幼少であったので、幕府の実権を握り続けるとともに公家の最高職をも兼ねた。さらに中国・明との勘合貿易を開始して、経済的にも大きな利益を得た。こうした絶大な権力の下で、この時代の文化に新生面をもたらした。

北山文化の大きな特徴は、伝統的な公家文化と新興の武家文化との融合であり、禅宗の影響を受けながら庶民文化の洗練が見られる。北山文化のシンボルとされる金閣は、第一層は公家邸宅の寝殿造、第二層が武家造、第三層は禅宗様であり、しかも建物の全面が金で飾られた。池を巡りながら、金閣を見、庭の趣向を見て回る池泉回遊《ちせんかいゆう》式の庭園であった。現在は失われているが、隣接して「会所」の建物が設けられていた。会所は客との対面の場で、和歌や連歌が行われ、酒食も含めた遊興の場であり、内部に、唐物の水墨画や茶器や調度品などが飾られ、花も活けられた。これ以後、義政まで代々の将軍が趣向を凝らした会所を造るようになる。

そして、庶民芸能の一つであった猿楽が、ほかの芸能の美点をも吸収しながら、義満や公家の二条良基らの後援を得た世阿弥《ぜあみ》によって能楽へと大成されることになる。能楽も王朝の貴族の女性の能と『平家物語』などを材料とした武士の能を柱とする点でも、北山文化の性格を示している。

5．能楽の形成過程――観阿弥から世阿弥へ

能楽は、まだ形成期であり、この時代、さまざまなものを取り入れ質的にも大きく変容した。舞いの起源とされる神楽《かぐら》は古いが、奈良時代には宮廷に曲芸的な「散楽」などもあった。また民間では、年初の延年の舞い、田植えの豊作を祈る田楽なども神事から次第に芸能化していった。田楽や猿楽は、鎌倉後期には演劇的要素も加えて芸能として展開し、各地の由緒ある大きな寺院や神社に座が生まれていた。これらの座は、神社や寺院での神事や祭りに奉納するのを主としたが、地方への興行もかなり頻繁に行っていた。田楽や猿楽の諸座が、互いによい芸を取り入れながら、激しく

競い合っていたのである。

そうした中、大和猿楽の四座の内の一座の棟梁であった観阿弥は、元来物まね主体の猿楽に、田楽の名人の風体を学び、曲舞《くせまい》の節をつけて長くセリフを言うやり方も取り入れて、歌舞劇としての基盤を整えた。元来能は、神依代《よりしろ》として松を背景に描いた舞台で、主役のシテは能面を付け、華麗な装束を身に着け、舞うとともに謡っていた。笛、太鼓、小鼓、地謡の音曲があり、地謡によって舞台の背景の説明をするとともに、シテとワキの掛け合いでドラマが演じられる形となった。翁能《おきな》が最も古い神事の形を伝えており、神の能や鬼の能もあったが、次第に武人の話や美女の話などドラマ性を持った曲目が芸能として人気となっていったようである。

座が属する寺社の祭日の演能や地方への出張公演、さらに都の民衆を対象とした勧進能を行うようになっていた。他座と競演することがあり、いかに人気を得るか、まさに「立合い勝負」の趣があった。新作能が次々書かれて、人々の目を惹きつける演技の工夫がさまざまに凝らされていた。

観阿弥は『自然居士《じねんこじ》』『卒塔婆《そとば》小町』など、劇としても面白い作品を作っていた。観阿弥の猿楽は、大衆に人気を博したが、やがて派手な風流を好んだ「バサラ」大名佐々木道誉《どうよ》の紹介によって、一三七四年、将軍義満が初めて観能することになった。義満は、観阿弥の芸と少年世阿弥の可憐さに魅了され、以後、観阿弥父子に絶大な庇護を与えることになった。

世阿弥は、父観阿弥の下で少年期から稽古をうけていた。十二歳の年、将軍義満に認められたが、その寵愛は異常なほどで、武将や貴族たちも世阿弥を引き立てることになった。翌年、前摂政・関白で連歌論を著していた二条良基も、世阿弥に「藤若」の名を与えて、自邸の連歌の会にも呼んだが、その付句を激賞している。世阿弥が最上級貴族の指導を受け、王朝の和歌・文学について学べたことは、後に能の作品を書く上でも、また初めての能楽伝書を書く上でも大きな手掛かりとなることになる。

一三八四年、観阿弥が急死したので、世阿弥は二十二歳で観世座の棟梁を引き継ぐことになった。棟梁はシテ方、ワキ方、囃子方《はやし》、狂言方などの一座を束ねて、他座との競争の中で生き残らなければならない。義満も近江猿楽の犬王や田楽の亀阿弥《き》などを贔屓《ひいき》するようになっていた。世阿弥は、観阿弥の教えや芸を踏まえながら、他座の芸のよいところも取り入れて、自らの能を作り上げようと必死であったと思われる。

将軍が後援するようになって以来、能楽も将軍が求める趣向に作ることが必要となった。能の立合いでは、自分の作品を持っていれば有利なので、「能本を書くこと、この道の命なり」と言って、世阿弥は数多くの能の作品を書いた。

世阿弥は三十七歳の時、ようやく将軍主催の勧進能を興行することができた。天下に許された名人となったのである。翌一四〇〇年、世阿弥は最初の能楽論『風姿花伝』（第三条まで）を著した。

6．『風姿花伝』―年来稽古の条々と「幽玄」

『風姿花伝』は史上初めての芸能伝書である。能は、書き物に残る歌論や連歌論とは異なり、その都度演じれば消える舞台芸術なので、伝書を著すのは困難なことであったが、世阿弥は、ようやく天下に認められた自信と、長男元雅が誕生した頃で、一座の棟梁として父の教えや自らの経験を次代へ継承しようとする強い思いがあって書いたと思われる。観客に与える感動を「花」に譬《たと》えて、それを生む芸の習得の過程とその心得を論じているのである。

『風姿花伝』は、最初に「この道に至らんと思はん者は、非道を行ずべからず。ただし、歌道は風月延年の飾りなれば、もつともこれを用ふべし」と言っている。他の道を行うことなく、この道の稽古に集中すべきだが、歌道は、貴族的な優美さを追求する上で、無くてはならないものであり、嗜《たしな》むべきだとするのである。そして「稽古は強かれ、情識はなかれ」と、稽古は徹底して、慢心があってはならないと注意している。

「第一　年来稽古条々」は、七歳から五十有余までの生涯にわたる稽古の要点を書いている。生涯にわたる修行を打ち出し、各年齢に応じた適切な教えを示したこの条は、江戸初期に『八帖花伝書』に載せられ公刊されたので昔から有名である。能楽だけにとどまらず、他の道の習道にも通ずる教えが見られるので、少し詳しく見ておく。

七歳を稽古の初めとする。舞でも謡でも当人がやりだすのを自由にやらせればよく、あまり厳しく注意すれば、能に嫌気がさして、芸が止ってしまう。十二、三歳の頃は、少年の姿と声で美しい。ただしこれは「時分の花」（一時的な美しさ）なので、基礎的な演技を大事に稽古すべきである。

十七、八歳の頃は、背が伸びて腰高になって、声変わりするので、少年の美は失せ、おかしくも見える。人に笑われようとも、ここが一生の堺だと思いを強くして、稽古しなければならない。

二十四、五歳になれば、声も直り、体も定まり、青年の美があって、「上手が出てきた」と評判になることもある。けれどもこれは「一旦のめづらしき花」でやがて失われると思い悟って、いよいよ基本の物まねを確実にし、名人に細かく問いながら稽古をいや増しにすべし。

三十四、五歳の頃が「盛りの極め」である。この書の教えを体得して熟達すれば、天下の名声を得るはずだ。そうでなければ、上手であっても真実の花を極めていないと知るべきである。もしこの時に極めなければ、四十歳以後、能は下がるだろう。
四十四、五歳の頃より、大方能への取り組み方が変わるであろう。身の花もよそ目の花も失せてしまうので、細かな物まねは演じないで、大体似合いの姿を無理せずに演じ、脇のシテに花を持たせて、自らは控えめにすればよい。この頃まで失せない花こそ、まことの花であろう。
五十有余の頃からは、大方演じないこと以外に手立てはないであろう。ただし亡父観阿弥は五十二歳で亡くなる直前でも、主役を私など初心に譲って、やすき所を少な少なと演じていたが、花はいや増しに見えた。「老木になるまで、花は散らで残りしなり」。

以上、生涯にわたる修行の心得が論じられている。「その態《わざ》より出で来る花なれば、咲く花のごとくなれば、又やがて散る時分あり」と、肉体の変化により変わることを覚悟して、芸の稽古に専念する。芸の力による「まことの花は、咲く道理も散る道理も心のままなるべし」と言うのである。四十四歳以上の二段階は、年齢上まだ自身の先のことであり、亡父のあり様を思い出しながら書いている論である。この時点では、まだ老年の芸は十分考えられておらず、後年の課題となる。

「第二　物学《ものまね》条々」は、女、老人、直面《ひためん》、物狂《ものぐるい》、法師、修羅（武士）、神、鬼、唐事《からごと》の九類型に分けて各々の演技の要領を記す。直面以外は、シテの男性が面をつけて、これらに変身するが、写実的に似せるのでなく、それぞれの役の勘所《かんどころ》を摑まえて演じなければならない。

「第三　問答条々」は、九箇条で、演出論や芸の位論、花の美論などが論じられている。

世阿弥は能芸美を「花」で捉えるが、その内容を「幽玄」として論じている。「何とみるも花やかなる為手《して》、これ幽玄なり」、「たとへば人においては、女御・更衣、または優女・好色（美女）・美男、草木には花の類、かやうの数々は、その形幽玄の物なり」というように、女性的・貴族的で優美な美しさを基本としていた。

観客の様子や時節に応じて適切な芸を工夫しなければならない。猿楽は立ち合い勝負であるので、手持ちの作品を多く持って、競い合う相手の能とは異なる作品を出せばよいから、作品を作るのが道の命だというのである。稽古を徹底することにより能の位も上がる。「能を尽し工夫を極めて花の失せぬ所をば知るべし」とし、「花は心、種は態」とまとめるのである。

7．夢幻能の形式―「松風」と「敦盛」

『風姿花伝』の第三条までが書かれた直後から、観阿弥と同世代の近江猿楽の犬王《いぬおう》が復活して、義満の後援を受けるようになっていた。歌舞に秀でて情趣豊かな能を得意とする犬王の高級な芸が義満の意に適《かな》ったのである。世阿弥も四十歳前後から観阿弥以来の物まね主体で面白い能から、歌舞中心で美しき能へと脱皮させるように努めていた。王朝時代の古典を基にした作品も書き、華麗な「幽玄」が目指されていた。この頃までに複式夢幻能を完成して、次々と名作を書いていた。

ここで、女性の能の代表として「松風」を見ておく。『古今和歌集』にある在原行平《ありわらのゆきひら》の二首の歌

〈わくらばに問ふ人あらば須磨の浦に　藻塩《もしお》たれつつわぶと答へよ〉

〈立ち別れ因幡《いなば》の山の峰に生《お》ふる松とし聞かばいま帰り来む〉

を基に作られている。前者の歌は、「わび」の美の最初期とされている歌であり、光源氏の須磨流滴のモデルになったとも言われるものである。都で事があって須磨に侘び住いをした行平は、この地の松風、村雨の二人の姉妹を愛したが、やがて謹慎が解けて都に帰ってしまう。行平を思慕する姉妹は、後者の歌をたよりに帰りをひたすら「待つ」がついに再び会えずに亡くなってしまったが、

後に須磨を訪れた僧に亡霊として蘇って、その思いを語るという話にしている。

松風たちは汐汲みをする里人姿で登場し、僧に問われる内に正体を現す。シテの中入りがなく、複式夢幻能が完成する直前の形である。芸の眼目は、行平形見《かたみ》の装束を身に着けた松風が、松を行平と見まごうて舞う乱舞の舞である。そこに思いの深さが現れている。けれども一夜が明けて、僧は目が覚めると、「夢も跡なく夜も明けて、村雨と聞きしも今朝みれば、松風ばかりや残るらん、松風ばかりや残るらん」と終わっていく。すべては夢で何も残らないが、亡霊となって現れた主人公の強い情念は演じられることで鎮まるのである。ワキが退場、囃子方も退場して曲は終わり、余韻が残る。

もう一つ、修羅物の「敦盛」を見ておく。『平家物語』に取材した物語である。一ノ谷の合戦で平家の貴公子敦盛を討った熊谷直実《くまがいなおざね》は、その後出家して蓮生という法師になっている。彼が古戦場の須磨を訪れると、草刈り男たちの草笛の音にひかれ、ワキの蓮生はことばを交わし、一人残った男は弔いを願って消える。敦盛の亡霊が後シテとして可憐な武者の姿で現れる。平家の一ノ谷の生活を語り、寄せ手を前にしての優雅な詩歌管絃の遊びのあり様と、戦死の無念さを再現する。かつての敵もいまは法の友と、その弔いを受けて現れているものの、最期の怨念に亡霊は蓮生に太刀を振り上げるが、再び心を翻して消え失せていく。修羅道の苦は描かれず、最後は念仏を受けて成仏していくという話になっている。

8．芸風の深化―後期の芸道論

一四〇八年に義満が急逝して世阿弥は最大の後援者を失った。代わった将軍義持は、田楽の増阿弥を贔屓《ひいき》にしていた。その芸風を「冷えに冷えたり」と世阿弥も高く評している。

義持は、禅の造詣が深く、能についても義満以上の鑑賞眼があったので、それにかなうべく、世阿弥は四十歳代後半から、禅に親しみ、増阿弥の長所を取り入れて「冷えたる」能へと深化させた。

この時期から、象徴的な芸風となり、「たけたる位」が言われるようになる。『風姿花伝』では、「五十有余」では「大かた、せぬならでは手立あるまじ」とまで言っていたが、自らこの年齢を超えて、老いの芸の深さを発見するのである。それは、「私に四十有余より老後に至るまで、時々浮かぶ所の芸得」を書いたとする伝書『花鏡』に見られる。

まず「心を十分に動かして身を七分に動かせ」と言う。師から習う時には教えの通り、十分に動かすが、体得した後には動きを心の内に控えるようにする。身の演技から心が表れて面白い感興が生まれるだろうと言う。演技もまず心で其物《そのもの》に成ってから、その態に似せるようにせよと言う。

舞う時に、「目を前に見て、心を後に置け」、自分の姿を観客と同じ心になって、それも前後左右を見るだけでなく、自分の後姿も見るように「離見《りけん》の見《けん》」を働かせよと言う。自身の姿を後までも見えるようになるのは、稽古を重ねて精神集中の極みでのことであろう。

芸の基準を「幽玄」美であることを強調している。「ただ美しく柔和なる体、幽玄の本体なり」。姿かたちがゆったりし、言葉が優美で、舞にも物まねにも幽玄たること、鬼で力動《りきどう》であっても心を十分に動かし、身は強くとも足を静かに踏んで美しくあらねばならない。

そうした演技は、しっかりと稽古を積んでこそ可能である。この時期に「二曲三体」の「形木《かたぎ》」(型)を稽古する修行論を確立している。二曲とは音曲と舞で、師匠についてこの基礎をしっかり身に着けた上で、老体、女体、軍体の三体を学ぶ。『二曲三体人形図』として、童舞と、三体各々とその舞姿、天女舞を図示して詳しく説明している。老体は「閑心遠目《えんもく》」で、少し動作が遅れるように演じる。女体は「体心捨力《しゃりき》」で、心を体にして力を捨てた姿、軍体は、「体力砕心」で、強さを表現するため力を主にし、心を働かせる。この二曲三体から稽古しなければ、後にどんな物まねをしても「無主風」になって自分の芸にはならない。逆に二曲三体を極めれば、後はどのような物まねも可能であるとするのである。

後に他の芸の道や武の道でも、エッセンスとして基本的な「型」を稽古して、それを体得すれば他に応用が利くとされるが、ここにその最初期の形が見られるのである。

9．芸道論の深まり―「無心の能」「冷えたる曲」

一四二二年頃、世阿弥は六十歳前後、棟梁を息子の元雅に譲り、曹洞禅に出家した。出家後も役者としての活動は続けており、能の作品を多く書き、能楽論も次々と著している。自らの豊富な能の経験を、歌論や連歌論に加えて禅から得た教養をも活《い》かしてまとめ、息子たち後進に伝えようとしたのである。

世阿弥は、長年の芸得を集めた『花鏡』で能が生み出す感動を三段階に分けて論じている。「見《けん》より出で来る能」とは、見てすぐに分かる舞台で、最初から観客も感動してよいが、観客の心も演者の心も落ち着きを失って大事なところを見失うおそれもあるので、演技は控えめにせよ。「聞《もん》より出で来る能」は、しみじみと聞かせて感動させる舞台であるが、番数を重ねる内に、能が湿ってくるので、面白い芸を観客に気づかれないように演じよ。「心《しん》より出で来る能」は、無上の上手のシテで初めて可能な舞台で、謡も演技も特にこれといったものはないが、「さびさびとしたる内に、なんとやらん感心のある所」がある。これを「冷えたる曲」とも、また「無心の能」とも、「無文の能」とも言っている。

「無心の能」とは、「心にてする能」の上にあり、心で「あつ」と思う「無心の感」である。「面白き位より上に、心にも覚えず『あつ』と言ふ重《ぢゅう》あるべし。これは感なり。これは、心にも覚えねば、面白しとだに思わぬ感なり。……これ、まことの「かん」には、心もなき際《きわ》なるがゆゑなり」。

「心でする能」、さらに「無心の位」を言うことにより、「花」も「幽玄」より「余情の美」へ展開するようになる。

「見所《けんじょ》の批判に云く、『せぬ所が面白き』など言ふ事あり。……舞を舞ひ止む隙《ひま》、音曲を謡ひ止む所、その外、言葉・物まね、あらゆる品々の隙々に、心を捨てずして用心を持つ内心也。此の内心の感、外に匂ひて面白きなり。

かやうなれども、此の内心ありと、よそに見えては悪かるべし。もし見えば、それは態《わざ》になるべし。せぬにてはあるべからず。無心の位にて、我が心をわれにも隠す安心にて、せぬ隙の前後を綰《つな》ぐべし。是則《これすなわち》、万能を一心に綰ぐ感力《かんりき》也。……

惣じて即座に限るべからず。日々夜々、行住座臥に、この心を忘れずして、定心《じょうしん》に綰ぐべし。かやうに油断なく工夫せば、能いや増しになるべし」。

舞や謡が終わったところの「せぬ隙」が面白いと言われることがある。これは、態と態との間も「油断なく心をつなぐ」心遣いが重要で、さらに「無心の位にて、せぬ隙の前後をつなぐ」ように、「日々夜々、行住坐臥」に工夫すれば「能いや増しになるべし」と言う。

『花鏡』は最後に、「初心忘れるべからず」を掲げている。よく言われる芸を始めた当初の心意気というのではない。「時々初心」、「老後初心」忘るべからずと言うのである。

「過ぎし方の一体一体《いっていいってい》を、いま当芸にみな一能曲に持てば、十体《じゅってい》にわたりて、能数尽《かずつ》きず。……然《しか》れば、時々の初心忘するべからず」。

「命には終《おわ》りあり、能には果てあるべからず。その時分時分の一体一体を習ひわたりて、また老後の風体に似合ふ事を習ふは、老後の初心なり」。

生涯、常に芸を深める。「命には終りあり、能には果てあるべからず」、生涯にわたる修行である。世阿弥は、最晩年、将軍が義教に代わってから、音阿弥を支援するこの専制君主からさまざまな迫害を受ける。次男は出家し、長男元雅《もとよし》も伊勢で客死する。七十歳で後継ぎを失った嘆きも深かったが、娘婿の金春禅竹《こんぱるぜんちく》に辛うじて伝えることになった。さらに二年後には理由は不明だが佐渡へ配流されるが、その道中から佐渡での流人の嘆きに思いを馳せながら、小唄集『金島書』を著している。自らの悲劇を淡々とした静かな芸術作品に仕上げている。最後まで能楽の道に精進していたのである。八十一歳で没したとの伝承がある。

10. 芸の道の確立

世阿弥の生涯で、ほぼ現在の能楽が完成している。彼の能の作品は圧倒的に多く（改作を含めて五〇作近くが確認される）、能は文学作品とは違って、演技での感動は観客の鑑賞眼にも関係し、その場の状況も合わせて、まさに一回的なものである。彼は、能楽論を書くことによって、その都度自らの芸のあり様を確かめ、また表現することで記録に残していたのである。その都度深い感動を生むような舞台（「花」）がどうすれば出来るのか、父観阿弥はじめ、犬王や増阿弥など優れた名手の芸を反芻しながら、また自らの演能経験を積み重ねつつ、繰り返し考えを深めて、ついに二一部もの伝書（息子元能が筆録・編集した『申楽談義《さるがく》』や『金島書』も含む）となったのである。

世阿弥の能は、基本的には貴族的な優美さ「幽玄」を目指していたが、後期になるにつれ「無心」の芸を言い、「余情ある美」を求めていった。夢幻能の形式から、諸国一見の僧が登場し、最後はすべてが夢のうちであると終わっていき、余情深い。「幽玄」を基にして、〈侘びの美〉も入るものと言えよう。世阿弥は、『花鏡』において「芸道」という言葉を最初に使ったが、生涯を一道に専念する仕方も、また形の習道論も、日常生活に徹底する修道論も示していた。これらは、いずれも後世にさまざまな芸の道においても強調されることであり、日本の芸の道の根本的な性格を示すものといえる。

能楽はその後、室町将軍にも後援されたが、庶民の愛好も続いて、戦国時代には能楽の一部の仕舞や謡などを一般の人も学ぶ風が広がっていた。さらに豊臣秀吉は能楽を愛好し、諸国にあった諸座を大和四座に統合させた。江戸時代には、能楽は武家の式楽として保護されたが、新作は無くなり旧守のものを演じることになった。江戸時代には一日に「五番立て」で演じる形が確立している。最初に翁を神事として演じた後、第一番目には脇能で神が主役、第二番目には武人が主役の修羅物、第三番目には美人が主役の鬘物《かずらもの》、第四番目には狂女や雑のもの、第五番目には激しく動く鬼の能などで、華やかでめでたく終わる。そしてこれらの間に当世風の即興劇である狂言が入る形となった。

世阿弥の伝書は『風姿花伝』の「第一　年来稽古条々」が江戸初期の『八帖花伝書』に載せられた以外は、観世座の継承者の間だけで秘蔵され、その内容が知られることはなかった。明治後期、二十世紀になってから、世阿弥の伝書群が再発見されて『世阿弥十六部集』（一九〇九）として翻刻刊行され、その演劇論は世に衝撃を与えた。戦後は外国語にも訳され、世阿弥の残した伝書の奥深い内容は世界的にも類を見ない突出した演劇・芸能論として認められ、研究されている。

参考文献

榎原雅治『室町幕府と地方の社会』（シリーズ日本中世史③・岩波新書・二〇一六年）
佐藤進一『足利義満　中世王権への挑戦』（平凡社ライブラリー・一九九四年）
天野文雄監修『禅からみた日本中世の文化と社会』（ぺりかん社・二〇一六年）
熊倉功夫・竹貫元勝編『夢窓疎石』（春秋社・二〇一二年）
特別展『日本の水墨画』図録（東京国立博物館・一九八七年）
表章校注・加藤周一校注『世阿弥・禅竹』（日本思想大系・岩波書店・一九七四年）
表章他校注・訳『連歌論集　能楽論集　俳論集』（新編日本古典文学全集・小学館・二〇〇一年）
西一祥『世阿弥　人と芸術』（桜楓社・一九八五年）

9 連歌師と茶の湯――芸道の展開（戦国・統一期）

《**要旨とポイント**》 十五世紀後半の応仁の乱を機に、中世的な社会と秩序が破壊され、戦国時代に入る。そうした時代にあって、将軍義政の周辺から展開する東山文化は、好みの生活文化を洗練させていった。部屋を襖や障子で仕切り畳を敷いた書院造が始められ、唐物《からもの》や生け花などを飾り、茶を喫するなど、新たな生活文化が禅の影響も受けつつ展開した。禅の世俗化も進み、水墨画も日本的な変容を遂げ、枯山水の庭も生まれた。これらの文化は、公家や連歌師によって、地方にも伝播された。

十六世紀は下剋上が熾烈で全国で戦国大名が争ったが、同世紀中葉に鉄砲が伝来すると、それをいち早く大量に装備した織田信長が強大となって、室町幕府を滅ぼし天下統一に乗り出した。信長は新たな施策や文化を始め、豊臣秀吉がそれをさらに発展させて中世的な世界を終焉させ、近世的世界を開くことになる。

秀吉は、天守を持つ大城郭を築き、金碧障屏画で権力を誇示する一方、小間の茶室で心を落ち着かせ、客人と食や茶を共にして交わりを深めようとした。茶の湯において、庭や茶室、茶器から諸道具が新たな形で造られるとともに、今日につながる和食の形式や茶を喫する作法が定まって生活文化を精神化することになった。

《**キーワード**》 足利義政、東山文化、書院造、禅文化、連歌師、茶の湯、侘び茶、堺、村田珠光、武野紹鷗《じょうおう》、千利休、茶室、長谷川等伯、「松林図屏風」

１．応仁の乱と東山文化の展開

一四六七年に京都で始まり一〇年間も続いた応仁の乱は、中世的世界を終焉させ、世を戦国時代へと転換させることになった。将軍家と管領家などの跡目争いに発した乱は、諸国の守護大名が東西両軍に分かれて戦い、足軽などの雑兵が戦場となった都を徹底して破壊した。これ以後、幕府の権威は地に堕ち、畿内にしか及ばなくなる。都で戦っていた守護大名も領国での力を失って、全国各地で下剋上が生じて、やがて各地に領国を実力で支配する戦国大名が登場してくることになる。古代以来のものがわずかに残っていた中世の社会が徹底的に破壊され、支配層もごく一部を除いて、ほぼ交替することになる。新たな武士や庶民層においても、それぞれの家が興され、以後、大部分は近世、近代までつながっていくことになる。

応仁の乱が一応終結した後、将軍義政は、東山の山荘の造営に熱中する。義満の金閣を意識しながら、二層の観音殿（銀閣）その他の建物を造営し、庭園を整備した。持仏堂の東求堂には自らの書斎も造ったが、天井を張り、襖で仕切った四畳半の部屋には畳が敷き詰められ、違い棚と明り障子の付書院を設えていた。床の間はまだないが、この部屋は、後の書院造の原型となるものである。違い棚や付書院に、唐物《からもの》の茶器や文房具、書籍や調度品などを飾り付けて、室礼《しつらい》が整えられた。唐物の買い付けや、鑑定・管理、飾り付けなどは、同朋衆が担当しており、それらについては、能阿弥の『君台観左右帳記《くんだいかんそうちょうき》』にまとめられている。義政所有の唐物は、「東山御物《ごもつ》」として最高級の品として取り扱われるようになる。

東山山荘は、義政当時は常の御所、会所など多くの建物が造られていたので、それらの内部もさまざまに飾られていたであろう。庭も、当初はより大きく、今ある向月台や銀沙灘《ぎんしゃだん》の石庭はなかった（江戸初期に造られる）が、月待山からの月を映し、季節の移り行きを考慮して樹木や石が配されていたことは変わらないであろう。

義政は、一芸に秀でた者たちを出入りさせていた。画では、周文の後に、小栗宗湛、そして狩野正信、能楽では世阿弥の甥の音阿弥とその子、庭師の善阿弥、立花の立阿弥《りゅうあみ》・台阿弥、そして飾り付け全般を担当した能阿弥などである。それぞれに専門の道を洗練して、東山文化を形成することになる。

2. 禅文化の世俗化と芸道各種の展開

五山の禅寺は、幕府の衰退に伴って衰えていった。五山僧の中では、応仁の乱勃発の年に遣明船で留学し朱子学を学んだ桂庵玄樹《けいあんげんじゅ》が注目される。玄樹は数年後帰国し、肥後、ついで薩摩に招かれ、朱子学を本格的に導入して薩南学派を固めるとともに、訓点を改めて『大学章句』を刊行し、近世に朱子学が広がる地歩を築くことになる。

応仁の乱後は、官寺ではない林下《りんか》で、守護大名の後援を得ていた大徳寺や妙心寺が台頭してくる。中でも有名なのは大徳寺の住持も一時務め、塔頭真珠庵を開いた一休宗純である。一休は、師から印可証を受けることを拒否し、同門の養叟《ようそう》を批判して、詩歌や書画など風狂に生き、飲酒や女犯もした反骨の禅僧であった。『狂雲集』にはエロチィクな漢詩も載せている。画の曽我蛇足、能の金《こん》春禅竹《ぱるぜんちく》、俳諧の山崎宗鑑などが参禅し、それぞれの分野で新たに展開する機縁を与えたようである。一休に限らず、前代から禅は在家の者にも参禅の機会が開かれていたので、禅の修行法と空に基づく理論は、芸道の修行法、理論化、伝承の方式に影響を与えることになる。

水墨画もこの時代から禅門を離れて、画家として職業化するようになる。雪舟は、岡山に生まれ、京都に上って、相国寺で周文の下で学んだ禅僧だが、三十五歳頃に山口の大内氏の下へ下った。名を雪舟等楊に改め、応仁の乱勃発の年、遣明船で中国に渡ってから、独自の風を発揮するようになる。使節の一員だったので、「天童首座」の号を授けられ、北京の宮廷礼部では四季山水画を描いた。中国に渡って本場で認められた自信は大きく、自らの目で見たものを力強い線で描くようになる。三年後、帰国してからも大内氏の下で西日本を中心に活躍した。「山水長巻」は四季を巡る移り行きを中国風に描き、「花鳥図」は鮮やかな彩色だが、「慧可断臂図《えかだんぴず》」は大胆な線で達磨と弟子との緊迫した場面を描き、「天橋立図」は実景を八〇〇メートルの高度から俯瞰し、「破墨山水図」は崩した草体で描くなど、多様な画風で八十歳を超えるまで描いた。中国画も模写しつつ自らの画風を展開したので、日本的水墨画の成立と目される。雪舟は、画には署名をし、後半生は禅僧というより、職業画家といった方が相応しい。

京都では狩野派の始祖狩野正信が、義政に用いられ、漢画に大和絵を融合して華麗な画を描いた。子の元信によって、大画面の障壁画へ展開する。狩野派は職業絵師集団であり、以降大勢力になっていく。

室町後期には禅寺では枯山水《かれさんすい》の庭が流行した。古来、庭には池と流水がつきものであったが、水の代わりに白砂にがんじきで波紋を描き、水墨画を立体化したような象徴的な表現が見られる。龍安寺の石庭が有名であるが、一四九九年の再建時に造られたと見られるが、義政の同朋衆だった相阿弥作の伝承がある。枯山水の庭は、南北朝時代の夢窓疎石《むそうそせき》作の西芳寺の石組がモデルとなったが、この時代から専門の山水河原者《せんずいかわらもの》が活躍することになる。

東山文化以降、禅文化も世俗化するとともに、芸道のそれぞれの道が自立し、専門家が生まれ、さらには流派も出来るようになる。能楽の金春禅鳳の『禅鳳雑談』（一五一三頃成立）には諸道の名人たちが挙げられている。

3．戦国時代の状況と連歌師の活躍

十五世紀後半、地方の有力大名たちには京都の文化への憧れが強かった。雪舟を招いた大内氏の山口をはじめ各地に小京都が造られていた。

東山文化を全国に伝播したのは、公家と連歌師たちであった。地下《じげ》の連歌師たちは、応仁の乱以降の戦乱を避け、地方の守護大名、さらに戦国大名たちに招かれて、旅をするようになる。

心敬は、比叡山の横川で修行した僧であったが、和歌を東福寺の歌僧正徹に学んで、それを連歌に生かそうとした。応仁の乱で京都から伊勢へ、さらに関東へ下り、太田道灌ら武将たちに和歌、連歌を指導し、一四七一年夏、相模の大山に入り、その地で没した。『ささめごと』（一四六三）には、「枯れ」「冷え」の美を標榜し、西行を理想としたが、和歌の修行は、「禅定《ぜんじょう》修行と同じだ」と述べ、当時のさまざまな道の修行のやり方に学ぶ必要があると書いている。その後『ひとりごと』『老のくり言』なども著すが、和歌、連歌、仏教を一体とした理論を展開した。

宗祇《そうぎ》もまた禅の相国寺の僧坊に入ったことがあったが、三十歳頃から和歌、連歌に専念し、宗砌《そうぜい》に、ついで専順につき、諸所の連歌会に一座して、頭角を現してくる。応仁の乱の前年に東国に下向し、関東流寓中の心敬に会って一座し、宗砌風に心敬風を加えて連歌を大成した。伊豆に出陣中の東常縁《とうつねより》から『古今集』の講釈を聴聞し、古今伝授の基となる。北野社の連歌会所奉行に就任し、連歌集『新撰菟玖波集《つくば》』を撰進したが、これは准勅撰の綸旨を賜った。以後も大名高家に招かれて、しばしば旅をし、箱根湯本の旅宿で病没する。〈世にふるも更に時雨のやどり哉〉の句は、冬の通り雨のごとく儚《はかな》く無常であるとする彼の思想をよく示している。

こうした連歌師の活動によって、地方にも連歌を介して都の東山文化が、侘びの美意識に傾きながら流布していくことになる。

戦乱が相次いで戦国時代に向かう中で、法華宗は日親が出て京都の町衆に広がり、浄土真宗は蓮《れん》如《にょ》が出て、北陸から大坂へと新たな講を組織して急激に発展する。やがて彼らは一揆を起こして守護大名を倒す実力を持つに至る。禅では、曹洞宗が庶民層に展開する。臨済宗でもこの時代に五山に代わって妙心寺派が台頭するようになる。仏教において宗派意識が強くなり、大名や町衆などでも家の継続が意識されるようになると、家の菩提寺を決めて、その宗派を後援するようになる。

4．侘び茶の展開—村田珠光《じゅこう》から武野《たけの》紹鷗《じょうおう》

茶の湯は、東山時代には会所や書院などで、唐物の名品などを飾り立てた部屋で茶を喫していたが、水屋や専用の台子《だいす》で茶を立てて持ち運んでいた。それが十六世紀になると、専用の茶室が造られ、茶の湯が「侘び茶」として独立して展開するようになる。

侘び茶の祖とされるのが、村田珠光である。称名寺の僧であったが、禅僧一休宗純に参禅し、印可の証明として『碧巌録』の編者の圜悟《えんご》の墨跡を授けられ、茶の湯に禅僧の書の墨跡を取り入れるようになった。一休に参禅した金春禅竹の孫の『禅凰雑談』には、珠光は「月も雲間なきはいやに

て候」と語ったとある。『徒然草』の「花はさかりを、月はくまなきを見るものかは」（一三七段）の美意識を受けているのである。

珠光は、「心の文」では、まず第一に「心の我慢我執」を否定している。当時、茶の湯は唐物《からもの》の鑑賞を主体としていたが、珠光は和物も取り入れ、「和漢の境をまぎらかす事、肝要」と言った。唐物を基本にしながら、「麁相《そそう》」の貧相でやつした美をよしとする新たな美の形式を始めたのである。

珠光の直弟子に学んで「侘び」の理念を掲げて侘び茶を確立したのが武野紹鷗である。堺の町衆で連歌師であった。堺は戦国時代に南蛮船も渡航する大坂の貿易港であり、鉄砲鍛冶《かじ》も多数いて大いに繁栄していたが、富裕な町衆の間では、老後は隠居して「市中の山居」として茶の湯を楽しむのが流行していた。東山御物などの名物もいろいろ集まり、天文期（一五三二〜五五）には多くの茶会記が残されている。

紹鷗は、武具の皮革商を始めて一代で富豪となった町衆の一人息子として、一五〇二年に生まれた。二十四歳の時、京の室町に住んで、茶の湯は珠光の弟子に学び、さらに貴族の三条西実隆に和歌・連歌を学んだ。三十歳の時、実隆から藤原定家の『詠歌大概』の講義を受けた時に、「和歌は師匠なし、只旧風を以て師となす。心を古風に染め」よという序の言葉に開眼して、連歌から茶の湯に打ち込むようになったと言われる。『詠歌大概』の序に、このままの言葉はないが、「人の未だ詠ぜざるの心を求めて、これを詠ぜよ」と「詞旧を以て用ふべし」を、このように受け取ったのであろう。翌年、大徳寺で剃髪し「紹鷗」の法名を受け、次の年に堺に帰った。

当時、堺の町衆の間で茶の湯は非常に盛んであったが、紹鷗は「名物六十余り持」ち、連歌の心得と、禅を取り入れた。その影響で、千宗易《そうえき》（後の利休）らも参禅することになった。紹鷗は、心の持ち方を正し、無限定の美をよしとして、さまざまな物を「目明《めあ》き」した。「目利き」以上に、新たな美意識でもって、茶の湯で使うべきものを選んでいたのである。

また「紹鷗侘びの文」では、「正直に慎み深くおごらぬさまを侘と云ふ」と明確に規定している。さらに弟子に与えた「紹鷗の門弟への法度」では、「一、数寄《すき》者と云は隠遁の心第一に侘て、仏法の意味をも得知り、和歌の情を感じ候へかし」と述べている。

茶の湯は隠遁の心で和歌の情を感得するべきものとした。また「淋しき」と侘しくとを区別して、単に孤独なのではなく、西行以来の「わび系の美」を言うものであった。紹鷗は茶室を草庵風に簡素化した。唐物を高麗物《こうらいもの》に変え、備前の水指を取り上げた。また食事を一汁三菜に限定して心の籠もったものとした。亭主と客人の「一座建立」の理念も言っていた。これも連歌の心得である。

5. 織田信長と豊臣秀吉の統一事業

十六世紀は、全国各地で戦国大名が激しく戦っていたが、後半には大大名の最後の淘汰戦となっていた。一五六八年、尾張・美濃を統一した織田信長は足利義昭《よしあき》を奉じて上洛し、幕府最後の将軍としたが、義昭が反信長陣営を築いて反乱の兵を挙げるや、信長は義昭を追放し、一五七三年、室町幕府は滅亡した。

信長は五層の天守を持った安土城を建設し、城下に家臣団を集めて常備軍を置くとともに、楽市楽座を敷いて経済の活性化を図った。鉄砲を量産装備して鉄砲足軽も組織して強力な軍隊とし、家臣団を上意下達の縦組織に編成し、能力ある者を抜擢した。「天下布武」を標榜して、畿内を制圧し、地方に方面軍を派遣して、全国統一を進めていたが、本能寺の変で倒された。

その後、覇権を握った羽柴秀吉は、一五八五年に関白に就任するや天皇の権威を利用して停戦を命令し、戦国大名が臣従すれば領地を保全するとして、一五九〇年に全国統一を達成した。検地を行って、全国の田畑の収益を把握し、耕作者を決めて年貢を納めさせた。これによって古代末以来の荘園は解消され、近世的な石高制となる。また下剋上を停止させるため、刀狩と身分法令を公布して、兵農分離を実現して武士層を固定した。

大坂には天守を持つ大城郭を建設し、内部の大広間は、狩野永徳などの絵師に豪壮な金碧障屏画を描かせ、瓦にも金を施して、その武威を天下に見せつけた。他方、千利休《せんのりきゅう》の侘びた小間の茶室を利用して大名の服属を進め、新しい文化として茶の湯を宮中へも広めた。秀吉は内裏を修造するとともに、京都の町を土塁で囲んで、貴族の邸宅を集めるなど大々的な改造を行い、自らのための聚楽第、次いで伏見城を建設した。

安土桃山時代には、ヨーロッパから貿易船や宣教師も来日して、日本人の世界観が大きく変わるとともに、南蛮文化の華麗さも加わった。信長は一向一揆に対しては一揆の門徒全員を殲滅し、古来からの権威を持った比叡山を焼き討ちにした。他方、キリスト教の布教は許し、宗派論争をさせて日蓮宗を抑えて、宗教を権力で統制しようとした。秀吉も一向宗の本願寺を二派に分け、仏教の宗派化を進めた。キリスト教の布教は最初認めていたが、長崎が教会領となっていることを知って、バテレン追放令を出し、キリスト教禁教に舵を切った。

秀吉は全国統一後に、中国征服を夢見て、一五九二年、その通路にあたる朝鮮半島へ大軍を送った。結局、この遠征は失敗に終わって、豊臣政権を弱体化させることになるが、諸大名が朝鮮から陶工を連れ帰り、以後、陶芸が大きく発展する。

6. 千利休による茶の湯の改革

千利休は、一五二二年に堺の町衆の家に生まれた。珠光系統の茶を学んだ後、十八歳から紹鷗の下で侘び茶の精神を学んだ。三十四歳の時、師の紹鷗を招いた茶会を催し、茶人として独立した。織田信長は上洛後、茶の湯を政治的に利用した。茶道具の「名物狩り」をして東山御物を集めて権勢を誇示するとともに、武将への恩賞ともした。利休は信長の三人の茶頭《さどう》の一人に任じられた。

一五八二年、本能寺の変による信長の死後、利休は秀吉に仕えた。秀吉は、一層大々的に茶の湯を政治に利用した。自らの文化面でのヘゲモニーを新興の茶の湯で演出するとともに、巧みに諸大名の服属儀礼に利用した。利休は、この年に山崎の地に二畳の茶室待庵《たいあん》を建てた。利休が茶の湯において大改革をしていくのは、秀吉の茶頭になり、その強力な後援を得てからで、待庵を建てた六十一歳以後である。

一五八五年、秀吉は関白となった御礼に自ら禁中茶会を催したが、「利休」という号をもらったのは、この時である。翌年には、秀吉は黄金の茶室を造って宮中に持ち込んで茶会をした。さらに翌々年には全国の茶人に参加を求めた北野天神大茶会を開催した。これらは、いずれも利休によって推進された行事であった。

利休は、茶の湯において、天下人秀吉を心服させるために、ますます作意を尽くした過激な改革を行っていく。

まず茶室を、四畳半から三畳、二畳、一畳半と切り詰めていく。秀吉が五層の大城郭を建て、一二〇畳の大広間を造ったのに対して、それに対抗し、精神的にはそれを圧倒する小間の茶室を設えた。小さくなるほどに、そこでの精神の緊張度は高くなる。

茶室に入る前の庭を露地《ろじ》として整備した。庭は池泉回遊式ではない、枯山水でもない、「市中の山居」として、隠者の趣を残した。狭い空間だが、中門を設けて、日常生活からの結界として非日常の空間に導く。樹木や石、灯籠などを配して苔を這《は》わせ、飛石で庭を回るようにした。蹲踞《つくばい》で手を漱《すす》ぎ、塵穴や雪隠《せっちん》まで配して心を清めることを主とした。さらに茶室の入り口に躙《にじ》り口を設けた。狭い口から入ることで、一層茶室が日常の空間とは別の清浄の空間であることが強調される。

また茶碗もそれまでの見立てに代えて、瓦職人の楽《らく》長次郎に手捻《てびね》りの厚手のもので色も黒のものを作らせた。茶杓《ちゃしゃく》も象牙のものから、竹を削ったものにした。花入れも舶来の高級品に代えて、竹を切ったものを作った。釜を辻井与次郎に、棗《なつめ》は塗り師の宗哲に作らせている。こうして隠者の文化を引き継いで「侘び」た趣が増すように、次々と創意・工夫が積み重ねられた。小間の茶室は、これらの茶道具で次第に日常の空間とは別の清浄なる空間となる。

茶事は、露地に入って中門をくぐり、結界に入る。蹲踞で手と口を漱いで心を洗って茶室に入る。躙り口から三畳、さらに二畳の小間の茶室に入る。狭くなるほどに、より精神の緊張感は高まる。所作が決まった作法が作られる。法式、「カネ」割りで、茶道具はどこになにを置くかもほぼ決められてくる。

茶会の作法もほぼ今日のような方式になったと思われる。初座で、茶室に入って床の間の掛け軸を拝見する。懐石料理が出される。一汁三菜の、簡素だが旬《しゅん》の食材をあしらった温かな食事と酒が振る舞われる。菓子が出されて食べ終わると、中立《なかだち》となり、一旦茶室を出る。この間に連子窓《れんじまど》のすだれは巻き上げられ、天突き窓が開けられ、光も空気も変わる。亭主の迎えがあり、再び茶室に入ると、床の飾りは花の投げ入れに変わり、雰囲気も改まっている。茶道具が持ち出され、濃茶《こいちゃ》の手前となる。客は濃茶をまわし飲みをする。干菓子が出され、薄茶が立てられる。薄茶を飲み、挨拶をして退出する。

紹鷗は「一座建立」と言っていたが、利休はこの言葉を嫌って「常の茶の湯なるとも、露地へ入るから立つ迄、一期《いちご》に一度の参会のように」集中すべきだと語ったと弟子の『山上宗二記』は書いている。これを見た幕末の茶人井伊直弼《なおすけ》は「一期一会」と言って、この語が今日では流布することになる。

7．利休の切腹と利休の精神

一五九一年二月、利休は秀吉の命により切腹させられる。天下人には精神上、常に圧倒的にいる利休の存在がついに許せなくなったのであろう。利休の寄進によって大修造が行われた大徳寺三門の二階に雪駄《せった》履きの利休像が置かれたことが秀吉の怒りを爆発させた。「勅使も天下人も通る門の上に、自分の像を置くとは何事か」として、この木像を磔《はりつけ》とし、利休には謹慎を命じた。

前田利家が利休に大政所や北政所らにすがって謝罪し助命を願い出るように極力勧めたが、利休は茶の湯において権力者をリードしてきた誇りがあり、今さら屈服することを拒絶した。

「人生七十　力囲希咄《りきいきとつ》　吾這宝剣《わがこの》　祖仏共殺
提《ひっさぐ》る我得具足《えぐそく》の一太刀　今此時ぞ天に抛《なげう》つ」

切腹の二日前に残した遺偈《ゆいげ》には、茶に殉じて自ら悲劇を演じる気配がある。利休は死ぬことによって、茶聖として、より強烈に歴史に刻まれることになった。

利休は切腹という壮絶な最期によって、茶の湯に殉じたとされる。さらにその後、弟子の古田織部も大坂の陣後に切腹させられた悲劇も重なって、利休を一層神格化させているように思われる。

けれども利休は実際に何を目指していたのだろうか。利休が茶の湯の大改革をなしたのは、秀吉の茶頭《さどう》となった晩年の一〇年間である。本能寺の変で信長収集の名物が一気に失われた後、新たな名物は精神性の深さがなければならなかった。利休が楽《らく》長次郎に焼かせた手びねりで厚手の楽茶碗は、両手で持ってしっくりとする温かみを追求して作らせたのであろう。枯れた太い竹に切り口を入れた花入れを作ったのも、竹を削った茶杓《ちゃしゃく》を作ったのも、人工的なものを廃して、自然にある物から侘びた風情を創出しようとしたのである。茶室の待庵は、切藁を混ぜた土壁に、丸太を使った框《かまち》、壁下地の竹が見える連子窓、竹棹を打ち付けた天井で、隠者の草庵を真似ている。

これらは、仕える天下人秀吉の意が得られるものでなければならなかった。秀吉は、大城郭と大広間で武将たちを服属させるための公的な儀式の後で、小間の茶室で、ごく内輪で親しく交わってみせてバランスを取る必要があったのであろう。金碧障壁画で強大な権力を誇示した後だからこそ、一切の装飾を排した侘びた風情の草庵風の茶室が活《い》きてくる。瀟洒に設えられた書院の茶室もあり、そこでは名物が飾り付けてあったはずである。けれどもさらに親密であろうとする特別の客は、小間の茶室へ誘われる。露地を歩んで蹲踞で手を清め、茶室に入ると、聖なる空間という意識が生まれる。小間であるほど、より緊密な関わりが演出される。「一期に一度の参会」と語ったが、太閤に招かれた武将たちにとって、二度とあり得ぬ、失言が許されない緊張した会だっただろうが、太閤も武将たちも、天下の宗匠として、利休がどんな趣向でもてなすのか、新たな美の仕掛けを常に期待していたことであろう。だからこそ、その都度の時と場に合わせた最高のもてなしをする。意表を突き、しかも深く納得のいくものでなければならなかった。

『南方録』の中に、茶の湯の極意を尋ねられて、利休は「夏はいかにも涼しきやうに、冬はいかにもあたたかなるやうに、炭は湯のわくやうに、茶は服のよきやうに、これにて秘事はすみ候」（覚書十）と答えた。問うた者が「それは誰も合点の前だ」と言うと、では「その心にかなうように御覧ぜよ、客になり御弟子になろう」と返したという話が載せられている。『南方録』は、利休没後一〇〇年に見出されたとされる書で、利休の時代のものではないが、利休の精神は伝えていると思われる。その折の時節と場に合うようにいかに工夫するか、どこまでも工夫は尽きない。そして本当に適《かな》って実現された時には、日常的な場がそのまま聖なる場になり得る。「直心《じきしん》の交わり」を標榜しても、その実、自らを「天下」という秀吉と心許した交わりは所詮望むべくもなかった。が、時により打ち解けて、しみじみと語り合える交わりを持つことを願っていたであろう。それが見果てぬ夢であることは、利休自身が誰より知っていたのかも知れない。

8. 長谷川等伯の画業—「楓図屏風」・「松林図屏風」・「萩芒屏風」

千利休の最も有名な肖像を描いたのは、長谷川等伯である。利休の五回忌の年に敬愛の念を籠《こ》めて描いている。等伯が中央で認められるようになったのは、利休切腹の二年前の大徳寺の山門の画によってであった。能登・七尾から京都に出てきた等伯は、さまざまな絵を描いて絵師としての実力は持ちながら、中央ではなかなか認められなかった。等伯の才能を見出し抜擢したのは利休であり、狩野派の画を共に批判していたという。

狩野永徳没後、等伯が一躍画壇の最高峰に躍り出たのは、一五九三年、豊臣秀吉の遺児の菩提寺・

祥雲寺の金碧障屏画約五〇枚すべてを一門で描いてからである。「楓図壁貼付」「松に秋草図屏風」などが有名である。大画面に狩野派ばりの巨木の幹を描き、そのまわりに花や草を大和絵風で色鮮やかに描いている。「桜図襖」は息子久蔵が描いたといわれる。けれども久蔵はこの直後に亡くなっている。才能ある期待の息子を失った等伯の嘆きは深かった。水墨画「松林図屏風《しょうりんずびょうぶ》」は、この直後に一気に描かれたと推定されている。故郷の浜の松林の風景に深い霧がたちこめている。水墨画に大和絵の画法も合わせて、しっとり湿潤な趣深い作品である。等伯は、養祖父が雪舟の直弟子に学んだので「雪舟五代」を自ら名乗るが、南宋の牧谿《もっけい》の水墨画に直接学びながら、それを消化して日本の水墨画にしている。等伯は、華麗な金碧障屏画と墨一色のやつした水墨画の最高峰といわれる作品をほぼ同時期に描いたのである。その後に利休の肖像画を描いている。独歩で芸道の新しい道を切り拓いていく厳しさと孤独を、自らの思いも重ね合わせながら描いたのである。

秀吉没後、関ケ原合戦後になって、等伯は、金地に萩と芒《すすき》の六曲一双の屏風を描いている。「楓図」の華やかさはない。小さな白い花を慎ましげに咲かせる萩が青い葉をいっぱいにつけ秋風に揺れている。左隻では芒が風に吹かれて絡まり合った姿も見せている。それはありふれた野草の花であり、芒の葉である。華麗さの極みと水墨画の極みを達した等伯が六十代後半になって至りついた画境であろう。

等伯は、一六一〇年に徳川家康の招きで江戸に向かう途中で病を得て、江戸に着くや七十二歳で没した。等伯は、利休を継いで桃山文化を担ったが、江戸時代が本格的に始まる直前に亡くなったのである。

参考文献

芳賀幸四郎『東山文化』（塙書房・一九六二年）
ドナルド・キーン（角地幸男訳）『足利義政　日本美の発見』（中央公論新社・二〇〇三年）
心敬「ささめごと」「老のくり言」林屋辰三郎編『古代中世藝術論』（日本思想大系・岩波書店・一九七三年）
数江教一『わび　侘茶の系譜』（はなわ新書・一九七三年）
山上宗二著・熊倉功夫校注『山上宗二記』（岩波文庫・二〇〇六年）
五島美術館編『山上宗二記　天正十四年の眼』（五島美術館・一九九五年）
茶の湯文化学会編『講座　日本茶の湯全史』第一巻中世（思文閣出版・二〇一三年）
『千利休　侘びの創造者』（別冊太陽・平凡社・二〇〇八年）
『長谷川等伯　桃山画壇の変革者』（別冊太陽・平凡社・二〇一〇年）

10 武芸鍛錬の道—近世の武道（江戸初期）

《要旨とポイント》 江戸幕府は、一六一五年の大坂の陣以降、本格的に幕藩体制を形成していく。諸大名、朝廷・公家、寺社それぞれに諸法度を公布して統制した。士農工商の身分制が敷かれ、武士は城下町に集住した。参勤交代制と鎖国体制をとって強固な体制を築いていった。

合戦はなくなったが、武士は武芸の鍛錬に努めることが「武の道」として求められた。実戦的な技術云々《うんぬん》よりも、支配層の武士として鍛錬する新たな意義づけが問題になった。

十六世紀後半、上泉《かみいずみ》信綱は新陰流の伝書の中で、術の原理と二人で稽古する形《かた》を示し、実戦性よりも、武士の個の独立心を養成するものとして「兵法の道」を先駆的に論じていた。柳生《やぎゅう》宗厳《むねよし》は、稽古法を体系化し、具体的な心得を書いた。江戸時代に入って、将軍家兵法師範となった柳生宗矩《むねのり》は、流派の技を受け継ぐとともに、禅の教えの「無心」を究極の境地として心法面を強調して、治世における剣術の新たな意義づけをして、流派剣術を社会に定着させた。

これに対して、宮本武蔵は六十余度の実戦経験に基づく具体的な技と戦い方の要所を説き、鍛錬を日々の生活に徹底すべきとした。士農工商の社会における武士のあり様を考え、諸能諸芸の道の追求にも学びつつ、剣術の鍛錬を核とした武士の生きるべき道を示した。

十七世紀後半から、泰平の世が続く中、剣術鍛錬は流派の伝承となる一方、「武の道」は、儒教の教えに拠った士道論や、戦国武士の心情を反芻した武士道論の形で説かれるようになる。

《キーワード》 士農工商、武術流派、新陰流、上泉信綱、兵法の道、形の稽古、柳生宗厳、柳生宗矩、心法論、宮本武蔵、『五輪書』、士道論

1. 江戸幕藩体制の形成

十六世紀末に豊臣秀吉により天下統一がなるや、検地・刀狩・身分法令などによって兵農分離が行われ、二尺以上の刀を差すことが武士の特権とされた。検地をして、石高制を敷いて大名の国替えを行った。このような支配の根幹となる制度は、江戸幕府に受け継がれる。

一六〇〇年の関ケ原合戦は、徳川家康を盟主とする東軍側の勝利に終わった。敗れた西軍側の八七大名が取り潰され、大大名は大減封されて領地を遠国へ移された。新たに徳川一門や譜代の臣が大名に列せられ、要地に置かれた。一六〇三年に家康は将軍宣下を受け、江戸幕府が発足した。

ただ大坂城には豊臣秀吉の遺児・秀頼がいたので、また合戦があるかも知れないという緊張感があり、天守を持つ城が各地に建設された。姫路城もこの時期に、家康の娘婿の池田輝政によって、現在の規模に大増築されている。この城は西国諸大名への抑えとして特に規模が大きかったが、平野の真ん中に立つ五層六階建ての城の大天守は武威を示すものであった。

一六一五年の大坂夏の陣で、大坂城は落城し、秀頼は自害した。戦国以来の合戦がこれでようやく終焉し、徳川幕藩体制が形成されていく。この直後に、幕府は一国一城令、武家諸法度を公布した。一国には一城と限られたので、中世以来の多くの城が破却された。藩士は城下町に集められ、藩における藩主の権力は高まった。そして武家諸法度によって、藩主の婚姻や襲封は幕府の許可が必要とされ、城の修理や大砲・鉄砲の装備も幕府の制約を受けることになった。藩主の跡継ぎがいない場合や法令に違反した場合は容赦なく藩が取り潰された。諸藩には、軍役の代わりに「天下普請」として江戸の造営や大坂、名古屋、駿府など幕府関係の城下町の建設など大きな負担が課された。各地の城下町をつなぐ全国の街道が整備された。

諸藩では家の存続が第一とされ、藩内では家臣団は軍制を基本として、いつでも出陣できる体勢を備えて、軍務を担う番方と政務を担う役方に分かれた。

幕府は、朝廷や貴族に対しては、禁中並公家諸法度を出して、政治的な力を持たずに、文化面に専念すべきこととした。また各宗派に寺院法度を出して、本山末寺制によって統制するとともに、キリスト教禁令の徹底を図って、すべての人がいずれかの寺の檀家に属する寺請制を敷いた。

士農工商の身分制度が厳格になり、武士と職人・商人らは城下町に集住したが、住む地域は武家地と町方で分かれていた。町は町役人による、村は村役人による自治が認められたが、それぞれに「役」が課せられるとともに、五人組制度で連帯責任を取るようにした。

江戸初期は藩の取り潰し（改易）や領地替え（転封）が多く、要地は直轄地としたり、一門・譜代の藩を配置した。主家を失って牢人（浪人）となる武士も多く、取り立てられたり増封された藩では能力ある人材を家臣団に加えた。幕府の旗本・御家人、大名や藩士などの身分格式が厳格に決められ、出仕する場所や服装、供回《ともまわ》りの数などにより明確に示されるようになった。

君臣の別をわきまえ、上下の身分秩序や礼節を重んじる儒教の朱子学が重視され、林羅山が家康に登用されて以降、林家が代々儒者として幕府に仕えることになる。

一六三五年には武家諸法度を改訂して参勤交代制を定着させ、大名は江戸と国元を隔年毎に往復することになった。これは大名統制であるとともに、他の階級に対する武威の発揚でもあった。

外交では、初期には朱印船貿易を行い、中国や東南アジアとの交易も盛んであったが、キリシタン禁令を機に統制を徐々に強め、島原の乱以降はオランダ船と中国船のみ長崎に限って来航を認めて、海禁政策を徹底して鎖国体制とした。オランダ商館長を毎年参府させ、また琉球王国を薩摩藩が攻めて半ば支配下に置いていたので、代替わりごとに慶賀使や謝恩使を参府させ、さらに朝鮮通信使も時に参府させて、幕府の威光が海外にまで及んでいることを示す意図が籠められていた。

幕藩体制が確固として確立するのは、三代将軍家光の寛永時代の末、一六四〇年代前半になる。

江戸初期から、戦国時代の合戦軍記や合戦絵などが盛んに作られていたが、それらが読み物として整理されるには時間がかかった。『甲陽軍鑑』は、武田信玄の遺臣高坂弾正が武田家滅亡後の痛切な話を語るのを核とするが、これが現在の形になったのは小幡景憲による編集であり、十七世紀半ばになってからである。小幡はこれを基に甲州流軍学を説き、『甲陽軍鑑』は中級以上の武士に最も読まれることになる。これ以前に下級武士も含めて広く鍛練されていたのが、各種の武術であった。合戦がなくなっても、戦いへの備えが武士たる者の嗜《たしな》みとされたので、弓馬剣槍は武士の表芸とされたが、中でも剣は武士の象徴でもあっただけに中心的で、いずれかの流派の技を習うことが当然とされた。近世武士の新たな文化として、剣術流派について、考えることにする。

2. 剣術をめぐる状況

剣術では、すでに戦国時代から専門の流派が生まれ、伝書が出来て、教習体系も整備されつつあった。新当流の塚原卜伝《ぼくでん》、新陰流の上泉《かみいずみ》信綱、一刀流の伊藤一刀斎などの流祖が相次いで現れた。秀吉時代になって、流祖の直弟子たちが有力大名に招かれ、兵法師範となる者もいた。十七世紀初頭の徳川幕藩体制の形成期には、諸藩の兵法師範役をめぐって激しい競争があった。流派の創始から第三世代にあたる者たちは、最初から流派の教育の中で訓練され、武芸者として生きようとして他流の武芸者と競っていた。特に牢人武芸者の間では諸国武者修行も盛んであった。

家康は、新陰流の柳生宗矩《むねのり》と一刀流の小野忠明を将軍家兵法師範に、大坂夏の陣後には、尾張徳川家の兵法師範に柳生兵庫助を据えた。各藩とも、有力な流派の有名武芸者を兵法師範にしようとした。宮本武蔵は、大坂夏の陣後、姫路藩と明石藩から、晩年には熊本藩から客分で遇された。武術流派は幕府や藩から統制を受けることはなく、多くの流派が競合し、新たな流派も分派した。

剣術は、甲冑を着けて実戦で刀を遣うことを前提とした介者剣術から、稽古着で木刀や袋撓《しない》を遣う素肌剣術になって、技がより精妙になった。幕藩体制が確立して、合戦や実戦の可能性がほぼなくなった状況になると、改めて剣術の意味づけが問題になってくる。合戦を知らない武士が大半を占めるようになり、武士の意識にも変化が見られていた。兵法師範には、将軍や大名周辺で、禅僧、儒者、諸芸の名人たちと交流する中で、剣術を武士が心得るべき「道」として明確に位置づけ、武士の文化として確立することが求められていた。

こうした中で、一六三〇年から四〇年代に、柳生宗矩『兵法家伝書』、宮本武蔵『五輪書』などが著された。これらは、流派の技法を踏まえながら自己の経験に基づいて理論化したものであり、武士の個としての修練する意味を明確に説くものであった。

3. 新陰流の思想—上泉信綱から柳生宗厳へ

近世に展開する武の道を、最初に典型的な形で表現したのが、新陰流の上泉信綱であった。元来、上州（群馬県）の小城主であったが、信濃から武田信玄が、越後から上杉謙信が進出してくるようになった十六世紀半ばに上洛して、将軍足利義輝《よしてる》の御前で新陰流を演じて「天下一」の称を得た。

上泉は、おそらく足利学校で軍法と漢学を学んでいたと思われ、新陰流の目録で「影目録」と呼ばれている四巻には漢文で流儀の樹立の思想を書いている。

上泉は、念流や新当流など諸流派の技を学んだが、「陰流において別に奇妙を抽出して新陰流と号す」と言う。陰流の優れたところを取り出して、自らの立場の原理を明確に自覚した上で、新陰流を確立したのである。その原理は「敵に随って転変して一重の手段を施すこと」である。敵に負けじと打ち返すのではなく、敵の打ちに合わせて身を左か右かに転じて、太刀をかわすと同時に、そのまま打ち込む。それゆえ、新陰流の極意は「転《まろばし》」と言われるのである。

目録には四段階に分けた計三〇本の形《かた》の名を書き、その内の一八本の形には打太刀と仕太刀の絵を載せている。形は、打太刀が打ってくるのを、その太刀のスピード、距離を正確に読んで、身をかわして打ち返す要領を身につける訓練法であり、数本ずつ段階づけて示している。

目録の最後に、「千人に英、万人に傑たるにあらざれば、いかでか予が家法を伝えんや。古人豈《あに》道《い》はずや、龍を誅《ちゅう》する剣、蛇に揮《ふる》はずと」と記している。それは千人・万人に優れる「英傑」のみが伝えるべきもので、「蛇に揮う」ような争いに使うものではなく、もっと高尚な、「龍を誅する」ようなものだと言う。実戦的な剣術ではなく、むしろ剣をむやみに揮わず、相手を冷静に見て、それに処する法を身につけて独立したあり様を求めたのである。現実には大軍勢の合戦では一兵卒たらざるを得ないが、武士は剣術の鍛錬によって独立した不羈《ふき》の精神を養うべきだと言うのである。

上泉は一五七〇年に朝廷から従四位下に叙せられたが、翌年関東に戻り、その後は不明である。

上泉のこの精神は、柳生宗厳《やぎゅうむねよし》に受け継がれる。宗厳も、大和柳生の庄の鎌倉時代からの領主であった。宗厳は、若くから新当流などを学んでいたが、三十五歳の時、上洛した上泉の弟子に二度立合って敗れ、潔斎して新陰流に入門したという。二年後、上泉から「一国一人」の印可状を得ているが、上泉と同じく武将で、技よりも武士としての独立の精神を持つべきだとする上泉の意図を理解していたからであろう。その後、織田信長が畿内を支配するようになって以後、柳生の庄に籠もって新陰流の整備に勤《いそ》しむ。宗厳は秀吉時代に、隠田があったとして領地を没収されて苦労していたが、一五九四年徳川家康に招かれた。この時、家康自らも立ち合ってみたが、無刀の宗厳に手もなく倒されたので、家康は宗厳に入門誓詞を出した。ただ宗厳は老齢を理由に出仕を断り、代わりに五男の宗矩《むねのり》が出仕することになる。

関ケ原合戦において宗矩が大和の領主たちを徳川方に引き入れる軍功を挙げ、柳生家は旧領を復した。一族の将来の発展が見込まれる中で、宗厳は以降一〇年間、七十八歳で没するまで、新陰流の稽古の形を体系化し、『新陰流兵法目録事』などの伝書を書いて、宗矩や孫の兵庫助などに授与している。

宗厳の最も大きな功績は、新陰流の稽古の体系を完備させたことである。上泉の段階では、稽古の体系はまだ明確ではなかったが、宗厳は流派の基本の形から学び、実戦的な形を学び、極意の形、最後はどのように打ち込まれても打ち落とす印可の太刀として、体系化した。

4. 柳生宗矩による近世剣術論

柳生宗矩は、関ケ原合戦の翌年、世子・秀忠の兵法師範となった。さらに大坂の陣から五年後、五十歳の時から、将軍世子・家光の兵法師範となった。若い家光からは、再三極意を書き上げよとの命を受け、数年の内に五つの口伝書を呈上している。そして大御所秀忠が亡くなり、将軍家光の親政となった一六三二年、『兵法家伝書』三巻を呈上した。その跋で、亡父宗厳伝来の教えに、五十歳以降にようやく熟した自らが見出したことを著す、と六十二歳で書いている。

『兵法家伝書』の第一巻は新陰流の太刀目録である。第二、三巻は、序で兵法の捉え方を論じた後、技の心得については、宗厳の二つの伝書に載せられた項目を解説する形式であるが、心法的な内容の説明には禅僧・沢庵宗彭《たくあんそうほう》の教えを入れた独自の展開を見せている。

最初に、刀を使う兵法は一人の「小さき兵法」であるが、諸勢を使って、謀《はかりごと》をして合戦に勝つのが「大将の兵法」である。しかも国の機を見て、乱れる事を知って、乱れる前に治めるのも兵法、すでに治まりたる時に、諸国に大名を定め、国の守りを固くするのも兵法だと言っている。

宗矩は技の仕様は書いていないが、敵が打っても当たらぬ間合いをよく知って、「おそろしげもなく、敵の身へちかづきて、うたせて却て勝つなり」と言う。敵が打ってくるところを、身を転じて、それをかわして打つ。それだけに心がどこかに止まることは危険だとする。それは、禅が執着を嫌って、「平常心」を言い、「無心」を究極とすることに通じていると言う。「様々の習をつくして、習稽古の功つもりぬれば」、無心で手足は自在に動く。剣術で目指す究極のところは、禅が言う「空」であり、剣術修練では「無心」となって技を遣うことを究極とする。自分もまだ無心になったとは言い難いが、沢庵の教えによって、こう言うのだと書いている。このように説いた「剣禅一致」の思想は、将軍家兵法師範という権威もあって、江戸時代大いに広まることになる。

宗矩は上泉の伝書にあった「殺人刀《せつにんとう》」「活人剣《かつにんけん》」の語を使って、「人をころす刀、却而《かへつて》人をいかす剣也」、「乱れたる世を治める為に、殺人刀を用ゐて、已《すで》に治まる時は、殺人刀即ち活人剣ならずや」と説く。治まりたる世には、剣術は実戦的な術ではなく、武士の人格形成に資するものであらねばならぬとする考えが強かったのである。

宗矩は、『兵法家伝書』を呈上した一六三二年十二月に大名を監視する惣目付となったこともあって、大名で入門する者が多く、その家臣も含め門弟三〇〇〇人に及ぶと言われる。新陰流のみならず、剣術を江戸の武家社会に普及・定着させることに果たした功績は大きいものであったが、その心法偏重のあり方には、例えば合戦経験がある細川忠興などからは「新陰は柳生殿（宗矩）よりあしく成申候」という批判もあったのである。

同じ新陰流でも、宗厳の孫で新陰流三世を継いだ柳生兵庫助利厳《としとし》は、心法論は説かずに、今の時代に応じた新たな術理を展開している。兵庫助が尾張藩主徳川義直に呈した『始終不捨書《しじゅうすてざるしょ》』では、剣を「治国平天下」のためと標榜しながら、稽古でしてはならない「十禁習の事」、目指すべき「十好習の事」を挙げてから、流祖以来の甲冑を着けた時の「昔の教へ」を否定して、稽古着ですらりと立つ「直《つ》っ立たる構え」の「今の教へ」を書いている。稽古の心得を書き、最後に「風・水・心・空」をそれぞれ円で囲み、「空」を目指すようにも見えるが、内容は書いてはいない。兵庫助は、術の基礎を重視した上で、今の時代に通用する術理を展開するのを主眼としていたのである。

5. 宮本武蔵の『五輪書』

宮本武蔵の場合は、ほぼ一代で、しかも仏教や儒教などの言葉に拠ることなく、自らの経験の中で見出した事柄を論じている。武蔵は、『五輪書』の冒頭で述べるように、二十歳代に武者修行で諸流の兵法者と六〇度余りの実戦勝負をしてすべて勝った上で、三十歳以後、「なおもふかき道理」を追求して、五十歳の頃に「道」に達し、諸芸にも通じるという自覚を持っていた。

武蔵は、大坂の陣では徳川譜代の藩の騎馬武者で出陣し、壮年期には姫路と明石に入った譜代大名の客分となった。養子の伊織は、明石の小笠原藩の家老になり、藩が九州小倉に移った後の島原の乱では軍功を挙げ、筆頭家老となった。その後、六十歳近い武蔵は、熊本の細川藩の客分となるのである。

武蔵が最晩年に著した『五輪書』は、剣術書にとどまらず、近世の社会の中で武士の役割を捉えた上で、剣術鍛練の内容を具体的に論じて、鍛錬を日常生活にまで徹底すべきことを書いている。『五輪書』は「地《ち》・水《すい》・火《か》・風《ふう》・空《くう》」の五巻から成るが、最初の地の巻で五巻のそれぞれの意味と全体の構成をまとめて書いている。

「地の巻」は、まず道の地盤を固めるとして、兵法は武家の法で大将も士卒も共に修めるべきものだとし、社会における兵法の道の位置づけと武士の精神を語る。「道」の追求の仕方を述べる。「水の巻」は、入れる器に従って変化し、一滴となり、大海ともなるという水のイメージで、兵法の核になる剣術の道理を説く。術の基礎から太刀遣いの理と稽古法、敵との戦い方を述べる。「火の巻」は、小さな火がたちまちに大きく燃え広がっていく火のイメージによりながら一人での剣術の勝負の理が、万人の合戦の場面にも展開できることを具体的に論じている。「風の巻」は、他流が「その家々の風」でいかに思い違いをしているかを示し、それを通じて自分がいう道理が正しいものであることを確かめる。技についての考え方から教え方まで述べる。「空の巻」は、究極的には、「道理を得ては、道理を離れ」、「おのれと実の道に入ることを、空の巻にして書きとどむるもの也」とまとめている。

『五輪書』は、以上の五巻により、剣術の理を核として武士のあり方全体にわたる「兵法の道」

を示そうとしたものである。

(1) 地の巻

武蔵は地の巻本論を、「それ兵法といふ事、武家の法なり」と書き起こしている。兵法は「武家の法」全般に関わるものだとまず宣言する。「今、世の中に、兵法の道、たしかにわきまえたるといふ武士なし」。徳川体制となり戦いを知らない当時の武士に対し危惧の念を抱きながら、武蔵は武士たる者のあるべき法を説こうとするのである。

●社会の中での位置づけと武士の精神

武蔵は、まず兵法の道を社会の中で位置づける。世の中には「士農工商とて四つの道」がある。「農の道」は、四季の厳しい移り変わりに対処して作物を作る。「商の道」は、それぞれの稼ぎ、その利益によって世を渡る。「士の道」は、さまざまの兵具を作り、兵具それぞれの利点をわきまえて用いる。「工の道」は、さまざまな道具を使って、物を作る。士農工商をそれぞれに世の役割を担う職分として同等に見ている。それゆえ、武士は戦う者としての道に精進しなければならない。

武士は死を覚悟する道だという人もいるが、僧侶や女性、農民でも、義理を知り、恥を思って、死を思い切ることがあり、なにも特別なことではない。

武士が兵法を行う道は、「何事においても、人に優れるということを本として、あるいは一身の切り合いに勝ち、あるいは数人の戦いに勝ち、主君のため、我身のため、名をあげ身を立てんともふ」ことであると言う。戦いに勝って、名をあげ、身を立てようとした戦国武士の精神がよく表れている。ただ「主君のため」とは言いながら、すぐ次に「我身のため」が続くのであり、自らの実力で身を立てようとした、あくまで個の武士の立場で言われている。

「武士」と一口に言っても、大将と士卒ではそのあり方は異なるので、大工の棟梁と平大工に喩《たと》えて説く。大将は、棟梁が、さまざまな材木を各々の特性に合わせて使い分け、大工たちの力量を見分けて仕事を割り当て建設するように、家臣を適材適所に配置し、彼らを統率して、合戦を戦い、国を治める。これが「大分《たいぶん》の兵法」である。対して士卒は、平大工が道具を研ぎ技を磨いて、棟梁の指図に従ってさまざまな仕事をするように、武道具《いくさ》に親しんで鍛錬すべきである。これが「一分《いちぶん》の兵法」である。平大工でも実力をつければ後には棟梁になるとして、あからさまには言えないが、実力次第では大将にも出世することを暗に言っている。

●「兵法の道」の内容

「兵法の道」の具体的なあり様として剣術について言う。武士は、常に二刀を腰に帯びるので、命懸けて戦う時には、持てる道具を残さず役に立てたいものだから二刀を遣うべきである。そもそも馬に乗る時、走る時、また泥田や石原などで戦う場合、また左手に弓や鑓《やり》を持つ場合など、みな片手で太刀を遣わなければならない。それゆえ、二刀を持って稽古して、片手で太刀を振り慣れておけばよい。片手で無理な時には、両手で打ちとめればよいので、二刀にはこだわらない。

「兵法」では、剣術だけでなく、鑓、長刀、弓、鉄砲についても利点と使うべき場所を知っていなくてはならない。例えば、鉄砲は城郭の内から撃つのはよいが、戦いが始まると玉籠めに時間がかかるので不足である。馬は手綱に敏感に応えて、癖がないのがよい。

「兵法の道」は、各種武具に関わるが、とりわけ剣を核とする。太刀を遣い得ては「一人して必ず十人に勝つ事也。一人にして十人に勝つなれば、百人して千人に勝ち、千人にして万人に勝つ」。

一人に勝つのも万人に勝つのも同じことを目指すので、「武士の法を残らず兵法と云ふ所也」。もちろん剣術で一人で十人に勝つ法はあったとしても、百人、千人、万人と拡大するのは、類推に過ぎない。けれども当時は幕府の厳しい監視があって集団演習は不可能であり、武器も基本的に個々人の武具に限られていた。武蔵のここでの考え方は、長鑓や鉄砲の足軽軍団を中心にした戦術が展開していた天下統一期よりも軍事的には後退して、基本的に個々の武士の武術の次元に戻された江戸期の社会の現実によっていると言うことができよう。

武蔵は「兵法の道」を、仏教や儒教、茶の湯や能楽など他の道にも学びながら追求しようとする。地の巻最後に、「道をおこなふ法」として九箇条を掲げている。「よこしまになき事をおもふ所」、「道の鍛錬する所」と根本を示した上で、「諸芸にさはる所」、「諸職の道を知る事」と広く学びながら、「物毎《ものごと》の損徳《そんとく》をわきまゆる事」、「諸事目利《めきき》を仕覚ゆる事」と主体的に判断しなければならない。「目に見えぬ所をさとつてしる事」、「わづかなる事にも気を付くる事」と注意して、最後に「役にたゝぬ事をせざる事」と締め括っている。これらは諸道に通じる教えであろう。

(2) 水の巻

●技の基礎—心と身のあり様の鍛錬

水の巻は冒頭に、技の基礎となる心と身について詳しく述べる。

まず「心を広く直《すぐ》にし、心のかたよらぬように、心を真ん中におきて、心を静かにゆるがせよ」。心を真ん中に置いて片寄らぬよう自らを見ながら、その都度の状況や敵の変化に柔軟に応じられるように意の心を揺るがせる。「心は体につれず、体は心につれず」。身体がどう動いても心がつられぬよう、自らの体を冷静に見る心がなければならず、また心が身の動きを縛ることがないように注意して、身が自然に動くようにする。

身構えは、「頭より足のうら迄、ひとしく心をくばり、片つりなき様に仕立る」。背筋が真っすぐで腰が入った姿勢で、「くさびをしむる」〔脇差を帯で締める〕という言い方で、下腹の丹田を充実させることを言う。しかも即座に太刀を出せるようにかたまらず、やすらかな「生きた」体でなければならない。「兵法の身を常の身とする」、日常の姿勢から、敵を前にした兵法の身構えのように、全身一体でどこにも隙がないように鍛練するのである。

目は広くつけ、「観《かん》の目つよく、見《けん》の目よはく、遠き所を近く見、ちかき所を遠く見る」。「敵の太刀をしり、いささかも敵の太刀を見ず」、目で見るのでなく、全感覚を働かせて状況全体を知る。「常住《じょうじゅう》この目付」で、このように見るよう常に鍛練していく。

兵法といっても特別な心持や身構えではなく、日常のあり様を、どこにも隙も癖もなく、すぐに動けるように高次なものに鍛練していかなければならないのである。

●太刀の遣い方の原理と心の働き

太刀の構えは、〈上段・中段・下段、左脇、右脇〉の「五方」だとする。あらゆる構えもこの五方の変化と考えればよい。最初から構えるとは思わず、その都度敵を最も切りやすい構えをせよ。

太刀の振り方は、「太刀の道」を知れと言う。長く重い太刀は、小刀のように手先で振り回すことはできず、身体と一体で遣わなければならない。叩いたり、当てるだけでは切れない。刃筋を通してすっと引くか押すかしなければ切れない。その都度の構えから、太刀を振りやすく切ることができる「太刀の道」がある。無理に速く振ろうとすれば、太刀の道に逆らって振りにくい。「太刀の道」に即した身体遣いを鍛練しなければならない。「太刀を打ち下げては、あげよき道へあげ、横にふりては横にもどりよき道へもどし」、太刀を振る感覚を研ぎ澄ませ、力も速さも振る道筋もちょうどよい「太刀の道」を追求していくのである。

●太刀遣いの稽古法ー形稽古の意味

太刀遣いの稽古は、二人で打ち合うやり方を決めた形《かた》で行う。他の流派では形を何本かずつ組み合わせて、〈初伝・中伝・奥伝・極意〉などと段階づけ、その都度免許を与えて教えていた。けれども武蔵の形は、まったく独特で、たった五本であり、免許もない。それは、構えが五方なのだから、その構えから最も振りやすく相手を切ることができる太刀の遣い方を知ればよいとするからである。「五つのおもて」の形を繰り返し稽古する中で「太刀の道」の感覚を知れと強調している。たった五本だが、感覚を研ぎ澄ませれば、いくらでも深く学べる。『五輪書』では太刀遣いを述べる箇所なので、相手との関係は表立って言われていないが、二人で形をさまざまに変化させて繰り返し稽古していけば、相手との距離、打つ拍子、相手の打ちの見分け方なども同時に感覚的に分かってくる。「太刀の道をしり、又大形《おおかた》拍子をも覚へ、敵の太刀を見分くる事、先この五つ〔のおもて〕にて、不断手をからす〔習熟する〕所也」。

その都度の敵に最も有効な打ちを目指すゆえ、一人でさまざまに速く太刀を遣う訓練ではなく、二人で行う形を稽古して、相手に応じる太刀遣いの感覚を研ぎ澄ませていく。武蔵は太刀遣いの原理を摑《つか》み、日本剣術の特色である形稽古の意味を明らかにしていたのである。

●実戦的な心得

水の巻の後半には実戦的な工夫をいろいろ述べている。敵によって即座に打つ、二の越しで打つ、無念無想で打つ。太刀先は常に敵の顔や目に向ける。敵の懐への飛び込み方、体当たりや組討ちの仕方、大勢の敵との戦い方など、いずれも理に適《かな》ったやり方を具体的に説いている。

例えば大勢の敵に対しては、二刀を左右に広く構え、どの敵が最初に懸かってくるかを見分け、まず前の敵を切り、戻る太刀で脇からくる敵を切る、敵を一方向へ追い回し、敵が重なったところを切り崩せば「十、二十の敵も心やすき事也」という。実際に大勢を相手に勝った体験に基づく自信であろう。

(3) 火の巻―「戦いの理」

●敵に勝つ道理の追求

敵に勝つには、勝つ道理がある。「兵法の智力」を働かせて、その道理を追求しなければならない。まず戦いの場を勝つ。その場での光線の方向、足場、高低、障害物の有無などを把握して、〈自分に有利に、相手に不利に〉なるよう工夫する。太陽を背にすれば敵は眩しい。水たまりなど足場の悪い所、木立などの障害物のある方へ敵を追いやるようにし、自分は動きやすい高い地を取ればよい。戦う前に戦う場の特性を把握して、自分が少しでも有利に戦えるように智力を働かせる。

自分と敵との関係を考えて、自分が主導権―「先《せん》」を握るように工夫する。攻防は、自分から懸かる場合には攻める気配を見せない「懸《けん》の先」、敵が懸かってくるのを待って攻める場合には油断させる「待《たい》の先」、自分と敵が同時に攻める場合には軽やかに動けるようにする「体々の先」の「三つの先」をいう。いずれにおいても敵の逆を取って、戦いの主導権を自分が取るのである。

さらに敵が技を出す前に見抜いて、技を出させない「枕のおさへ」もある。もし敵が打ってきても自分が直ちに打ち返せる体勢を取っていれば、敵は技を出すことができなくなる。この前提となる敵が技を出す前に見抜く眼は、形稽古で相手の太刀を見分ける鍛練の中で培われる。「枕のおさへ」ができるようになれば、敵の先を、打ちを出そうとする前に抑える「先々《せんせん》の先」なので、戦わずして勝つことになる。戦わずして勝つという武の道の究極とされることを、武蔵は技の理論的な裏付けを以って明らかにしている。

●実際の戦い方

では、実際の戦い方はどうするか。一五箇条ほどで詳しく書くが、まとめると以下のようになる。

①敵をよく観察する（敵の人柄、強い所・弱い所、勢いの盛ん・衰え、拍子を摑んで逆を取る）
②敵の技を抑え（「剣を踏む」）、敵に自由に攻めさせない（剣先を常に敵の顔・胸に向けておく）
③敵を崩す（敵の構えを動かし、意表を突き、うろめかせ、脅かし心理的にも動揺させる）
④敵が崩れた瞬間に打ちこむ（敵に立ち直る余裕を与えず、即座に一気に勝ち切る）

自分は身なりも心も直にして、敵をひずませ、ゆがませて、敵の心のねじひねる所を勝つことが大事である。武蔵が敵をよく分析して、勝つ道理を明確に摑んでいたことが分かる。実際の戦いの場で、一々を意識せずともこのように冷静に行い勝てるように鍛練しておかなければならない。

これら各条では、大分の兵法と一分の兵法の心得を並行して述べ、剣術の理が合戦にも通用することを示している。ただ集団ならではの戦術・戦略は論じられていないことは注意すべきであろう。

(4) 風の巻

武蔵は、あらゆる実戦の場面に通用する「道理」を追求するので、ある場面には有利だが、他の場面には不利となる「偏り」をまず批判する。太刀の長い、短いに拘《こだわ》らない。特殊な目付、足遣いも危険である。太刀遣いについて、「つよみの太刀」をいう流派があるが、強い心で振る太刀は「あらき物」で、無理に強く切ろうとすれば、太刀が折れることもある。「太刀の道」に即した太刀遣いが肝要である。「はやきを用いる」流派もあるが、「拍子の間」が合わぬから、速い・遅いが出来るので、早く切ろうとすれば、切れない。「枕をおさゆる」心があれば、敵が技を出す前に抑えるので、少しも遅いということはない。

他流で、さまざまな太刀の構えをすることは誤りだとする。勝負では、その都度、敵が不利になるように構えるのであって、決まった構えなどない。「有構無構」、構えはあっても構えはないのである。

また太刀遣いの形が多いのは、初心の者に奥が深いと思わせるためである。誰であっても打ち叩き切るという道は多くあるものではない。「五方」の構えはあるべきであるが、それ以上に、手をねじり、身をひねり、あるいは飛び、身をひらいて、人を切るなど実《まこと》の道ではない。

以上の八箇条は、技のやり方についてであり、他流の批判を通して、水の巻と火の巻の内容が改めて確かめられているのである。

●教え方

最後の「他流に奥表と云う事」では、教える形を「表」と「奥」を区別し、「極意・秘伝」を言う他流の教え方を批判している。当時はどの流派でも、「初心・中伝・奥伝・極意」などと段階ごとに、それぞれ数本ずつ形があり、前の段階の免許を得ない者には秘伝とされていた。けれども武蔵は、敵と打ち合うのに、「表」の太刀遣いで戦い、「奥」の太刀で切るというようなことはないと批判する。技を一層上達させようとすれば、かえって「口」の基礎的な所が問い直されるものである。またふつう流派に入門する時、教えられることは誰にも漏らさない、反すればいかなる罰を受けても構わないという「誓紙罰文《せいしばつもん》」を提出していたが、「我道を伝ふるに、誓紙罰文などといふ事を好まず」として否定する。

武蔵の教え方は、初めて道を学ぶ者には、やりやすい技を先に習わせ、早く納得できる理を先に教え、その人の理解が進む所を見分けて、次第次第に深い所の理を教えるというのである。いかなる時にも通用する「直《すぐ》なる道」を教え、これまで兵法を学ぶ中で身に付けてきた癖や思い込んでいる悪い所を捨てさせ、学ぶ者がおのずから「武士の法の実の道」に入り、疑いのない心になるようにするのが、自分の兵法の道の教え方だと言うのである。学ぶ者のそれぞれの個性に合わせて、武士として立派に生きていくようにするのである。

(5) 空の巻

最後の空の巻は短いが、「兵法の道」を修する上での心得、また修して至る境も示している。芸道や武道では、奥義として「空」が言われることが多い。けれども武蔵は、分からないところを「空」と言うのは迷いだと断言する。「空といふ心は、物毎のなき所、しれざる事を空と見たつる也」。空は「なき所」であるが、具体的な「ある所」を鍛錬する中で得られるものだと言う。「武士は兵法の道を確かに覚へ、其外武芸をよく務め、武士のおこなふ道少しもくらからず、心のまよふ所なく、朝々時々におこたらず、心意二つの心をみがき、観見《かんけん》二つの眼をとぎ、少しもくもりなく、迷ひの雲の晴れたる所こそ、実《まこと》の空と知るべき也」。

実際に具体的に鍛練を続けていく中で、迷いなき境地にも達する。一歩一歩自らを高める努力を地道に続けていけば、いつかは雲の晴れたところに開かれる。

自分では確かでよいと思うことであっても、もっと大きな眼でみれば「其身其身の心のひいき、其目其目のひずみ」によって、実の道にそむいていることがある。それゆえ、「直なる所を本とし、実の心を道として、兵法を広くおこなひ、ただしく明らかに、大きなる所をおもひとつて、空を道とし、道を空と見る所也」。「空」を思い取って、やるべき道を鍛練していくしかないのである。

地の巻で空の巻の内容を予告した条には、「道理を得ては道理をはなれ、兵法の道に、おのれと自由ありて、おのれと奇特を得、時にあひては拍子を知り、おのづから打ち、おのづからあたる」と書いていた。地・水・火・風の四巻に詳しく論じられた道理は、それを体得すればもはや一々意識せずとも道理に適ったあり様となるので、術はおのずから出て、おのずから当たる自由な境地になっているのである。武蔵は続けて「おのれと実の道に入る事を、空の巻にして書とどむるもの也」と書いているが、兵法の道の鍛練は、そのまま真実の生き方をもたらすものとされたのである。

6.「武の道」の確立とその後の展開

武蔵は、「兵法の道」を、長年の鍛練の積み重ねから直截に言う。上泉《かみいずみ》や柳生《やぎゅう》のような神話による剣の神聖化はなく、形《かた》の稽古の体系化はなく、また宗矩《むねのり》のような禅の教えによることもない。日々の生活から身と心を鍛練し、形稽古によって「太刀の道」に即した太刀遣いを磨いていくと、次第に自在に動けるようになる。稽古の中で無理なく勝てる戦い方も分かってきて、武士として自信を持って、迷いなく生きるようになる。そのように鍛練していれば、大将であれば、家臣を活《い》かすように使い、民を養い、国を治めることに「勝つ」ように心掛ける。あらゆる面で「勝ち」、誰よりも優れた人間として生きようとする。この時、剣術の鍛練は、武士の生きる道という意味で「武の道」となっている。『五輪書』は、「兵法の道」を、剣術の鍛練の道に即して、具体的で、かつ普遍的に理論づけているのである。

ただ江戸時代においては、『五輪書』は武蔵の意に反して流派の秘伝とされ、五巻も免許として分けて授けられたことによって、その「武の道」の明晰な思想は覆い隠されてしまったとも言える。流派の形が整備され、理論が一旦確立すると、剣術のあり方は固定化してくる。武蔵の最晩年の十七世紀中葉、柳生十兵衛三厳《みつよし》の『月之抄』が現れている。祖父の宗厳の伝書や父・宗矩《むねのり》の『兵法家伝書』を踏まえて、新陰流を解説する内容である。彼は二十歳で家光の勘気を被り、一一年余り江戸を離れてしばらく柳生の庄に居たが、武者修行で他流と戦うことはなく、独自の論を立てることなく、自らの流派の技と口伝を受け継いでまとめている。気鋭の十兵衛ですらこうであれば、一般の武士では流派の技を受け継ぐことだけが目指されるようになってしまうのは当然であろう。流派の形を細分化して本数を増やしたり、新たな形を作って新流派を名乗る者も出てくるが、他流試合が禁止される時代に、技が実戦により検証されることはなく、技の見映えを良くする傾向が強まっていく。まさに武蔵が危惧していた方向に進んでいたのである。

こうした剣術のあり様の変化の背景には、武士社会の大きな変容があった。十七世紀後半には、幕藩体制が確固としたものとなり、幕府は諸大名を抑制した武断政治から、安定を志向する文治政治へと方針を転換する。「天下泰平」の世にあって、何事も先例による伝統主義が重んじられるようになる。大規模な改易や転封はほとんどなくなり、諸藩はそれぞれの地に定着して、家臣団においては主従関係が固定化し、身分格式が厳格になっていたのである。

十七世紀後半になると、武士のあり様も、戦う者ではなく、儒教が説く「忠」「孝」「義」「礼」などによる道義的な「士」であるべきだとする山鹿素行《やまがそこう》の士道論が展開される。素行は、甲州流、北条流を継いで山鹿流を樹立した軍学者であったが、『山鹿語類』（一六六五刊）の「士道論」では、「士」は常に自省し威儀を正して五倫の道を実現するように努め、「利」に従って生きる農工商の三民の指導者たるべきだと論じる。武蔵が「士農工商」を社会を成り立たせる職分として並べて論じていたのとはまったく異なっている。

こうした儒教に拠る士道論に対して、山本常朝《つねとも》の『葉隠《はがくれ》』（一七一六頃成立）は、「武士道といふは、死ぬことと見つけたり」と言い、主君への没我的な献身を説く。泰平の世に狎《な》れた武士への警醒として、戦国武士の行状を思い起こして死の覚悟を強調するのであり、士道論と区別して武士道論と呼ばれる。「先《まず》身命を主人に得《とく》と奉るが根本也」。「釈迦・孔子・天照大神の御出現にて御勧めにても、ぎすともすることなし。地獄にも落ちよ、神罰にも中《あた》れ、此方は主人に志立る外は入らぬ也」。常朝の論においては、武士の独立不羈《ふき》の精神は、主君が誤っていると思った時には他に見られないように諫言をし、それが聞き入れられないで無体な仕打ちを受けることになっても、どんな形でも諫めていくのが「大忠節」だとする形で現れている。戦いはもはやなく、すでに出来上がった組織の中では、主君への徹底した献身を観念的に言うしかなかったとも言える。

『葉隠』が成立した年に八代将軍に紀州から入った吉宗は、武士の士風刷新を図って武芸奨励をした。この後、寛政の改革、天保の改革でも、武芸奨励は行われた。第十三章に見るように、一九世紀からは剣術は防具を着け、竹刀で打ち合う撃剣に変わっていたが、黒船来航による幕末の危機を迎えても幕府が建てた講武所では、竹刀剣術が、西洋砲術と並んで訓練されたのである。近世武士にとって剣術の鍛練は武士としての努めとされ続けていたのである。

参考文献

魚住孝至「上泉武蔵守信綱研究覚書」（『国際武道大学武道・スポーツ科学研究所年報』第十七号・二〇〇五年）
今村嘉雄編『史料柳生新陰流』上下（新人物往来社・一九九五年）
柳生厳長「影目録（翻刻）」『正傳新陰流』（講談社／島津書房復刻・二〇〇四年）
魚住孝至『宮本武蔵　日本人の道』（ぺりかん社・二〇〇二年）
魚住孝至『宮本武蔵　「兵法の道」を生きる』（岩波新書・二〇〇八年）
魚住孝至編『宮本武蔵「五輪書」』（角川ソフィア文庫・二〇一二年）原文抄録・現代語訳付

11

俳諧――近世の文学（江戸中期）

《要旨とポイント》 江戸の幕藩体制においては、朝廷・貴族は諸法度によって活動を文化領域へと限定され、また寺社も統制を受け、寺院は葬祭に、神社は祭りに専念して、それぞれの役割を果たすようになる。法度や掟などにより、士農工商のすべてが支配されていたので、一定以上の階層では読み書きが必須であった。伝統文化が復興して、出版もなされるようになったので、文化はこれまでにない広範な範囲で展開するようになる。

江戸初期の寛永文化では、京都を中心に朝廷・貴族、上級武士、町衆、文化人の交わりが活発で、瀟洒で「綺麗《きれい》」な文化の展開が見られた。光悦や宗達の合作の和歌集や、桂離宮などの数寄屋造の建物や庭園も造られていた。江戸では、将軍家を取り巻く新しい武家の文化が形成されつつあった。

十七世紀中期、鎖国下、天下泰平の世の中で、木版印刷によって古典が刊行され、リバイバルが生じて、注釈も始まった。全国流通網が展開し、新田開発も進んで経済成長する時代、俳諧が爆発的な人気を呼んだ。京都の松永貞徳の貞門、大坂の西山宗因の談林派を受けて、江戸と関西で活躍した松尾芭蕉の蕉門において、俳諧は不易《ふえき》の文芸にまで高められた。芭蕉の俳論は、和歌、連歌をも貫く理念を語っている。芭蕉は、寛永文化の流れを受けて、和歌や古典文学と隠者の中世的な精神を踏まえつつ、元禄時代に、庶民の俗な生活の中にあはれを見出して、俳諧を不易な文芸に高めたのである。

《キーワード》 古典の復興、俳諧、北村季吟、松尾芭蕉、「不易流行」、『おくのほそ道』、「軽み」

1．近世の社会と新たな文化状況

近世には、これまでとは大きく異なる社会と状況の下で、文化が展開することになる。

幕府は、大坂の陣後の一六一五年、禁中《きんちゅう》並《ならびに》公家《くげ》諸法度を公布した。これにより朝廷と貴族は活動を学問・芸術に限定された。朝廷は将軍宣下、武家も含めた官位の叙任、元号の決定などの権限を持ち、公事・儀式を行い、一三三家の公家（貴族）は、それぞれの家業に専念するように求められた。一六二〇年、後水尾天皇に将軍秀忠の娘和子《まさこ》が入内して、朝幕融和が進められ、幕府は経済的な支援を行った。

寺社に対しても、各宗派に寺院法度を公布して、本山・末寺制で統制するとともに、キリスト教などの禁止を徹底するため宗門改役《あらためやく》を設置し、やがて宗門別改帳制度をつくって家単位で戸籍を記録するようにしたことから、各家を檀家とする寺院の経済的基盤が確立した。

近世社会は、法度や掟など文字を介して支配されたので、武士層のみならず、町方や農村部の庶民に至るまで、文書を読むとともに、自ら文書を作成する文字能力と算用能力が不可欠となった。近世社会では、読み書き、算盤《そろばん》が一定以上の層では必須の教養となった。

江戸時代は天下泰平で、二五〇年以上も戦いがなく、共同体が永続する中で、庶民層まで家が成立し、継続していくことが広範に見られた。しかも鎖国体制によって、流通と文化は国内にほぼ限られていたので、文化は伝統を踏まえて熟成していくことになる。

江戸時代、京都には、朝廷・貴族が住み、伝統文化とともに伝統産業も発展していた。江戸には参府する武士層も多く、初期から大きく拡大・発展していく。また北前船と瀬戸内海の航路の集結港で全国の物産の集積地となる大坂は商都として発展した。これら三都は、それぞれに異なった文化の発信地となっていくことになる。

2. 寛永文化の展開

俳諧の展開を見る前に、近世初期の文化状況全般を簡単に見ておくことにする。

京都では、十七世紀初頭から貴族層や上層町衆を中心に伝統のリバイバルが見られた。本阿弥光《ほんあみこう》悦《えつ》は刀剣の鑑定、研《と》ぎを家業とする町衆だが、書、陶芸、蒔絵《まきえ》に優れていた。豪商角倉《すみのくら》素庵と一緒に、『伊勢物語』や『徒然草』や謡曲などの豪華な嵯峨本を出版した。光悦は、「鶴下絵《つるしたえ》三十六歌仙和歌巻」など俵屋《たわらや》宗達《そうたつ》と組んで、宗達が色紙や巻物に金銀泥で草花や鳥獣を描いた上に、筆墨で和歌を散らし書きをした。宗達は「絵屋」を営み、扇などに絵を描いていたが、慶長初期に平安末期の『平家納経』の修復に携わってから、王朝の美に目覚めて、古典を部分的に引用する手法で絵巻物も制作した。光悦は、大坂夏の陣後、家康から洛北の鷹が峰を拝領し、多くの工人らと芸術村を形成していたが、宗達はそこには移住せず、水墨画や、襖絵や屏風絵などを描いて、絵師として自立した。寛永期には「法橋」を授与され、金地に曲線で緑も色鮮やかな「源氏物語関屋澪標《みおつくし》図屏風」や、有名な「風神雷神図屏風」を描いている。

絵画では他に、狩野探幽が一六一七年に京より江戸に召され、幕府の御用絵師となった。京都の二条城の障壁画を一門を率いて仕上げている。探幽は桃山文化の豪壮さに、大和絵も学んで瀟洒で淡白な画風を完成し、日光東照宮本社、江戸城本丸大広間などを描いた。江戸の狩野派は、探幽と弟二人と甥の四家で幕府御用の奥絵師を代々受け継いでいく。狩野派でも京に残った山楽・山雪は、緻密に描く画風でまた別であった。

大和絵の土佐光則・光起は、一六三四年に堺から京都に移って、やがて宮廷の絵所預《えどころあずかり》となる。光則の弟子の住吉如慶《じょけい》は、一六六一年に江戸に出て、幕府の御用絵師となる。

江戸初期には、京都には宮廷を中心として町衆も含んだ文化圏があり、他方、江戸には将軍を取り巻く文化圏が形成されつつあった。寛永期（一六二四～四四）を中心に展開したので、寛永文化と呼ばれるが、十七世紀初頭から、中葉までの広がりがある。寛永文化を建物で見れば、江戸や各地の大城郭や大広間、日光東照宮などに対して、京都は内裏や仙洞御所、桂離宮などが挙げられる。江戸の武威に対して、京都は伝統の文化を再生させて対抗していた。桂離宮は、後陽成天皇の弟の智仁親王が、藤原道長の別荘でもあった地に、王朝の風情を求めて、一六二〇年に古書院を建て、茶室などと庭園が一体となった瀟洒な別荘としたものである。

後水尾天皇は、和子入内以来、幕府の支援を得ていたが、一六二九年には、以前に朝廷が許した紫衣《しえ》を幕府が取り消した紫衣事件に抗議して譲位した。以後、院政を敷き、和子の東福門院とともに、伝統的な王朝の「雅び」の美を追求することになる。「立花図屛風」は、寛永中期に池坊専好（二世）が活けた花を描いた屛風で、院周辺の文化を伝えている。院の下には、京都所司代や小堀遠州など上級武士、皇族・貴族、上層町衆、文化人が集ってサロン文化が展開していた。

小堀遠州は、家康から家光に仕えた幕僚だが、内裏や仙洞御所などの作事奉行などを務めたので、王朝文化をよく知ることになった。古田織部に茶を習ったが、穏当な美にした。遠州は、庭園と建物を一体化させ、茶室も小間では完結させず、書院や広間も使って、水墨画や『古今集』の歌を飾って茶事をした。遠州は、侘び茶に、書院の東山文化、さらには王朝文化も総合して、「綺麗さび」と呼ばれる茶の湯を展開した。遠州は将軍家の茶の湯師範になったので、遠州の風は、大名間に広がることとなる。

桂離宮は、十七世紀中期に中書院を増築、後期に後水尾上皇の行幸に際して、楽器の間、新御殿を増築し、古書院から段々と下げた雁行の形で庭園を味わうべく造られた数寄屋《すきや》造の傑作となった。遠州の造園の美を取り入れたものであった。後水尾上皇は、洛北の山を借景とする修学院離宮を造営した。これら離宮で展開された池泉回遊式の庭園と数寄屋造の茶室は、後の大名庭園のモデルとなる。

江戸では、京都から移植された文化が展開した。林羅山は、五山僧であったが、還俗して朱子学を学び、家康に採用されて江戸に移って朱子学を普及させるのに努力し、サロンを主催していた。江戸では禅僧沢庵が柳生宗矩《むねのり》を通じて将軍家光の帰依を受け、品川に東海寺が建てられた。宮本武蔵は、関係各地の大名に客分として遇せられ、剣術だけでなく水墨画も描いている。

文化は、京都から発して、大坂、江戸、そして全国の城下町へと、近世の文化が展開し始めたのである。そうした現象は、俳諧において典型的に見られる。

3. 俳諧の展開

江戸時代になって文学で大きく展開したのが、俳諧である。室町時代に連歌が、貴族的に高尚化して准勅撰集まで作られるようになったのに対して、室町後期から堅苦しい式目にとらわれずに可笑しさや機知を主とするものを「俳諧之連歌」と呼び、また単に「俳諧」と呼ぶようになっていた。俗語や諺や流行語も使い、謎かけや卑猥な内容などで笑い飛ばすものだったが、戦国期には俳諧撰集も作られるようになったが、言葉遊びと見られていた。

寛永中期に、松永貞徳の門下が、戦国以来の俳諧や連歌集から抄出した句を添えた『犬子集《えのこ》』を公刊した。貞徳は、貴族から古典の教育を受け、十七世紀初頭には、京都で林羅山に頼まれて『徒然草』や『百人一首』を一般に講義して、師から批判されたので、俳諧集公刊に乗り気ではなかったが、門下の強い願いで刊行を許した。この俳諧撰集は、俳諧を改めて文学として見直させる起点となった。貞徳にとって、和歌や連歌の教育が主で、俳諧は遊びという意識が強かったが、彼の門下（貞門《ていもん》）は、それぞれに一般から俳諧の句を募って、良い句を選んだ句集を刊行するようにしたので、以後俳諧は爆発的に流行するようになった。貞徳も晩年には、俳諧のやり方を書いた式目『俳諧御傘《ごさん》』（一六五一）を刊行している。

貞徳門下は俳諧集を多数公刊して、俳諧を定着させた。貞門では古典のパロディも多く使われたので、古典に言及するようになった。中でも北村季吟は『徒然草文段抄』や『源氏物語湖月抄』（一六七三）など、本格的な古典の研究書を刊行した。

十七世紀半ばになると、伝統にとらわれない気風の大坂では、一層大胆に漢語や俗語を使う西山宗因の談林《だんりん》派の俳諧も展開した。井原西鶴《さいかく》はこの派で、次々に句を出す矢数《やかず》俳諧では一昼夜で二万四〇〇〇句という驚異的な記録も打ち立てている。その後、西鶴は、次章で見るように、俳諧師から当世の風俗を描く浮世草子作者に転向する。

松尾芭蕉は、北村季吟門から出発して談林派も経て、俳諧を不易の文学たらしめようとした。「不易流行」という理念は、和歌、俳諧から古典文学を受け継ぎながら、当世の近世的な形で表現しようとするものである。芭蕉の句や作品は、近世だけでなく、今日まで大きな影響を及ぼしているので、芭蕉に焦点を絞って、詳しく見ておくことにする。

4．芭蕉の俳諧の展開―座興から不易の文芸へ

松尾芭蕉は、一六四四年に伊賀の農家の次男に生まれた。十八歳で、侍大将五〇〇〇石の藤堂家に出仕し、貞門の北村季吟門だった当主嫡男の俳諧の助手となったお蔭で、季吟の指導を受け、俳諧を和歌や連歌のような文芸に高める志向を持つようになったらしい。嫡男は五年後に病死するが、芭蕉はその後も俳諧の撰集に投句していたので、季吟との関係は続いていて、三十一歳の時、季吟から『俳諧埋木』を伝授されたのを機に、職業的俳諧師を目指して江戸に出たようである。

江戸に出た芭蕉は、「桃青《とうせい》」の号で当時流行の談林派風の句を盛んに詠んでいる。

〈あら何ともなや　きのふは過ぎてふくと汁〉

俗語を使い、ふぐ汁の毒に当たらなかったのを喜ぶ談林的な笑いである。三十四歳の末頃、職業的な俳諧師になることが出来たようである。ただ俳諧師は、旦那衆の俳客相手に、俳諧がうまくいくようにリードしたり、上手な句を競う場で点を付けて執酬を得ていたが、芭蕉は自らを「坐興庵」と署名しており、内心は不本意だったようである。

三十七歳の時に深川に隠棲し、弟子の喜捨のみによって、実際に侘びた生活をしながら、漢詩や和歌を学んで不易の文芸を目指している。『荘子』を愛読して利害得失を超えんとし、仏頂和尚に参禅もしている。この住まいは、門の前に弟子が植えた芭蕉が茂ったので、やがて芭蕉庵と呼ばれるようになる。

〈芭蕉野分して盥《たらい》に雨をきく夜哉《かな》〉

庵の前の芭蕉の葉が嵐の激しい雨に揺らされ、草庵では雨漏りを盥に受ける音が夜中響いている。杜甫や蘇東坡の雨漏りの詩句も思い起こしながら、「侘び」の句を詠んだのである。この句が有名になって「芭蕉翁」と呼ばれるようになり、自らも芭蕉と署名するようになる。二年目、芭蕉庵は江戸の大火で焼かれたが、命からがら助かり、無常の思いを強くしたという。この時期の句は漢詩調に倣ったものや、侘びを強く押し出す風が目立つものであった。

四十一歳の時、尾張の町衆への俳諧指導を頼まれ、前年亡くなった母の墓参も兼ねて旅をする。旅の中で、次第に漢詩文の影響を脱しながら、自分なりの自然観と表現法を獲得していく。

〈道のべの木槿《むくげ》は馬にくはれけり〉

道端に咲いていた木槿の花が一瞬の後には馬に喰われて跡かたもない。木槿が咲いていたのも無心であれば、それを喰《は》んだ馬も無心である。あることもないことも大きな自然の営みの中にある。ありふれた光景を素直に詠みながら自然観・人生観を暗示するような句が生まれた。

尾張では、六人の連衆と一緒に、五つの歌仙を巻いた。旅に出て侘びに徹して風狂に生きる自らを、当地ゆかりの小説の主人公の狂歌師・竹斎に擬した、

〈狂句木枯《こがらし》の身は竹斎に似たる哉〉

から始めた。それまでの前の句の詞や物から連想する付け合いとはまったく異なり、前の句の風情を味わって付けるように指導した。そして風狂色の濃い浪漫的な文学作品として新しい俳諧が生まれた。この尾張五歌仙は、翌年春に『冬の日』として出版されるや、たちまちに評判になり、芭蕉の名が一躍有名となり、尾張周辺や故郷伊賀にも門人が出来た。

芭蕉は江戸深川の草庵に戻ってから、旅を反芻し、得た句を配した紀行文にまとめている。これ

以降、旅に出て新境を切り開くとともに、旅で経験し深めたことを庵に戻ってから反芻して、さらに深めて紀行文を書くというスタイルが出来上がった。尾張や関西に門人たちが出来たので、その指導のため、三年後にまた旅をすることになったが、西行ゆかりの吉野から須磨・明石まで関西の名所旧跡を訪ねて句を詠んでいる。江戸への帰路は木曽路を歩いたが、急峻な山道、渓谷の眺め、山奥の風情など芭蕉に強い印象を残したようである。翌年は西行五〇〇年忌にあたり、みちのくを旅したいという思いが募って、奥羽行脚に出掛けることになる。この旅で「不易流行」という思想を得て、蕉風の俳諧は確立する。また後に紀行文『おくのほそ道』がまとめられることになる。

5. 蕉風の確立─「不易流行」

(1) 奥羽行脚での悟り

元禄二年（一六八九）三月から九月の奥羽の旅は、弟子の曾良とともに、陸奥から奥羽山地を横切って出羽に行き、日本海側に沿って北陸を巡って美濃に至る旅で、およそ一五〇日、四五〇里（一八〇〇キロ）の大行脚となった。この旅で芭蕉の俳風が一変したと弟子の去来が語っている。旅の年の暮れに言い出されたのが「不易流行」である。

旅の前半、陸奥では歌枕を訪ねて、ほぼすべての歌枕が無残に変わっていることを見出し、時の流れを実感した。各地で句を詠み文章を綴って、風雅は深まっていった。

旅のほぼ真ん中の出羽三山巡礼の中で一大転換が起こった。この直後に俳諧をどう詠めばよいかと尋ねられて、「変化を以てこのみちの花」と心得、「わがおもふことを一句に申のべ候までの俳諧」で「花を見る、鳥を聞く、……その心ち、これまた天地流行の俳諧」（『聞書七日草』）だと教えている。直前の出羽三山巡礼で、二〇〇〇メートル近い月山に登って、雲海から雄大な景色を見、日が沈み月が昇り、また日が昇る様を見たことから「天地流行」という大仰な言葉が出たのであろう。

この後、越後で会心の句を得た。長い詞書を付けて、何度か染筆している。

〈荒海や佐渡によこたふ天の河〉

――夜、向こうに黒く横たわる佐渡を見ながら、天の河を見上げる。今日は七夕（俳諧では「天の河」は七夕）。彦星と織姫が年に一度の逢瀬を遂げるという七夕の伝説に、人々はどんな思いを抱いて見ていたことか。佐渡は古来からの流刑の地。流された人たちは、都での華やかな七夕の行事を思い出し、二度と会えぬ愛しい人を思い浮かべ、改めて自らの運命を噛みしめていたのだろう。今、佐渡は金山で賑《にぎ》わっているが、出稼ぎに来た人たちは、違った思いで、ここに来た歳月を思っているだろう。そんな人間の思いになど関係なく、荒波が絶えず寄せては返す波しぶき、天の河はゆったりと回っていく。――

旅の後半、出羽からは歌枕にもさほど執着することなく、思ったことをそのままに表現する「軽み」の句が多くなっている。加賀の山中温泉での歌仙では、芭蕉は弟子の表現を「おもし」として直している（『山中集』）。この旅で芭蕉の俳境は一気に深まって、蕉風は確立したのである。

(2) 「不易流行」 ― 風雅の流れと句の作り方

旅の後に著した『笈《おい》の小文』の冒頭の風雅論に「不易流行」の思想がうかがえる。

「西行の和歌における、宗祇の連歌における、雪舟の絵における、利休が茶における、其貫道する物は一なり。しかも風雅におけるもの、造化にしたがひて四時《しいじ》を友とす。見る處《ところ》花にあらずといふ事なし。おもふ所月にあらずといふ事なし。」

和歌、連歌、絵画、茶の湯という中世に確立された芸術の巨人たちを貫く道を見出し、それに自らの俳諧をつなげて位置づけている。俳諧は、造化にしたがひて四時、すなわち春夏秋冬の四季の移り変わりを友として〈あはれ〉を見出していくものである。変化流行してやまない造化の働きの中で、絶えず心新たに万物に接していけば、目に映ずる所、心に思う所、「花」や「月」でないものはないと断言する。真に人間らしい人間になるために、「造化にしたがひ、造化にかへれ」。自然の「変化」に応じて、それをそのまま、素直に句に表現していくのである。

この時期に、芭蕉は句づくりと俳諧の付け方について、はっきりとした考えを述べている。「発句は、かくの如くくまぐまでいひつくす物にあらず」。十七字の切りつめた表現では、叙述的なものは削られ、主語・動詞の結びつきの一部も省略されて、言わざるところに心の色を出す。俳諧の句の付け方は、その都度、一語一語をおろそかにせず、前の句の余韻・余情を汲み取って、「うつり・ひびき・にほひ・くらゐを以て付くる」（『去来抄』）ことを求めたのである。

(3)　『猿蓑』の達成

旅から二年後、『猿蓑』は蕉門のみの撰集で、俳諧の『古今和歌集』たるべく企画された。巻頭に〈初しぐれ　猿も小蓑をほしげなり〉の句を置いた。「初しぐれ」は初冬の通り雨で風流人が好んだが、そのどこか物寂しい風情を、猿に託して表現する。有情の猿に託すことで、景物融合の句となり、しかも猿のしぐさに飄逸《ひょういつ》とおかし味があり、この集の名前とした。蕉門においては重視された冬の風情が、この集全体の基調となり、集の構成も「冬・夏・秋・春」となった。

連句として歌仙四篇が載せられたが、前の句の「匂ひ・響き・俤《おもかげ》・移り・推量」を鑑賞して付ける「匂付け」の手法を確立させ、三六句が次々と思いもかけぬ展開を見せながら、いろんな人生模様を見せる。社会の各層の人物が出てきて、さらに昔物語の趣も出て来て、その中に世の無常を表したり、人生観までも出る。一人で詠む発句とは異なり、互いに個性を発揮しながら新しみや豊かな味わいを出すように競いながら、共同で一巻の人生絵巻を織りなしていくのである。

『猿蓑』が一六九一年に完成して、「不易流行」の思想の下に蕉風の俳諧は確立したのである。

(4)　『おくのほそ道』の構成と思想

『おくのほそ道』は奥羽行脚の紀行文だが、執筆に取り掛かったのは、『猿蓑』を完成させ、江戸に戻ってからで、しかも自ら江戸に連れてきた甥を芭蕉庵に引き取って看病したが、その甲斐なく死んでからである。自らも五十歳を目前にして終焉を意識するようになって、「不易流行」を得た旅の物語を書き遺しておかなければという思いに駆られて書いたもののようである。

一九九六年に芭蕉の自筆の『奥の細道』が再発見されて成立過程が明白になった。枡形本《ますがたぼん》の上質紙に清書しながら、七六枚もの貼紙をして修正を重ねたものである。それだけ直した自筆本の本文を、弟子に半紙に清書してもらってから、さらに細部の表現を仕上げたものを能書家に写させて完成していたのである。自筆本によって芭蕉の当初の意図も判明する。伝記研究と合わせれば、書き始めたのは一六九三年七月、庵に弟子たちの出入りを禁じた一カ月間に集中して書き、上質紙に自筆で清書したようである。しかしそれを見直す内に修正を繰り返すことになった。弟子の半紙本を経て書家による清書本で、最終的に完成したのは死の半年前であった。文字通り畢生の書である。

紀行文は旅の記録ではなく、文学作品だと芭蕉は捉え、全体で一つの物語を織りなすようにして、俳文で不易の古典となる文学を完成させようと考えていた。登場人物の名前も実名ではない。河合曾良と書くが、河西曾良が実名である。その他、登場する等窮も等栽も表記を変えている。また、作品執筆時に句も作って入れている。〈行く春や鳥啼き魚の目は泪〉の句は、最後の〈行く秋ぞ〉に合わせて作ったものである。平泉で詠む〈夏草や兵共が夢の跡〉は旅の翌年に出来た句だが、この句に曾良の句〈卯の花に兼房見ゆる白髪かな〉を合わせて、義経の最後を見届けた老武者とともに初めて義経の姿が蘇ってくるが、この曾良の句は作品執筆時に芭蕉が作った句と見られる。自筆本からの修正過程をつぶさに見れば、古典を作ろうとする芭蕉の強い意気込みが分かる。

一五〇日、一八〇〇キロの長途の旅だったが、『おくのほそ道』は五部に分けて書かれている。国別に見ると、みちのくに入る白河の関、みちのくから出羽に入る尿前《しとまえ》の関、出羽から新潟へ出る鼠《ねず》の関で分けられることは前から言われていた。これに加えて加賀と越前の境の吉崎の汐越の松でも区切っていたことが自筆本で判明した。自筆本を精査すると、月の書き方も、句の数も五部に配分していたことが分かる。したがって、以下のように整理される。

第一部は、旅立ちで、三月末に江戸を出発し、四月一日に日光に参り、那須へ行く。

第二部は、みちのくで、歌枕を巡り、五月に義経の忠臣の出身地から最後に平泉で義経を偲ぶ。

第三部は、出羽で、山寺を回って最上川を下り、六月に出羽三山に参り、日本海側の象潟《きさかた》に行く。

第四部は、北陸道で、七月に越後に入り、越中、加賀に行き、金沢から山中温泉に行く。

第五部は、旅の終わりで、越前に入り、八月に敦賀に行き、大垣に至る。九月には次の旅に立つ。

『おくのほそ道』では「予」とする芭蕉の句は五〇句で、五十韻連句を意識している。五十韻連句は「表八句」から始まり、一四句、一四句、一四句の構成であるが、自筆本当初の形では、第一部は予の八句、第二部は予に代わって詠む曾良の句も合わせると一四句、第三部は予の句で一四句、第四部は予と別れの句を交わす曾良の句を合わせ一四句で、見事に五〇韻の構成になっている。最初の句を出したところで、「表八句を庵の柱に掛けおく」と芭蕉が書いているのが、以下が五〇韻構成であるのを暗示しているのである。（ただし第四部に貼紙で一句加えたので、第二部の一句が削除され、現行では八句、一三句、一四句、一五句となっている。）曾良らの句を合算したので、芭蕉の句はもう六句あるが、これが第五部であり、歌仙の絞めの数である。

『おくのほそ道』が五部構成であることが分かれば、作品に籠めた芭蕉の思想も浮かび上がる。序「月日は百代の過客にして」と、月日の巡りの中に人間が旅していることを示す。第二部の歌枕探訪では時の移り行きを見るとともに、人の努力により「千歳」に残るものを見る。第三部の出羽では月山の頂で雲関に入り、日月の交替を見た後、夏にも残る雪の下から桜（高山植物のミネザクラ）が咲き出ることを見出し、生命の輝きに気づくという悟りがある。第四部は遊女との出会い、俳人の死、病による別れと、人間の運命を痛感させられるが、第五部冒頭の西行の歌で、運命の嵐が打ちつける松の葉についた雫にすべて月が映っているように、運命をそれぞれに受け容れる時に美が見出されることを知り、また次へ旅立つ。時の流行の中を生きるがゆえに不易にもなる。そう悟れば、生活の中にあはれが見出せる。「高く悟りて俗へかへれ」。この作品を完成させた後、「軽み」が展開することになるのである。

6. 俳諧の道の極致—「軽み」

芭蕉は『おくのほそ道』を書き終える頃には、日常生活の中のあはれを詠むべく「軽み」を説くようになり、『炭俵』の世界が展開する。

〈鞍壺《くらつぼ》に小坊主乗るや大根引《だいこひき》〉

——馬の背に付けられた鞍壺に幼子が置かれている。その子は青い空の下で時に手足を動かしている。傍らの畑では若い夫婦が黙々と大根引きに精を出している。根元を持って引き抜くと、ずぼっと土がついて抜ける。無事に収穫できる喜びで手にも力が入る。時に汗を拭って馬の上の子を見やる。行きて帰らぬ時がゆっくりと巡って行く。——

『炭俵』はまさに「高く悟りて、俗にかへれ」を実現した作品である。

芭蕉は作意を捨て去って、「軽くやすらかに、ふだんの言葉ばかり」で詠むようにと教える。そうなれば、今まで和歌などには取り上げられなかった、さまざまな詩情を見出すことにもなる。優れた句は、一遍見ては「只かるく埒《らち》もなく、不断の言葉にて、古き様に見え」たものが、二遍、三遍、四遍見れば、「言葉古き様にて、句の新しき所」見える。五遍見れば「句は軽くても意味深き所」が見えてくる。さらに六遍、七遍見れば付句の仕方も見えると言う。

「軽み」の句は、何度も味わって深みが滲み出てくるような句を目指しているのである。

最後の年の五月、関西に帰郷してから、「軽み」はさらに深化する。九月に大坂へ旅立ってからは、自らの死の影もさしてきて、芭蕉は独歩の句を次々と詠んでいく。

〈此道や行人《ゆくひと》なしに秋の暮〉

九月二十八日夜、これまでにないことであったが、歌仙の発句を前日のうちに届けさせた。

〈秋深き隣は何をする人ぞ〉

――秋が深まって寂しさが感じられてくる中、かすかに聞こえてくる物音に、隣の人は何をする人なのか、人懐かしい感じがする。――

芭蕉は翌日から激しい下痢を繰り返して病床に伏せり、二度と起き上がれなくなった。十月八日深夜、ふと眠りから覚めて介護の弟子に墨をすらせて次の句を認《したた》めさせた。

病中吟　旅に病んで夢は枯野をかけめぐる

この時、支考に、芭蕉は、臨終のこの期に及んでも、句のことばかりを考えているのは、仏が戒めた妄執の極みではないのかと後悔して、「この後はただ生前の俳諧を忘れんとのみ思ふ」とまで言ったという（支考『笈《おい》日記』）。

ところが、翌朝になると、芭蕉は去来、続いて支考を呼び出して、六月に清滝で作った句は、九月に吟じた句と同類の語があって紛らわしいので作り直した、「亡き跡の妄執と思へばなし替へ侍る」（『笈日記』）として、次の句を語った。

〈清滝や波に散り込む青松葉〉

「清滝や」は、夏に実際に見た清冽な水の流れを思い出していたのかも知れないが、西行の〈ふりつみし高ねのみ雪とけにけり　清滝川の水の白浪〉という『新古今和歌集』の歌を踏まえて詠んだと考えられる。清滝川は、高雄の奥から流れ出て、嵐山へ流れ、桂川となり、やがて淀川となって海へ注いでいる。その清滝の流れに、「青松葉」が散っていく。青松葉は通常散ることはない。それが散るのは自らの死を暗示しているのであろう。しかもその青松葉は、波に浮きつ沈みつ川を流れていく。この句は、芭蕉の心象風景を詠んだものであろう。

「青松葉」という語は、自らの姓から特別の思いがあった「松葉」に、「桃青」の「青」を冠している。「青松」は下から訓読みすれば「まつお」、「松葉」は下から音読みすれば「ばしょう」と考えれば、「青松葉」には松尾芭蕉の名がすべて入っている。かつて年頭の歳旦句で二度も自らの名を詠み込んだことがあったが、人生の最後に自らの名を秘かに詠み込んだ仕掛けに俳味、おかしさがある。

川の流れは、絶えることない生命の流れを象徴している。西行の歌を踏まえると、天から高嶺に降った雪が解けた清流の「波に散り込む」のである。自らは今死のうとしているが、この命は終わっても生命の大きな流れに帰っていく。季語はないが、死にゆく今、季語にとらわれる必要はない。西行が天からの雪がとけ出すと詠んだこの川の流れは、歌の流れでもある。芭蕉は常に風雅の道に生きた古人につながらんとしてきた。俳諧に生涯をかけて、ようやく人生を詠む真の文学へと高めることが出来た。今、その川へと散り込み流れていく。俳諧の道は自分が死んでも、後に続く者たちが受け継いでいくだろう。最後の句には、そうした思い、願いが籠められているのではないか。

翌十日、容態が一段と悪化し、芭蕉は遺書を遺した。長年の弟子には「いよいよ俳諧御勉め候て、老後の御楽しみになられるべく候」と勧めている。十二日午後、芭蕉は最期まで俳諧と共にあった生を静かに終えた。

7. 芭蕉の文化史的位置づけ

芭蕉は、師の北村季吟を介して、寛永文化で展開した伝統の見直しの流れの中で、俳諧を伝統文化に接合させて、文学へと高めたと言える。芭蕉自身、「西行の和歌における、連歌の宗祇における、雪舟の絵における、利休の茶における、其の貫道するものは一なり」と言うように、中世的な文学・芸術をまとめている。西行を慕って庵に侘び住まいをし、旅をした。芭蕉にも、王朝文化への憧れがあり、かつ辺境とされていた奥羽までも旅した。和歌は題詠が主であったが、その地に立って感じるところを句にした。その地の人と句を詠み交わすが、その余情を味わい、全体で物語を成すように工夫した。芭蕉は、そうして生活をかけて俳諧の道を深めていく中で、「不易流行」を語り、「軽み」で俗の生活にも「あはれ」さの美が煌《きら》めいていることを語ったのである。

「松の事は松に習へ、竹の事は竹に習へ」。この教えを土芳は「習へといふは、物に入りてその微の顕れて情感ずるや、句と成る所なり」と解説している（『三冊子』）。「物の見えたる光、いまだ心に消えざる中にいひとむべし」。「句作りに、成るとするとあり。内をつねに勤めて、物に応ずれば、その心の色句となる。内をつねに勉めざるものは、成らざる故に、私意にかけてするなり」（同上）。時が移りゆく大いなる自然の内で生きる人間が、まさにその都度そこにおいて感じるあはれを、私意を離れて素直に表現することによって、いつまでも不易に残っていく言葉の不思議さ。物に応じて、おのずから成った句は、それを味わう者の心をおのずから動かすものがある。昔から日本人が大事にしてきた言霊が、そこに顕わになっていると言えるかも知れない。

芭蕉が達成した句と俳文は、多くの弟子たちによって集められ、伝えられて、没後八〇年、十八世紀末になってようやくその全体が顕わになる。与謝蕪村や蝶夢らにより、「芭蕉に帰れ」という運動が生じて、芭蕉の作品や言葉が古典になっていく。芭蕉は、中世までに展開してきた古典を受け取り直して、近世からの文学の一つの形を作ったと言えよう。

参考文献

河野元昭監修『江戸絵画入門　驚くべき奇才たちの時代』（別冊太陽・平凡社・二〇〇七年）
熊倉功夫『茶の湯といけばなの歴史　日本の生活文化』（放送大学叢書・左右社・二〇〇九年）
小堀宗実他『小堀遠州　綺麗さびの極み』（とんぼの本・新潮社・二〇〇六年）
井本農一・堀信夫校注・訳『松尾芭蕉集』１・２（新編日本古典文学全集・小学館・一九九五年）
尾形仂『おくのほそ道評釈』（角川書店・二〇〇一年）
上野洋三・櫻井武次郎編『芭蕉自筆　奥の細道』（岩波書店・一九九七年）
魚住孝至「『おくのほそ道』の構成と主題」（『文学』・二〇一三年九・十月号）
魚住孝至『芭蕉最後の一句　生命の流れに還る』（筑摩選書・二〇一一年）

12 浄瑠璃と歌舞伎—近世の芸能（江戸中・後期）

《要旨とポイント》 江戸中期の元禄時代には、天下泰平で経済発展する中で、社会全体にわたって生活にも余裕が生まれて、多方面でさまざまな文化が展開した。伝統文化の復興と展開、諸学問の発達、町人を主とする「俗」の新たな文化の展開もあった。

江戸初期から三都それぞれの一角に遊女を囲った遊郭が設けられ、日常とは別の世界を開いていた。井原西鶴は、俳諧師であったが『好色一代男』から浮世草子を書き、さらに『日本永代蔵』などの経済小説も書いて木版印刷されると、三都でベストセラーとなった。

歌舞伎は常設の芝居小屋で演じられ、荒事や和事の得意芸が生まれた。浄瑠璃は語り物の芸だが、三味線の伴奏と人形遣いを取り入れてから人気が出るようになった。十七世紀末、竹本義太夫が新たな節で人気を取り、大坂に竹本座を開業し、時代を画することになる。近松門左衛門は、歌舞伎・浄瑠璃に脚本を書いていたが、十八世紀初頭に、『曽根崎心中』を著し、義太夫の語りによって大変な人気を取った。これ以後、当世の男女の愛情を語る世話物の出し物が生まれた。十八世紀後期からは歌舞伎も能楽や浄瑠璃の脚本を取り入れて、演劇として展開した。赤穂事件に取材した『仮名手本忠臣蔵』は大人気作品になった。

十八世紀初期、経済発展も限界に達し、財政が悪化していたので幕政の改革が行われた。十八世紀後期には、商業の発展に応じて、天明文化が展開していった。

《キーワード》 庶民文化、井原西鶴、歌舞伎、浄瑠璃、近松門左衛門、世話物、『曽根崎心中』、『仮名手本忠臣蔵』、天明文化

1．江戸中期の経済発展と社会状況

江戸中期の十七世紀後半には、天下泰平の中で経済発展が続いた。各藩もそれぞれの領地に定着し、大規模なインフラ整備と新田開発により、高度経済成長があり、江戸初頭と比べると耕地面積は倍増し三〇〇万町歩を超え、人口は三倍にもなって三一〇〇万人になったと見られている。全国の街道は整備され、西回り・東回りの航路が拓かれて江戸と全国各地は緊密につながった。江戸は明暦の大火（一六五七）後、その面積を倍増して郊外へと広がった。利根川が江戸市中に入れずに太平洋に流れるように水路が開削され、玉川上水が張り巡らされた。江戸の人口は、急速に膨張して、一〇〇万人に達しようとしていた。

幕府の政治も、武断主義から文治主義に転換した。五代将軍徳川綱吉は、儒教の古典を自ら侍臣に講釈するほどであった。武家諸法度の第一条は「文武弓馬の道、専ら相嗜《たしな》むべき事」から「文武忠孝を励《はげま》し、礼儀を正すべき事」に改められた。「服忌令《ぶっきれい》」を出し、近親者が死んだ時の服喪期間を定め、血を忌む風を広げた。さらに「生類憐《しょうるいあわれ》みの令」を出し、人を含む生き物の庇護による世の安寧を目指したが、違反者への厳罰や農作物への獣害が深刻化し、かつ広大な犬小屋で大量の野犬の飼育費まで負担させられて、人々を苦しめることになった。

経済発展によって士農工商の各層で家が継承されるようになり、伝統主義が強まっていく。人々の意識は現実主義的になった。宗教には、先祖や死者に対する懇ろな葬祭を求めた。十七世紀末頃から、農業技術の進歩と耕地の拡大によって、余剰米を売る農家も出てきた。都市の消費者の需要に応じて、畿内を中心に商品作物の栽培が盛んになった。五穀の他、茶、漆、桑（養蚕）、楮《こうぞ》（製紙）、麻、藍《あい》、紅花、綿、藺草《いぐさ》（畳）、菜種（灯明油）、櫨《はぜ》（ろうそく）、たばこなどである。これらの生産によって、着物は麻よりも着心地のよい木綿となり、絹織物も出来、それらは染料によって色鮮やかなものになった。灯明や行灯《あんどん》によって夜も明るくなった。生活時間が長くなって食事も一日三食が広まった。また各地に特産品が出来、全国的に流通網が発達した。農村部も都市を中心とする貨幣経済に巻き込まれていった。武士は米の年貢を基本としていたが、都市での消費生活費が次第に増大して、経済的に苦しくなっていった。

中流以上の家では、畳が敷き詰められるようになり、床の間を作り、障子で明かりを取り、縁側を設け、庭も造るようになった。農村では村ごとの寄合でいろいろと決められた。都市の下層民は長屋で借家住まいをしていた。経済的に豊かになって、文化を享受できる層が格段に増えていた。それは、浄瑠璃と歌舞伎の展開に典型的に現れるが、まずこの時期の元禄文化全体を見ておくことにしたい。

2. 元禄文化の諸相

元禄文化は、実に多様な方面でさまざまに展開していた。元禄時代といっても元禄の年間だけでなく、五代将軍綱吉の治世（一六八〇～一七〇九）の全体を指すのが普通であり、元禄文化は、さらにその前後の時代も含めて考える必要がある。始まりは、寛永文化の最後とも重なっており、寛永文化の影響も大きい。

この時代もなお、文化は伝統ある京都から発信されていた。貴族や武士、上層町衆などによる伝統文化の復興と展開、学問の発達、庶民階層の町人による新たな「俗」の発見などが見られる。

茶の湯では、武将の金森宗和や片桐石州などの武家茶が展開した。千利休の孫の世代にあたる千宗旦は生涯仕官することはなかったが、十七世紀半ばに三人の子供たちにそれぞれ茶室を譲って、表千家（不審庵—宗左）、裏千家（今日庵—宗室）、武者小路千家（官休庵—宗守）の三つの千家が成立している。彼らはそれぞれに大名家にも仕えている。利休の直弟子の記録という『南方録』が利休没後一〇〇年に出現したのをはじめとして、多くの茶の湯書が刊行されるようになる。大名たちも茶の湯を学んで、大名屋敷に数寄屋《すきや》造の茶室を設け、池泉回遊式の庭園を造営することも流行する。この時代に後楽園や六義園などが出来ている。元禄時代から茶の湯にも町人の大量の享受者層が出来てきたので、教え方を免許制として、やがて家元制が成立していく。

絵画で元禄文化を代表するのは、尾形光琳《こうりん》であろう。祖父が本阿弥光悦《ほんあみこうえつ》とも関係があった裕福な呉服屋の次男で、若くから狩野派と土佐派の折衷した絵を学んでいたが、家が俵屋宗達との関係が深かったので、その絵に学んで独自の風を発揮する。光琳は、大名貸しを踏み倒されて経済的に困窮し始めた四十歳前後から本格的に絵を描き出した。

『伊勢物語』の八つ橋にちなんだ「燕子花《かきつばた》図屏風」は、金泥の上に同型の燕子花を絶妙のバランスで描いている。その後、江戸に出て大名にも仕えた後、京都に戻ってからは、宗達の「風神雷神図屏風」を模写し、大和絵を近世風に再構成した宗達をさらに独自に作り変えている。光琳の「紅白梅図屏風」は、真ん中に大胆に意匠化した水の流れを黒く濃く描き、それを挟んで紅梅と白梅が緊迫して対している図である。光琳は着物の雛形も作って、大胆華麗な着物の模様を描いている。また見事なデザインの「八橋蒔絵螺鈿硯箱《やつはしまきえらでんすずりばこ》」を作ったり、弟の乾山の焼き物に絵付けもしている。光琳は装飾画を完成した感があり、この後、琳派として大きな影響を及ぼしていくことになる。

元禄文化では、学問領域においても、さまざまな展開が見られる。

朱子学に関して、幕府は湯島聖堂を創建して、羅山《らざん》の後の林家《りんけ》の塾も移して聖堂学問所とした。木下順庵門から出た新井白石は、儒学の他、歴史学、地理学、国語学、文学(詩)、民俗学、考古学、武学など広範多岐にわたる分野の学問に取り組んで、それぞれ一流の業績を残したが、綱吉後には幕政の要職について正徳の治を展開した。陽明学を奉じた熊沢蕃山《ばんざん》は岡山藩の政治に一時関わった。また朱子学に対して、孔子・孟子の精神に戻れとする古学が展開した。士道論を展開した山鹿素行《やまがそこう》が先駆するが、京都の町衆の伊藤仁斎が文献批判に基づいた古義学派を樹立した。その塾は庶民に開かれ、『論語古義』などを刊行し、中国でもその文献批判は評価された。江戸では荻生徂徠《おぎゅうそらい》が、儒教の六経に直接触れて治国・礼楽など制度を整えることを論じた。日本には、中国や朝鮮のような科挙制度がなかったので、朱子学で解釈が統一されることはなく、儒学も自由に展開した。十七世紀半ばに中国は満州族の清に支配され、「華夷変態」と当時言われたが、それを機に、中国の古典に拠るよりも、日本の現実を見ようとする意識が生まれた。中国書を日本の現実に合わせて読みかえることも積極的に行われるようになった。

次章に論じるが、水戸藩主徳川光圀《みつくに》は『史記』を読んで日本の歴史書の編纂を決意して、藩邸に史局を設けている。また僧契沖《けいちゅう》は『万葉集』を注釈して、やがて国学が展開していく。貝原益軒《えきけん》は、朱子学者で中国の博物学の『本草綱目《ほんぞうこうもく》』の訓点をつけたが、自ら動物・植物・鉱物を広く調査・記載して、実地の見聞に基づく批判も加え、中国にない日本名だけのものを詳しく取り上げて、実物に当たって実証的に論じた『大和本草』一六巻付図二巻を、一七〇九年に刊行している。宮崎安貞は、中国の『農政全書』の影響も受けて、自ら日本各地の農業の実態を調査研究して、五穀や四木三草などの播種法や栽培法を図入りで紹介した『農業全書』を刊行し、この書は以後長く農書の規範になった。さらに大坂の医師・寺島良安は、中国の百科事典『三才図会《ずえ》』（一六〇七成立）を読んで、天・地・人の三才、つまり天文・地理・人倫の九六類にわたり、日本の文物を大幅に加えて図入りで説明し、一七一二年に『和漢三才図会』一〇五巻八一冊を刊行した。この書も客観的で明解な記述によって、以後、明治初期まで読まれることになる（南方熊楠《みなかたくまぐす》がイギリスの科学雑誌〝Nature〟に投稿した英文論稿も、これに拠るところ大であった）。

その他、和算の筆算・代数学を大成した関孝和、さらに平安時代以来使われていた宣明暦の誤差を元代の暦と自らの観察に基づいて修正して貞享暦を作った渋川春海《はるみ》なども出た。この時期から実証的、実利的な書が次々と刊行されていたのである。

以上は支配階級や知識人の文化である。これらに加えて、これまで文化とは無縁とされていた下級武士や町人たちの実生活に基づいた「俗」の文化が創り出されてきたところに、元禄文化の新しい側面が見られる。

3．江戸中期における庶民文化の展開

十七世紀後半の経済成長によって町人が経済的な実力を持つようになっていた。けれども公的社会では武士からの身分的差別を受けており、かつ政治には一切口出しが許されなかった。それゆえ、町人文化では、文学や演劇でも当時の社会のことは取り扱わずに過去の物語にかこつける形のものが多く、私的な趣味や色恋沙汰が中心になった。特に大都市の三都（京都・大坂・江戸）では、全国から勤務する武士が多く集まったので、男性が圧倒的に多かった。町人の武家奉公人や手代たち

でも結婚して所帯が持てる者は限られていた。そのため、特定の場所に遊女を集めた遊郭が設けられた。江戸の吉原、京都の島原、大坂の新町などである。遊郭には零落した家や貧しい家の子女が売られて遊女となっていた。遊郭においては、身分差別はなく、芸事と色恋と金がすべてであった。芸事を仕込まれた高級な遊女の花魁《おいらん》がおり、贔屓《ひいき》の金持ちに身請けされる女性もいたが、恋する相手はいても、日々客を取らされる遊女が大部分であった。遊郭では、通常の家庭生活とは異なる色恋の美学もあった。

参勤してきて暇をもてあました中・下級の武士たちや小金を持つ町人たちが遊ぶ場が、遊郭であり、歌舞伎や浄瑠璃の芝居小屋であった。彼らの文化と言えるのは、浮世草子であり、歌舞伎、浄瑠璃、そして浮世絵などであった。この時代になって、文学の中に、町人たちの生態を描く、井原西鶴《さいかく》に始まる浮世草子が現れた。文学は、初めて現在の町人の生活を描くものになったのである。これは、挿絵なども載せて木版印刷され、三都でベストセラーが登場することになる。以後、町人たちが話題を提供し、また読者となって新たな文化の担い手となっていくのである。

4．井原西鶴の浮世草子

井原西鶴は、一六四二年、大坂の富裕な町人の子に生まれた。十五歳頃から貞門俳諧を始めて二十一歳で点者になるほど早熟であったが、三十二歳で西山宗因と出会って滑稽軽妙な談林派の俳諧師となった。即吟を得意とし、一昼夜に二万四〇〇〇句も詠んだ矢数俳諧で有名であった。

西鶴は一六八二年、四十一歳の時に『好色一代男』を書いた。主人公は、大金持ちの一人息子・世之助で、その色恋を語る。七歳から「五十四歳までたわむれし女、三千七百四十二人、少人（若衆）のもてあそび、七百二十五人」（巻一）と言い、『源氏物語』の枠組みも借りているが、徹底して近世の町人の好色であり、巻五からは古今諸国の有名遊女の列伝風ともなる。六十歳で仲間と強精の品々や責《せめ》道具、『源氏物語』などを載せた「好色丸」で女護島《にょごのしま》へ女を摑み取りにしようと船出して終わる（巻八）。これは和歌的な抒情を一切捨て、口頭話を文末のみ文語化した平易な文章で、即物的に人間性情を描いた小説であり、色と金の世の中に生きる町人を描いたものとして、大坂・京で、さらに江戸では浮世絵師の菱川師宣《もろのぶ》の挿絵をつけて出版され、版を重ねるベストセラーとなった。

西鶴は続いて、実在の六人をモデルとした『好色五人女』や色ざんげをする『好色一代女』など好色物を書いたが、一六八八年には『日本永代蔵』で、諸国の町人の問屋、呉服商、染物屋などの成功譚と失敗譚を語って、才覚・知恵・努力・倹約などを説いた町人物を書く。一六九二年の『世間胸算用』では、大晦日をいかに越すかを苦労する中・下層町人たちを描いて浮世の実相を描こうとした。また武家社会の意地や義理、敵討ちなどを取り上げた『武道伝来記』や『武家義理物語』などの武家物もある。さらに『西鶴諸国ばなし』のように見聞や伝説、怪談、珍説を集めた雑話物も書く。一六九三年、五十二歳で亡くなるが、門人が編集した『西鶴置土産』では、好色生活の果てに零落した大尽たちの末路を描き、『西鶴織留《おりどめ》』では「金銀なくては世にすめる甲斐なし」だが、「さりとてはままならぬ世状沙汰、見るに付け聞くに付け、うとまし」（巻三、一）と語るようになっている。『日本永代蔵』などに見られる知恵と才覚によって出世していく実力主義への信頼から、個人の工夫や能力に関わりなく金銀の力が支配する社会を凝視するようになっているのである。

5. 浮世絵の展開

桃山期には、京都の街全体を描いた狩野永徳の「洛中洛外図」があり、弟長信の「花下遊楽図屏風」などもあったが、江戸初期から風俗画が流行していた。狩野派風の彦根屏風や岩佐又兵衛の「豊国祭礼図屏風」などがある。仏画や水墨画ではなく、古典の物語や花鳥風月でもない風俗画がリアルに描かれるようになっていた。元禄期になると、江戸の狩野派から、農民を描く久隅守景《くすみもりかげ》の「夕顔棚納涼図屏風」や、都市の庶民を描く英一蝶《はなぶさいっちょう》の「布晒舞図」のような絵も出てくるようになった。

江戸では、西鶴の『好色一代男』の江戸版には菱川師宣の挿絵が入っていた。墨一色の木版印刷であったが、浮世草子の挿絵から始まり、次第に絵の比重が大きくなり、一枚絵となって独立し、浮世絵が誕生する。浮世絵は「浮世」、つまり世俗で人々が関心を抱く事を描く。師宣の「見返り美人図」のように多彩な肉筆画もあった。師宣は嫌ったが、歌舞伎の役者絵や人気の相撲絵も浮世絵の主要なジャンルである。町人層がその享受者で、彼らの購買力によって新たな絵画が成立したのである。

6. 歌舞伎と浄瑠璃の展開

歌舞伎は、十七世紀初頭、京の四条河原で、出雲の阿国《おくに》たちが「ややこ踊り」をして以来の芸能であった。阿国は「異風なる男のまね」をして舞台に現れ踊ったという。性が倒錯したものだが、男の動作を抽象して様式化する道を開いた。阿国は江戸にも出てかぶき踊りを興行して「歌舞伎」

の祖とされている。「かぶく」とは常軌を逸したという意味で、「傾く」であったが、歌と踊り（舞）と演技（伎）を兼ねたもので、「歌舞伎」の語が当てられることになる。異風な派手な衣装で「歌舞伎踊り」と言われて、大衆に人気があった。けれどもエロチックな性格を持った「女歌舞伎」は、色を売って風紀を乱すとして幕府から一六二九年に禁止された。次いで若衆（十三歳から十五歳くらいまでの）の歌舞・物まねになったが、これも一六五二年に禁止されると、京都では一六六一年に物まねを主とした男優のみの野郎歌舞伎が始まった。それでも男女の物語が中心になるので、男優が女性を演じる女方（女形《おやま》）が誕生することになる。元禄時代には、江戸では武士の男らしさを演じる「荒事」を得意とする市川団十郎、また京都では女形を演じる芳沢あやめなどの人気スターが出て、それぞれの特徴的な演技の型も出来つつあったが、彼らの演技をもり立てるような舞台であり、即興劇であって、まだはっきりとした筋がある作品ではなかった。やがて浄瑠璃の作品を取り入れることによって、演劇に展開するが、それは十八世紀に入ってからである。

他方、浄瑠璃は、元来室町時代から始まった語り物で、三河国の長者の娘・浄瑠璃と奥州下りの牛若丸との物語『浄瑠璃姫十二段』を語ったところから、この名が付いた。平家琵琶の語り芸で叙事詩朗唱の形式であったが、十六世紀後半に琉球から入った三味線の伴奏をつけて、独自の芸能になった。さらに人形遣いと結びつくが、命のない人形を活き活《い》きと遣うために人間的な要素を誇張した表現がなされた。豊臣秀吉時代に京都の人形芝居を四条河原へ移した記録があるので、すでに興行も行っていたらしい。十七世紀初頭には、江戸では坂田金時の子・金平《きんぴら》の武勇を語る金平浄瑠璃もあったが、京都・大坂を中心に発展した。十七世紀後半に京都に宇治加賀掾《じょう》、大坂に井上播磨掾が出て、それらを学んだ竹本義太夫が自らの座・竹本座を大坂道頓堀に開いて時代を画することになる。義太夫以前を「古浄瑠璃」と呼んでいる。義太夫は、それ以前の古浄瑠璃を集大成して曲節を整え、物語の表現形式を定め、程なく近松門左衛門の作品を得てから文学性を一気に高め、浄瑠璃人気を大きくしたのである。世界中に人形劇はあるが、大人向けで、荒唐無稽な活劇とともに、微妙な心理劇も含めた文学まで持った演劇に高められているのは、日本の浄瑠璃だけであると言われる（『ドナルド・キーン著作集』第六巻能・文楽・歌舞伎）。

7．近松門左衛門の登場

(1) その前半生

近松門左衛門は、一六五三年、越前藩士の次男として生まれ、杉森信盛が本名である。父が浪人したため十二歳頃、家族とともに京都に移住した。俳諧を学び、公家の家に仕えたが、二十歳の時、主人の死にあったのを機に主家を辞したとされる。その後一時、説経節の総元締めであった関蝉丸の別当寺の近江の三井寺高観音の近松寺《ごんしょう》で学んだことがあり、筆名の「近松門左衛門」はその縁でつけたとの説がある。これらの過程で和漢の古典を学び、仏教に関する知識も習得していたものと思われる。俳諧を行っていたが、一六七七年、二十五歳頃までには、京都の宇治加賀掾《じょう》の下で浄瑠璃作者となったらしい。武士の出の近松が、当時、賤視されていた芸能の世界へ身を投じたのは、思いきった転身であった。

四十歳までがいわば習作時代である。加賀掾のために書いたと推定される『赤染衛門《あかぞめえもん》栄花物語』『世継曽我』など十数編の古浄瑠璃、竹本義太夫のために書いた『出世景清』『蝉丸』などがある。いずれも『栄花物語』『曽我物語』『平家物語』などの古典や謡曲にあるものを基にした時代物である。特に一六八五年の『出世景清』は、竹本義太夫のために書いた最初の作品で、従来の浄瑠璃に新風を吹き込み、浄瑠璃の歴史を新旧に二分するほどの画期的な作であった。

しかし、まだ経済的に厳しい状態で、四十一歳から一〇年間は、歌舞伎の名優坂田藤十郎と組んで歌舞伎に戯曲を書く。『傾城《けいせい》仏の原』『傾城壬生《みぶ》大念仏』などであり、御家騒動や神仏の霊験譚もあるが、中心は藤十郎が得意とした廓の場面におけるやつし事、傾城事の世話的な場景を写実的に描いたものであった。藤十郎が病気となり、座本を退いて後、再び竹本義太夫と組んで浄瑠璃に脚本を書くことになる。とりわけ一七〇三年、五十一歳の時の『曽根崎心中』は、大当たりを取り、以後、心中物や、当代の男女の色恋の物語という世話物が誕生することになる。

(2)『曽根崎心中』の画期性

『曽根崎心中』は、大坂の醤油屋手代・徳兵衛と新地の遊女お初が曽根崎で心中した事件を物語に脚色したものであるが、彼らの心の動きを深く描いた文学作品となっている。徳兵衛は、幼少から育てられた主人から妻の姪と結婚して後を継ぐように強く迫られたが、お初と深く契った仲なので断る。継母にすでに姪の持参金として渡されていた金を何とか取り戻したが、友人九平次に一日だけと頼まれて貸した。返す期日が迫り、徳兵衛は九平次たちに出会ったので、金の返却を催促すると、逆に九平次から証文偽造の罪を着せられて暴行を受ける。打擲《ちょうちゃく》された徳兵衛が、廓の店のお初を訪ねた時、人目を忍んでお初の裾に隠れて縁の下に潜んでいるところへ、騙した九平次が来て、その悪口を言いふらすが、お初は「長年なじみの徳兵衛はそんな人ではない」と反論して、独り言として次のように言う。

「頼もし立てが身のひしで（災い）で、だまされさんしたものなれども、証拠なければ理も立たず、此の上は徳様も死なねばならぬ品なるが、死ぬる覚悟が聞きたい」と、縁の下に潜む徳兵衛に足で問えば、彼はその足首とって喉笛を撫でて自害するぞと知らせける。お初は「其のはず、そのはず。いつまで生きても同じこと。死んで恥をすすがいでは」と応じる。クライマックスの場面である。

夜が更けてから、二人は手を取り合って店を抜け出し、曽根崎の森へと向かう。その道行として、死を決した彼らに見える心象風景を見事に描く。

「此の世のなごり、夜もなごり。死に行く身をたとふれば、あだしが原の道の霜、一足づつに消えて行く。夢の夢こそ哀れなれ」。「あれ数えれば暁の、七つの時が六つ鳴りて残る一つが今生の鐘の響きの聞きおさめ」「寂滅為楽とひびくなり」。……「いつまでも、我とそなたは女夫星《めおとぼし》、必ず添ふとすがり寄り、二人が中に降る涙、川の水嵩《みずかさ》もまさるべし」。

置かれた人間関係から無理やり押し付けられる「義理」と、自らの愛を貫こうとする「人情」の相克、そして名もない手代が持つ自己一分の誇り、それに同情し遊女が貫く愛、いよいよ死ぬとなれば湧き上がってくるこの世への名残惜しさ、彼らの死を知れば悲しむであろうそれぞれの家族への思いやり。近松は、さまざまな思いが幾重にも重なる若い二人の心の襞《ひだ》を美文で見事に描いている。

最後に二人は松と棕櫚《しゅろ》の木に帯で結びつけ、短刀でお初の喉笛を刺し、徳兵衛もお初が持ってきた剃刀で喉を抉《えぐ》って絶え果てる場面もリアルに描いている。無念と名残と凄惨さを重ねて、一層二人のあはれは増さる。そして最後に「未来成仏疑いなき、恋の手本となりにけり」と近松は結んで、救いを用意しているのである。

従来の時代物で英雄の大仰な振る舞いを描いた演劇が、一気に身近な庶民の心中に迫る戯曲となったのであり、文学作品が誕生したのである。人形遣いの操る人形に、義太夫が感情を込めて語る節に乗せて、観客は現実的で身につまされる物語に深く入りこみ、大きな感動を受けたであろう。『曽根崎心中』は、竹本座で大入り満員のロングランとなり、座の積年の負債を解消して、浄瑠璃を真の芸能として確立させた画期的な作品となった。この後、心中物を他の作者もこぞって書くようになり、浄瑠璃・歌舞伎に世話物というジャンルが確立した。さらに同様の「義理」と「人情」の相克に悩む若い男女が現実に心中する事件も多発する社会現象ともなって、幕府は心中を厳しく禁じることになる。

(3) 近松の文学的達成

近松は、『曽根崎心中』が大当たりする中で、竹本座の座本になった竹田出雲に求められて大坂に移住して竹本座の座付作者となる。義太夫を継いだ政太夫のために、世話物と時代物の脚本を多く著すことになる。近松の時代物（歴史的に著名な人物を扱った作品）の最高傑作とされるのが、六十三歳の時の『国性爺合戦《こくせんやかっせん》』である。中国・明の遺臣鄭芝龍《ていしりゅう》を父とし、日本人を母とする和藤内《わとうない》（国姓爺）が中国に渡って明を再興するために活躍する話だが、忠義と人情を絡めた物語である。これは三年越し十七カ月のロングランになった。

近松において、浄瑠璃も歌舞伎もリアルな筋書きを持った文学的価値の高い作品になった。世話物で当代の男女の愛情物語を深め、また時代物でも荒唐無稽なものから筋立てがしっかりしたドラマになったと言える。近松には七二年の生涯で、九〇編余りの浄瑠璃（内、二四編が世話物）と約三〇編の歌舞伎狂言があり、その他、かなりの数の存疑の作品もある。近松あってこそ、浄瑠璃も歌舞伎も画期的な進展を遂げることが出来たと言える。近松は浄瑠璃では、人ではない人形に命を吹き込むのであるから「文句みな働きを肝要とする活物《いきもの》」だと言っている。そして浄瑠璃の極みは、「実と虚との皮膜の間にあるもの」（穂積以貫編『難波《なに わ》土産《みやげ》』）と言っていたという。立派な芸術論も持っていたのである。

なお近松の時代には、人形は一人遣いで早い動きも出来たが、近松没後一〇年からは、人形は三人遣いとなり、より繊細な動きや表情まで表現できるようになったが、三人遣いの分、動きは緩慢なものになったので、近松の作のままで演じるのが難しくなった。それでなくても近松作品の特徴をより誇張する改作が施されて演じられるのがほとんどである。近松の原作に忠実に演じることの必要性が言われるようになったのは、戦後になってからである。

8. 浄瑠璃と歌舞伎の飛躍的展開

近松の没後、人形は三人遣いになり、脚本も共同制作の形をとるようになり、見せ場が目立つように工夫された。共同制作になって、作者の個性は薄まり、文学的価値よりも、演劇的効果をより打ち出すようになった。近松没後から半世紀の十八世紀中葉、浄瑠璃が空前絶後の盛り上がりを見せる。

代表的な作品としては、竹田出雲（二世）、三好松洛《しょうらく》、並木千柳《せんりゅう》合作の『菅原伝授手習鑑《てならいかがみ》』（一七四六）、『義経千本桜』（一七四七）、『仮名手本忠臣蔵』（一七四八）など、いずれも大坂竹本座初演の浄瑠璃である。

これらの人気作品はただちに歌舞伎に取り入れられ、歌舞伎的演出がなされ、歌舞伎も浄瑠璃と同時に演劇的な価値を飛躍的に高めていくのである。ここでは、人気作品の内から『仮名手本忠臣蔵』について見ておく。

●『仮名手本忠臣蔵』

『仮名手本忠臣蔵』は、一七〇二年に起こった赤穂浪士の吉良家討入り事件に取材した浄瑠璃義太夫節で、一七四八年に竹本座で初演された。これが人気を取ると、わずか五カ月後に歌舞伎に移されて、翌年から三都の芝居小屋はどこもかしこも争うようにして上演し、歌舞伎の代表作となっている。

上記の三人の合作であるが、同時代の武士社会を素材とすることは禁じられていたので、舞台設定は、近松門左衛門の『碁盤太平記』をはじめとする多くの先行作に基づいて「太平記」の世界を借り、吉良上野介は高師直《こうのもろなお》、浅野内匠頭《たくみのかみ》は塩冶《えんや》判官、大石内蔵助は大星由良之助などの役名としている。「仮名手本」とは、いろは仮名の数に合致する四十七士の意味で、武士の手本となる忠臣を集めた蔵と大石内蔵助の蔵を利かせたものと言われる。

あらすじは、鎌倉の鶴ヶ岡八幡宮に将軍代参があった日、討ち取った新田義貞の兜《かぶと》を奉納するが確かでないので、御所でこの兜を見ていた塩冶判官の妻・顔世《かおよ》御前が鑑定のために呼び出された際に、執事の高師直がその美貌に横恋慕して艶書を渡すのが発端である（大序）。判官の同僚が師直と衝突するが、その家老が金品を贈ったので、師直は態度を変える。対して、判官は贈答の要求に応じず、かつ艶書に断る顔世の手紙を渡したので、師直は激怒して足利殿中で判官を侮辱し、思いあまった判官が刃傷に及ぶが、抱きとめられ討ち果たせなかった（三段目）。判官は切腹を言い渡された。判官が切腹する場へ駆けつけた城代家老大星由良之助は仇討ちの決意を固める（四段目）。判官の供をして足利館にいた早野勘平は、顔世の手紙を届けに来た腰元お軽と逢瀬を楽しんでいて主君の大事の場面に居合わせなかった不忠を悔やんで、切腹しようとするが、お軽に必死に止められて、京都の山崎のお軽の実家へ駆け落ちする。勘平は猟師となるが、主君の仇討ちに加わるために資金調達に苦労しているのを知ったお軽の父親は、娘を祇園茶屋に身売りして五〇両の大金を得たが、山中で山賊に殺される。その山賊を猪と間違えて鉄砲で撃ち殺した勘平は、その懐に大金が入った財布を見つけて、それを軍資金にと届けたが、不審なものと同志の侍から突き返され、財布が夫のものと知った母親になじられ、勘平はお軽の父を殺したと思い込んで切腹するが、撃ち殺したのは舅を殺した山賊であることが判明して、死ぬ間際に仇討ちの連判状に署名を許される（六段目）。一方、由良之助は敵の目をくらますため祇園茶屋で遊興し、同志に問い詰められても、元の家老斧九太夫に探られても、仇討ちの本心は隠し通すが、届けられた顔世御前からの密書を、遊女になったお軽に盗み読みされたため、身請けして殺そうとする。足軽の寺坂平右衛門は同志に加えてほしいと由良之助に願い出ていたが、相手にされない。彼はお軽の兄だが、急な身請けの話に喜ぶ妹の話を聞いて、由良之助は秘密を守るために殺す目論みと察して、自ら妹を殺そうとする。その瞬間に由良之助が出てきて、本心は分かったと止め、軒下に潜んで密書を盗み読んでいた九太夫をお軽に手を添えて殺させ、始末を任せて平右衛門も同志に加えられる（七段目）。討ち入りの武器調達を頼まれた商人が、疑われて息子に刃を突き付けられて白状を迫られても「天河屋の義平は男でござるぞ」と男気を見せる話（十段目）を経て、討ち入り、本懐を遂げるに至る。（十一段目）。

史実にとらわれない自由な脚色で、全一一段で劇の展開は巧みで、色と金にしか目のない上役の無体な仕打ちに耐えかねて刃傷に及ぶ判官に同情し、その切腹の場面にやっと登場する由良之助に期待する。「色にふけったばっかりに」身の破滅に向かう勘平とお軽、お軽の父親が娘を身売りして手に入れた大金を狙う悪役、勘違いで切腹する勘平、本心を隠す由良之助の遊郭遊び、お軽と平右衛門のやりとり、商人の侠気、そして最後に今は演じられないが、元の脚本では主君の位牌に師直の首を供えて線香を上げる場面では、二番目に大星が懐中から勘平が届けた財布を取り出し、この忠臣は妹の婿《むこ》だからと平右衛門に供えさせている。四十七士がいるが、勘平と平右衛門という軽輩だけに焦点を絞り、祇園茶屋の明るい場面に本心を隠す由良之助の苦渋、合わせ鏡でお軽が密書を盗み読みする場面、相手にされない足軽の悲しさとその志、商人の侠気など、見物人の下級武士や町人が入れ込みやすい仕掛けが十分にある。この作品は、歌舞伎に移されてから、代々の名優が演出の工夫を積み重ねて、不入りの時でも景気を挽回する人気狂言になった。今日でも上演されることが最も多い作品だが、途中で改作された舞踊が入り、また飛ばされて上演されることが珍しい段があり、最後の「討入り」は明治以後にできた実録風の脚本・演出によって演じられることが多い。

江戸時代には、この作品は毎年のように上演されていたという。元来、赤穂事件は、生類憐みの令で苦しむ庶民にとって、公然と幕府に反抗し、主人の無念を晴らした浪士たちこそ、武士の鑑という思いもあった。艱難辛苦の末に集団一体で本懐を遂げるという過程を思って、同情も強かった。天河屋の侠気もその表現であろう。浪士の助命という思いは世間で高かったが、結局、全員切腹となった。浪士たちの御霊を鎮める思いが込められているとする解釈もある。

明治以後は、歌舞伎を離れて、芝居や映画、テレビでもしばしば演じられ、特に討ち入りがあった十二月中旬には、毎年必ず何かの番組で忠臣蔵が放映されている。

9. 将軍吉宗による構造改革―人材登用策と殖産興業

十八世紀初期には、新田開発も頭打ちになり、人口も飽和状態に達した。貨幣経済の進展は、年貢の収入に頼る封建財政の急激な悪化を招いた。幕政の構造改革が必要であった。そうした折、徳川宗家の血筋が絶えたので、一七一六年に紀州徳川家から入った八代将軍吉宗は、従来のやり方にとらわれず、紀州の藩政改革で成功した実績を持って、あらゆる方面で抜本的な構造改革を図った。西日本から入った将軍吉宗は日本全体を見ていた。まず武士には武芸奨励をし、鷹狩りを復活させ軍事訓練を行った。これまでの法律をまとめて、人口調査もさせた。足高制《たしだか》で、有能な人材の登用を図った。年貢を毎年の出来具合を調査して決定する検見法《けみ》を改め、実収穫平均から年貢率を一定期間固定する定免法《じょうめん》として、年貢の増徴を図った。開発による環境破壊を防ぐため抑制されていた新田開発を、商人資本を導入するなどして積極的に奨励する策に転換した。実利的な発想で、全国の物産の調査をさせ、薬種調査もした。また漢訳洋書の輸入制限を大幅に緩和するとともに、青木昆陽・野呂元丈らにオランダ語を学ばせて、後の蘭学の基礎を築いた。目安箱《めやすばこ》を置いて、庶民の声を直に聞こうともしている。吉宗の強力なリーダーシップによる改革によって全国に及ぶ支配を建て直して、吉宗は「幕府中興の英主」とされ、以後の改革のモデルとなった。

吉宗の改革の後、九代将軍の小姓から取り立てられ、一〇代将軍の側用人から老中になったのが田沼意次《おきつぐ》であった。田沼は吉宗の殖産興業の方針を継承するとともに、商業資本を利用して、年貢以外の収入の増加を図った。そのため株仲間を積極的に公認して運上・冥加などの増収を図った。

南鐐《なんりょう》二朱銀を鋳造させ、金貨と銀貨の単位を統一して、金遣いの東日本と銀遣いの西日本の経済圏が統一されるよう試みた。貿易も海産物の俵物の輸出を奨励し、金銀を輸入するようにした。封建体制の変容に応じた政策であり、封建的規制が緩やかとなった田沼時代の天明期（一七八一～八九）には町人文化も進展した。他方、幕府役人への賄賂が横行し、末期には冷害と浅間山の大噴火が重なって天明の飢饉が起こり、大規模な打ちこわしも発生し、田沼は老中を罷免されて、次の寛政の改革となる。

10．天明文化の展開

十八世紀後半には出版業が盛んになり、企画、出版、販売まで一体に行っていた。田沼時代には上方を中心に読本《よみほん》が展開する。絵ではなく文を主とする意味で、中国の白話小説の翻訳、翻案が流行するが、上田秋成《あきなり》の『雨月物語』が有名である。また江戸では大田南畝《なんぽ》（蜀山人《しょくさんじん》）の狂歌、柄井《からい》川柳《せんりゅう》編の『誹風柳多留《やなぎだる》』、遊里の情景描写をして会話体で書いた洒落本《しゃれぼん》などが出た。また芭蕉の八〇年忌を中心に『おくのほそ道』普及本や『俳諧七部集』が刊行され、与謝蕪村《ぶそん》や蝶夢をはじめとして上方で「芭蕉に帰れ」の運動が起こった。蕪村は絵画とともに俳諧でも、より浪漫主義的な作品を作る。学問でも、国学や蘭学の研究が盛んで、それらの書もすぐに刊行されたことは、次章に述べることにする。

絵画では、京都と江戸で注目すべき作品が生み出されている。

京都の円山応挙《まるやまおうきょ》は、丹波の農家に生まれ京都へ奉公に出るが、玩具屋で眼鏡絵《めがねえ》という風景画を描いて才能を開花させる。眼鏡絵はレンズを通して見ると立体的に見えるように透視遠近法で描かれた風景画であった。十八世紀初期にヨーロッパで生まれ、中国を経て日本に入ってきたものである。応挙は十五歳頃から狩野派系の門に入って本格的に絵を学ぶが、その頃中国の画家沈南蘋《しんなんぴん》の濃密で写生的な花鳥画の影響も受けている。円満院主祐常《ゆうじょう》の後援があって、応挙は絵師として自立できた。祐常は光琳のパトロンであった公家二条家の三男で門跡寺院の大僧正であった。応挙は絵巻を写して古画を学ぶとともに、写生図巻に動物や植物をさまざまな角度から写生して修練を重ねた。円満院の亡き後、四十一歳からは新興商人の三井家の後援を受ける。現金売りの店頭販売を始めた三井家であるが、京都の貴族的な伝統美ではなく、諸文芸の教養がなくても分かる応挙の写生画は魅力であった。応挙は屏風絵を多く手掛けるようになるが、この頃には多くの弟子を抱えて工房を成していた。個性的な絵を描く長沢芦雪や蕪村の弟子で没後に応挙に近づいた呉春もいた。応挙晩年の「雪松《ゆきまつ》図屛風」は、伝統的な物語性を一切排除して、三次元的な情景描写に徹している。モダンで近代の日本画につながるものとなる。

同時代の京都には伊藤若冲《じゃくちゅう》も出ている。青物問屋に生まれ、四十歳になって家業を弟に譲ってから絵画三昧に入る。『動植綵絵《どうしょくさいえ》』は、全三〇巻の動植物を描いた彩色画だが、鳥や群魚、群虫など、過常に濃密に色鮮やかに描いている。沈南蘋の影響と応挙の影響も窺える。一〇年をかけて完成させたこの大作の絵に、「釈迦三尊像」を合わせて相国寺に寄進している。しかもこの間には鹿苑寺の大書院障壁画全五〇面も水墨画を描いている。さらに釈迦涅槃《ねはん》図を、大根の釈迦に、ナスやカボチャ、ハス、トウキビなどが囲む絵にした「果蔬《かそ》涅槃図」もある。青物問屋出身だったことによるが、奇想の画家と言われる画家である。

京都には、別に文人画も展開していた。中国で文人が技巧より、気品・風雅を重んじて山水を描いた南宗画を受容して、日本的に展開した。池大雅《いけのたいが》が中心だが、与謝蕪村も大雅と「十便十宜画」を描いて、その画力の差に愕然としたというが、晩年には「夜色楼台図」のように和漢の画風を自在に描いている。

江戸では、十八世紀後期に鈴木春信により多色摺りの錦絵《にしきえ》が確立してから、浮世絵は急速に展開していた。木版印刷技術の発達により、絵師が描いた下絵を彫師が色ごとに数枚の板に彫り、それを刷師が色付けした数枚の板木をぴったり重ねて刷り上げて完成する。出版元が企画して一〇〇枚単位で制作し、庶民に販売する。それゆえ、画材は庶民の関心がある流行を追ったし、また流行を作り出した。特に版元・蔦屋《つたや》重三郎は公認の遊郭の吉原の案内書を出し、さらに吉原の花魁《おいらん》たちを売り出すために、美人画の浮世絵を大々的に刊行するようになった。

天明年間（一七八一～八九）には、鳥居清長が画の大きさをそれまでの中判から大判に換え、西洋画のデッサン法を参考にして八頭身の長身細身の美人画を描いた。大判の二枚続き、三枚続きの画面を作ると、背景に風景を描くようになった。ただ清長は鳥居家四代目を継いでから、家業の看板絵に専念し展開は止まった。

寛政年間（一七八九～一八〇一）になると喜多川歌麿《うたまろ》が大首絵《おおくびえ》の美人画を発表し、遊女のみならず一般の女性の美が描かれた。大首絵も洋画の影響である。東洲斎写楽《しゃらく》が個性的な役者絵を描いたのも寛政中期であった。

京都の画家には寺院などのパトロンもいたが、江戸の浮世絵はまさに大衆の流行の人気を追うものであった。江戸の浮世絵は、風紀引き締めを狙った寛政の改革による取り締まりによって大きな打撃を受けることになる。

11. 江戸の庶民文化が開いたもの

江戸の泰平の世に、庶民の好みに支えられて展開した俳諧、浮世草子、そして浄瑠璃や歌舞伎、さらに浮世絵は、従来の日本文化にはなかった新生面を切り開いた。古典を踏まえながらも、世俗の浮世の生活に即して、その中に人間が生きる深いあはれと美を見出した。文化の享受層が一気に広がったし、そうした広がりの中で、個々の天才が開花していったと言える。宗教的な教えやイデオロギーはなく、タブーもあまりない中で、各自がそれぞれの道を追求していき、「俗」の中に生きることに、深い真実と美を感じ取って表現していったようである。しかもそれを支配階級や富裕層だけでなく、ごく普通の都市民が享受していたのである。貸本を利用し、芝居小屋に出かけ、あるいはうどん一杯くらいの安価な値段で手に入れられる浮世絵で、生活に潤いがもたらされていたのが、江戸の世であった。

参考文献

山根有三『宗達と光琳』（日本の美術・小学館・一九八二年）
仲町啓子『もっと知りたい尾形光琳』（東京書籍・二〇〇八年）
ドナルド・キーン（吉田健一訳）『能・文楽・歌舞伎』著作集第6巻（中央公論新社・二〇一三年）
和辻哲郎『歌舞伎と操り浄瑠璃』（和辻哲郎全集・岩波書店・一九七八年）

暉峻康隆・東明雅校注・訳『井原西鶴集』（新編日本古典文学全集・小学館・一九九六年）
鳥越文蔵他校注・訳『近松門左衛門集』（新編日本古典文学全集・小学館・一九九八年）
原道生『近松浄瑠璃の作劇法』（八木書店・二〇一三年）
乙葉弘校注『浄瑠璃集　上』（日本古典文学大系・岩波書店・一九六〇年）
服部幸雄編『仮名手本忠臣蔵を読む』（吉川弘文館・二〇〇八年）
冷泉為人『円山応挙論』（思文閣出版・二〇一七年）

13 伝統文化の熟成と幕府の終焉（江戸後期・幕末）

《要旨とポイント》江戸中・後期は諸方面の学問が発達した。日本の歴史を捉え直す動きは元禄時代に水戸藩で組織的に行われ始めたが、『大日本史』の編纂から尊王という水戸学の伝統をつくることになる。『万葉集』や『古事記』などの古典の実証的な研究に基づく国学の流れも生まれた。自然科学の諸学問も元禄期から展開していたが、十八世紀後期からは西欧近代科学に対する関心も高まり、『解体新書』をはじめ、多くの翻訳書が生まれた。

十八世紀後半から十九世紀にかけては、全国で藩校や私塾が、また庶民の間では寺子屋が展開した。俳諧や川柳の連《れん》が出来、絵入りの小説も読まれていた。浮世絵も役者絵、美人画から、西洋画の遠近法や陰影法も学んだ風景画が展開した。葛飾北斎が自然や庶民の生活を自在に描いた「北斎漫画」や「富嶽三十六景」は、西洋画壇に衝撃を与えてジャポニスムを生み出した。

十九世紀には封建的身分制は流動化しつつあった。防具を着け竹刀で打ち合う竹刀剣術が下級武士と豪農の間で流行し、やがて幕藩の改革の中で彼らが出世する一つのルートとなる。

一八五三年の黒船来航により一気に幕末の政治的大変動が生じた。将軍継嗣問題と開国―攘夷の対立の中で、開国するとともに大政奉還で体制刷新が図られたが、討幕勢力はクーデターにより武力対決を企て、天皇の錦《にしき》の御旗に、最後の将軍は恭順して幕府の正規軍は無抵抗で江戸城を無血開城した。内戦を回避しなければ日本が植民地化される危機感が共有されており、尊王思想とともに、「国譲り」の伝統も働いて、比較的平和裏に政権交代がなされたと言える。

《キーワード》『大日本史』、国学、本居宣長、蘭学、浮世絵、葛飾北斎、竹刀剣術、講武所、徳川慶喜、大政奉還、無血開城

1．伝統文化の熟成―日本の歴史の捉え直し

江戸時代は鎖国下、伝統文化の熟成が見られた。前二章で文学・芸術の展開を概観してきたが、本章では最初に学問分野での伝統文化の捉え直しについて見ておく。

日本の歴史を最初から組織的に捉え直し、幕末の政治情勢にも大きな影響を及ぼしたのが、水戸藩の『大日本史』の編纂事業であった。第二代藩主となる徳川光圀《みつくに》は、十八歳で中国の『史記』を読んで、日本の史書を編纂することを思い立った。藩主となる四年前の三十歳の一六五七年、江戸の藩邸に編集する史局を設け、全国から優れた学者を招いて本格的な編纂事業を始めた。将軍家を補佐する御三家という自覚の下、武家政治の成立の歴史の倫理的根拠を明確にして、幕府に尊皇と仁政を自覚させるとともに、一般にも倫理思想を持たせることを狙いとしていた。史局は後に彰考館と名づけられ、最初数名の館員から一〇名になり、最盛期には六〇名にも達した。京都、奈良をはじめ、全国に館員を派遣して史料を収集した（これが光圀〈黄門〉の全国漫遊の話の基になる）。中国の正史の編纂形式の紀伝体で、本紀・列伝・志・表の形式をとって、初代の神武天皇から第一〇〇代で南北朝統一がなった後小松天皇まで、天皇の代ごとの歴史と大義名分を漢文で叙述しようとした。史局開設から四〇年後の一六九七年に「百王本紀」が完成した。光圀没後も藩の編纂は続けられ、本紀七三巻、列伝一七〇巻を完成し、書名を『大日本史』として、一七二〇年に幕府に

献上された。その後も補訂が続けられ、光圀の一〇〇回忌の一七九六年には古典に詳しい塙保己一《はなわほきいち》らの校訂を受け、朝廷にも献上された。水戸藩では志・表の編纂をなおも続けて、天皇尊崇を強めた水戸学が形成され、幕末には大きな政治的影響をもたらすことになる。（志・表も合わせた全三九七巻で完成するのは、明治維新をまたいで明治三十九年［一九〇六］のことになる。）

光圀は『万葉集』の注釈も求めたので、契沖《けいちゅう》は『万葉代匠記』を著すことになり、これが国学の始まりとなった。また後の校閲に関わった塙保己一は、国学の賀茂真淵《まぶち》の弟子で、日本の古典を二五部に分けて体系的に一二七〇種五三〇巻にまとめた叢書『群書類従』を編纂した（一八一九刊）。

歴史書では、新井白石は一七一二年に、六代将軍家宣へ進講した草稿を基に『読史余論』を著した。摂関政治から徳川家康の政権獲得に至る政治史で、文徳天皇の世から建武の中興までの公家政治に九つの変化を、源頼朝以後徳川家康までの武家政治に五つの変化を認める「九変五変観」を立て、武家政治出現の必然性と徳川政権の正当性とを論証したもので、江戸後期に広く読まれるようになる。

頼山陽《らいさんよう》の『日本外史』（一八二七）は、平氏から源氏、鎌倉・室町幕府を経て江戸幕府までの歴史を、『大日本史』や『読史余論』の影響を受けつつ、漢文で文学的センスを持って著された。血なまぐさい武家の抗争史にさまざまな挿話を交えて書き、勤皇思想が顕著である。幕末には刊本で広く読まれ、明治維新の起爆剤ともなったと評されることもある。

十九世紀には、幕府も徳川家康から一〇代家治までの歴史書を編纂し、一八四九年には全五一六巻（引用書七四五点）の各代の『実記』（総称として後に『徳川実記』と呼ばれる）を完成している。和文体で法令も載せて、幕政・藩政史などの詳細な記述である。（一一代家斉から一五代慶喜までの『続徳川実記』は、幕府崩壊に伴い、未整理で史料のみ収録する形で残り、後に刊行される。）

2. 国学の展開―契沖から真淵、宣長へ

国学の始まりは、上記の契沖の『万葉集』研究であり、仏典や儒教の注釈を範として、万葉の用例や、同時代の他の古典の用例を根拠として、意味・用法を客観的・実証的に追究することによって歌意を明らかにするとともに、歴史書の記事などに基づいて作品の背景を考え、類歌を援用して、古人の心情を客観的に考察することに努めた。この研究によって確立された文献学的研究方法を基本として、国学は、その学問体系を整えていく。

約一世紀後に生まれた神職の子・賀茂真淵になると、仏教や儒教など外来思想によって曇らされない日本固有の道の究明は、古人の心と言葉を知ることによって初めて可能になるとし、『万葉集』を研究すべきだとし、自らも万葉風の歌をつくって、古人の心と言葉を自らのものにするよう努めるべきことを強調し、その上で『古事記』を研究するならば、神皇の道はおのずから明らかになると説いた。真淵が万葉研究に本格的に取り組むことができたのは晩年のことで、目標の『古事記』研究を完成することができなかった。

これに対して本居宣長《もとおりのりなが》は、京都に遊学した若い時代に医師としての勉強とともに、儒学の古文辞学の徂徠《そらい》学派の塾に学んだ後、『源氏物語』の研究をして「もののあはれ」論を形成していく（第4章参照）。宣長は二十八歳で伊勢に戻ったが、三十四歳の時の真淵との一夜の邂逅の後、『古事記』の研究に取り組むことになる。翌年『古事記伝』の稿を起こし、三四年かけて、手堅く実証的な手法で読みを確定した上で詳細な注釈を施した『古事記伝』全四四巻（一七六四～九八年執筆、

一七九〇～一八二二年刊）を完成する。その上で、宣長は、神々の行為も自然の現象も、病気・治癒も、すべての現象の「然る所以《ゆえん》」は神慮にある、しかし神慮を問うことは不遜で、すべては「神のみしわざ」で人智の及ばぬ「あやしき」ものである、と説いた。朱子学の理気論を「こちたき漢意《からごころ》」であると厳しく批判し、日本にのみ正しい「古伝説」が伝わっていると論じる。すべての物・事は「神のみしわざ」である、その「物・事の心」と「その心を知っておこす感動」が「もののあはれ」を生み出すと説いた。宣長は『源氏物語』を詳しく注釈して得た「もののあはれ」と結びつけたのである。宣長によって国学は学問的基盤を固めたが、十九世紀の平田篤胤《あつたね》などからは、より復古的なイデオロギーに変容していくことになる。

3．蘭学の展開とシーボルト『日本』

この時代の知識欲は、日本国内に対してだけでなく、広く西洋にも向けられていた。

日本は十七世紀初期から、日本人の海外渡航、外国人の入国を禁じて鎖国をしたが、長崎の出島に限ってオランダ人と中国人の貿易を認めて、特にオランダ商館長には『阿蘭陀《おらんだ》風説書』を提出させ、ヨーロッパなどの海外事情を聴取していた。オランダ商館長一行は、最初は年一回（一七九〇年からは四年に一回）江戸参府を行っていた。長崎の出島では、オランダ通詞が役職上から商館員に、西洋事情とともに学術書についても学んでいた。

蘭学が本格的に展開するのは、八代将軍徳川吉宗が享保の改革において殖産興業策の中で西欧科学の研究に興味を持って、キリスト教以外の洋書の漢訳本の輸入の取り締まりを大幅に緩和するとともに、一七四〇年青木昆陽と野呂元丈の二人に命じてオランダ語を学ばせたことが契機となる。

一七七一年に、前野良沢、杉田玄白らの医師は、人体解剖に立ち会ってオランダの人体解剖書『ターヘル・アナトミア』が正確であることに驚き、これを翻訳することにした。辞書もない中、三年の苦闘の末、日本で最初の西洋医学書の翻訳『解体新書』（四巻）が刊行された。この書は日本の医学にとって画期的なことで蘭学を大きく推進する力となった。十八世紀末には、当時のオランダ商館長ドゥーフが長崎のオランダ通詞数人とともにハルマの蘭仏対訳辞書の和訳をして、蘭日辞書『ハルマ和解《わげ》』（一七九六）が出来上がった。これによって蘭学は新たな段階を迎えた。この時期、西洋医学書の翻訳・出版と並んで、志筑《しづき》忠雄の『暦象新書』、帆足万里《ほあしばんり》の『窮理通《きゅうりつう》』など、天文学、地理学から、物理学、化学、植物学などの西洋学術書が蘭学者によって翻訳された。一八一一年、幕府は天文方に蕃書《ばんしょ》和解御用を設けて、大槻玄沢らにオランダ書籍の翻訳にあたらせた。

十九世紀初頭には、天文学を学んだ伊能忠敬は、蝦夷地から南の九州、屋久島まで全国を一七年間かけて測量し、その死後の一八二一年に、弟子たちによって高精度の日本全図『大日本沿海輿地全図』が完成された。大図（縮尺三万六〇〇〇分の一）二一四枚、中図（縮尺二一万六〇〇〇分の一）八枚、小図（四三万二〇〇〇分の一）三枚で、現在の測定値と比較しても、距離の測定誤差三〇〇分の一、子午線一度の長さの誤差〇・二キロメートルであり、当時としては驚異的な高精度なものであった。

同じ頃、オランダ商館付医師シーボルトの指導により多岐にわたる知識が広がった。シーボルトは、貿易強化のため日本の総合的・科学的研究の使命を帯びていた。オランダ側の幕府への働きかけによって、彼は長崎郊外の鳴滝に塾をつくり、治療と講義ができるようになった。鳴滝塾には、美馬順三、高野長英など優秀な弟子たちが集まった。シーボルトは弟子たちに研究テーマを与え、オランダ語の論文を提出させたが、それを彼自身の研究資料にした。また弟子や友人、雇い人の協力で長崎近郊の動植物採集を行い、川原慶賀に図を描かせた。一八二六年、江戸参府に随行し、動植物の採集、測量、観測などを行った。旅行の往復や江戸滞在中、日本人の学者たちと知識や資料の交換を頻繁に行った。葛飾北斎に日本人の男女の生涯を絵巻物形式で描かせている。

一八二八年帰国の際に、長崎港のオランダ船が台風で難破し、修理のために積み荷を陸揚げしたとき、国外持出し禁制の日本全図が見つかり、シーボルトは国外追放された（シーボルト事件）。多量の資料、標本、生植物を持ち帰って、帰国後、彼は『和漢三才図会』や『大和本草』などを参考にしながら、『日本』『日本植物誌』『日本動物誌』を執筆した。これらは欧米の日本学（ジャパノロジー）の基礎となる。これらの書の内容は、網羅的で緻密であるが、十八世紀以来の日本の学問の成果に拠ったものであることに注目すべきである。

4．私塾・藩校・寺子屋の普及と庶民文化の広まり

江戸時代には、儒学から国学、諸学問、蘭学まで、さまざまな学派が展開して、それぞれの私塾で教育していた。多くは僧侶、神官、儒者、医師などの知識人が担っており、そこへ庶民が集う形であった。中には大坂の町人が設立した学問所の懐徳堂もあり、また下層の町人層に広がった石田梅岩に始まる心学運動もあった。

十八世紀後期からは、各藩でも藩校が数多く開設されている。藩校は藩士の人材養成を目的として、朱子学を主として、広く漢学を教授していた。この時期に開設された有名なものに限っても、造士館（薩摩）、時習館（熊本）、修猷館（福岡）、興譲館（米沢）、明徳館（秋田）、日新館（会津）

などが挙がる。もちろんそれ以前からの藩校もあり、以後も広がっていく。

また幕府の学問所として昌平黌が十八世紀末に神田湯島に開かれ、幕臣や各藩士を五〇〇名ほど受け入れていた。江戸の教育事情は、全国的に満遍なく高水準であったと言えよう。

貨幣経済の進展に伴って、庶民にも読み、書き、算盤《そろばん》の基礎教育が求められた。そのため寺子屋が爆発的に増えた。木版印刷によって礼法や冠婚葬祭の心得書なども流布して礼儀正しく振る舞うようになり、また茶の湯や俳諧などの趣味の集まりの連《れん》も展開し、庶民の文化的要求が高まることになった。庶民層に至るまでのリテラシーの高さは、以後の近代化の前提となる。

5．江戸社会の危機的状況と化政文化

十八世紀末から十九世紀初頭には、「内憂外患」の危機感が生じていた。天明の飢饉があり、一揆や打ちこわしが頻発し、幕府も藩も財政は行き詰まり、御家人株や藩の郷士株が売買されて身分制の流動化も始まって、封建社会は解体的状況に入っていた。加えてロシア船やイギリス船、アメリカ船も出没して海外から鎖国の状況を打ち破らんとする圧力が強まっていたのである。

松平定信が主導して寛政の改革が行われたが、農業を主とし、倹約を旨とする、復古的理想主義であった。武士に文武を奨励し、幕府の学問所では朱子学を正学とし、異学を禁じた。幕政への批判は許さず、ロシアの南下に対して海防の必要を説いた林子平の『海国兵談』の板木を没収し、子平を処罰した。社会を風刺する狂歌も厳しく監視し、リーダー格の幕臣大田南畝《なんぽ》は狂歌を止めた。狂歌本、戯作、浮世絵を手掛けていた版元の蔦屋《つたや》重三郎の身上を半減に処したが、重三郎は、それに抗して漢籍や和学書の刊行にも手を広げ、本居宣長《もとおりのりなが》にも会う一方、喜多川歌麿《うたまろ》や東洲斎写楽《しゃらく》の大《おお》

首絵《くびえ》も出すようになる。しかし間もなく重三郎は病没し、十九世紀初頭には、戯作の山東京伝《さんとうきょうでん》、浮世絵の歌麿は手鎖の刑に罰せられて、間もなく二人は亡くなった。浮世絵や歌舞伎は奢侈と見られると罰せられる可能性があるので、幕府に睨まれないように警戒して、文化は庶民の日常生活のみを材料とするように萎縮して、享楽的、刹那的な傾向を強めることになった。

寛政の改革の後は、将軍家斉《いえなり》の下で綱紀は弛み、政治と経済は放漫なものになった。その文化文政期（一八〇四～三〇）に、化政文化と呼ばれる江戸の町人文化が展開するのである。

文学においては、弥次郎兵衛と喜多八の珍道中を滑稽に描く十返舎一九《じっぺんしゃいっく》の『東海道中膝栗毛』、八犬士が主家再興を狙う伝奇小説である曲亭馬琴《ばきん》の『南総里見八犬伝』、町人の恋愛を描く為永春水《しゅんすい》の『春色梅児誉美《ごよみ》』、『源氏物語』を室町時代に置き直した柳亭種彦の『偐紫田舎源氏《にせむらさきいなかげんじ》』などが、庶民に人気があり、続き物で刊行されていた。庶民の川柳を集めた『誹風柳多留《はいふうやなぎだる》』も、一五〇巻以上続いていた。（やがて天保の改革で再び幕府の規制が厳しくなると、春水と種彦の小説は絶版処分を受け、『柳多留』も廃絶される。）

歌舞伎では、四世鶴屋南北の『東海道四谷怪談』など凄惨な舞台や、浮世絵でも大きな骸骨を描いた歌川国芳の「相馬の古内裏」なども現れた。化政文化では頽廃的で不気味な様相も見せていたこうした江戸の文化より、地方の、〈めでたさもちう位なりおらが春〉のように平明素朴な表現で、強者への反抗や弱者へのいたわりを示す句を詠む小林一茶や、曹洞宗で修行したが晩年は故郷越後に帰って万葉調の和歌を詠んだ良寛などが注目される。

こうした化政文化の中で一番に挙げられるのが、葛飾北斎と歌川広重の浮世絵であろう。

6．浮世絵の新たな展開―葛飾北斎と歌川広重の画業

葛飾北斎は、江戸下町の庶民の生まれである。六歳から絵を描き始め、貸本屋の小僧や版木の彫師も経験したという。十九歳で役者絵の大家・勝川春章に入門し、翌一七七八年「春朗《しゅんろう》」の名でデビューした。

(1) 役者絵の時代―春朗から写楽へ

春朗時代（二十歳〜三十五歳）には、勝川派の美人画・役者絵を描いているが、当時流行の鳥居清長の美人画の影響も受け、三十代に入ると急激に作品が多くなり、画風も個性あるものとなる。春朗は三十五歳の年に狩野派など他流の絵にも学んでいたことが露見して、勝川派から破門された。まさに春朗が破門された一七九四年五月に突如現れ、翌年二月まで一四五枚の役者絵と若干の相撲絵を描いて消えたのが東洲斎写楽である。大胆にデフォルメされた個性的な絵で、デッサン力と線の巧みさはとても素人が描けるものではない。一五年間役者絵を描いていた春朗と共通する部分が多々見られ、版元は同じ蔦屋であり、春朗の画の裏に彫られた版木も見つかっている。写楽は春朗であったと見られる。

(2)「北斎」誕生

写楽が消えた年から、北斎は琳派に属して俵屋宗理を名乗って、肉筆画でスラリとした艶やかな美人画を描いている。しかも四年程で琳派を去り、美人画をあまり描かなくなる。北斎は一通りの

ことをすると、その世界からさっさと手を引いてしまう。常により新しい画法を追求して止まず、土佐派の大和絵も学び、さらに西洋の遠近画法を取り入れた「浮絵」も学んでいる。

一七九八年、三十九歳から「北斎辰政《ときまさ》」を名乗る。北斎とは、日蓮宗の妙見信仰によったもので、北極星を指す。世間の軋轢やごたごたにとらわれず、天にあって不動である北極星を目指して生きんとする、高い志を籠めたものであろう。「北斎」号に改めてから、次第にさまざまな分野の画を自由に描くようになる。大判の美人大首絵、遠近法を使った「浮絵忠臣蔵」、陰影法も合わせ使った洋風風景画、滝沢馬琴の長編小説の読本の挿絵などを描いている。

(3)『北斎漫画』の刊行

一八一二年、五十三歳の時、名古屋に旅し、旅の中で見た風物や人々の生活をスケッチしたものをまとめて、絵を描く際の手本とする絵手本として、一八一四年に『北斎漫画』初編が名古屋で刊行された。「漫画」は気の向くまま漫然と図柄を作ったという意味で、北斎自身による命名である。初編は、翁《おきな》と媼《おうな》の表紙から始まって、市井の人々の仕事や日常の一コマがユーモラスに描かれている。また獅子、虎、馬、鳥、昆虫、植物、魚、亀、貝、山、森、宿場街の家並みなどが書かれている。絵手本というより、北斎が旅の諸所で見かけて描いたスケッチを集めたものの趣である。

初編は大好評を得たので、第二編、第三編が出され、五編以降は、内容の統一を図り、五編は建築物、六編は剣術など武術の稽古、七編は全国の名勝の景色、八編は補遺と養蚕・織物、九編は和漢の武者・貞婦・烈女、十編は神仏、高僧などである。ほぼ毎年二編ずつ刊行されて、六十歳の一八一九年の第十編で一応の完結をみた。

『北斎漫画』は、この後、一五年の間をおいて、第十一編が出され、最後は没後に残されたものを編集した第十五編まで出される。『北斎漫画』は合わせれば、三九〇〇図ものカットが載せられ、森羅万象、妖怪も含めてさまざまな画が描かれ、種々多様なデザインも載せられている。『北斎漫画』は、卓越した画力で、江戸後期の世相や人々の生活、そして万物の「喜ぶべく楽しむべきものの情形を、多歳の後、千里の外に伝」（初編序）えるものになっているのである。

(4) 「富嶽三十六景」

一八三一年、七十二歳から翌々年にかけて刊行されたのが「富嶽三十六景」である。これは、各地で見える富士山のさまざまな姿を三六枚、さらに好評につき一〇枚追加して出された大判の錦絵である。さまざまな描き方で、これまで培った北斎の技法が駆使され、すべて見事な筆遣いと配色で完成されている。二年前に入ってきたばかりの合成顔料「ベロ藍」（プルシャン・ブルー）の鮮やかな色がふんだんに使われ、華やかである。

「凱風快晴」では、富士山が朝日に一瞬上部が赤く染まり、青い空には白い横雲が幾筋もたなびき、麓は黒から緑へと変わり赤へとつながる。富士山は美しく厳然と聳えている。また「神奈川沖浪裏」では、前面の画面一杯に盛り上がった巨大な波が人間の舟を襲ってくるような迫力、この巨大な波は崩れ去っても、また同じく巨大な波が立ち上がっては砕けていく。そんな波のうねりが繰り返される中でも、富士は奥に静かに存在している。

その他、人々の生活の中で垣間見られる富士山がさまざまに描かれている。富士の三角形と相似形の三角形の画面を作ってみせたもの、遠くにある富士山を見る人々を描くもの、前面に舟を描きながら巧みに視線を富士へと導くもの、旅する人々の背後にある富士、前景に名所を描きながら白い富士を見せるもの、無心に仕事する人々の縦の線や斜め、丸などと富士を対比するようなもの、……諸々の生活の苦労がある中でも、その背後に変わらざる大自然がある。「富嶽三十六景」は、日本を象徴するものとして諸外国に広く知られるようになる。

(5) 北斎の画業

北斎は、伝統的な日本の絵画を学ぶとともに、西洋絵画の画法も吸収して、大きな自然の中で庶民が楽しく生活する様を活《い》き活きと描いている。絵画において、伝統の成熟と西洋への視線を合わせ、庶民の文化の豊かさを表していると言ってよい。北斎は九十歳で死ぬまで絵を描き続けて三万点を超える膨大な作品を残した。北斎が描いた「その喜ぶべく楽しむべきもの」は、日本社会を超え、さらに時代を超えて、その真を伝えているのである。十九世紀、欧米でジャポニスムを起こすことになる。

(6) 歌川広重の画業

北斎が「富嶽三十六景」を出した二年後には、歌川広重が「東海道五十三次」の風景画の連作を刊行した。広重は、一七九七年、江戸の幕臣の火消同心の家に生まれ、十三歳で家職を継いだが、微禄の御家人では副業を持たざるを得ない状況で、十六歳で歌川豊広に入門し、浮世絵師になろうとしていた。二十七歳で家職を退いてから、画業に専念し、役者絵や美人画を描いていたが、名所絵も描いていた。それが「東海道五十三次」の風景画連作を発表して、一気に人気を得るようになった。有名な十返舎一九《じっぺんしゃいっく》の『東海道中膝栗毛』を踏まえた上で、遠近法の透視図法と円山応挙の写生の画風を取り入れた画風であった。雨や雪の中を歩く人の姿や、朝靄や黄昏《たそがれ》のシルエットを描いて、臨場感あふれ、物語的な旅情あふれるものだったので、たちまちに人気を取って、以降東海道物を二〇種類も出すという売れっ子となった。「木曽街道六十九次」を完成させた後、「東都名所」や「四季江都名所」「京都名所」「近江八景」など、風景画の錦絵《にしきえ》の名作を次々と発表していた。広重は、写生帳を持って、風景をスケッチしているが、その景色を取捨選択し、またデフォルムして、広重らしい詩情豊かな風景画にしている。先行する絵を参照しているので、どこまで実景を写したかは研究者でも意見が分かれるところである。風景画のジャンルを確立した後、草花や鳥獣を描く花鳥版画にも力を入れている。北斎も花鳥図を描いていたが、広重は応挙の写生画に学んで繊細で日本情緒を示している。最晩年には縦長画面の「名所江戸百景」ではさまざまな風景と人々の暮らしを描いて、彼の名所絵を集大成している。これを完結させた直後、一八五八年に広重は没している。その画業は、北斎とともに、ヨーロッパでジャポニスムを生み出すことになる。

7. 天保の藩政改革と竹刀剣術の展開

十九世紀中葉には、「内憂外患」はいよいよ深刻になった。大坂で幕府の元与力の大塩平八郎が困民救済を目指して乱を起こした。そして、中国の清がアヘン戦争によってイギリスに手痛い敗戦を喫すると、危機感は一気に高まった。幕府は天保の改革で封建体制の建て直しを図ったが、大名・旗本・農民らの反対により短期間で失敗した。すでに幕府が強権的に改革できる状況ではなくなっていた。改革は失敗に終わり幕府の権威を失墜させた。しかもこの改革の中で、幕府が大砲を採用し、海岸線の防備の強化のために、各藩にも大砲を準備するように指令したことは、各藩で洋式兵法の導入を促すことになった。

この時代に諸藩でも藩政改革が行われ、人材登用をして財政建て直しと軍事力の強化が図られた。勘定方や軍事方面では下級武士の取り立てが行われた。水戸藩では領内の海岸にイギリス船が漂着した事件があったので、攘夷論が高まったが、それも優れた洋式軍備を取り入れることにより、西洋諸国の侵略を打ち払おうとするものであった。改革の中心になった藤田東湖《とうこ》は、父・幽谷が農民の出であったが、『大日本史』編纂の彰考館に採用されて武士に登用された経緯があり、少年期から竹刀剣術で鍛えていた。藩主継嗣問題で下士改革派の中心として徳川斉昭の擁立に成功して、その許で力を揮《ふる》った。尊王攘夷論を唱えるとともに、藩校にも竹刀剣術の流派を取り入れた。

水戸藩に倣って、天保期には、越前、長州、宇和島、土佐、肥前、薩摩などの各藩で、藩政改革が実施された。いずれも藩の特産物などの専売制を強化して、債務を減少・整理するとともに、洋式兵制を導入している。これらの藩政改革に成功した諸藩は「自立」の傾向を強め、次の幕末期の政局で力を発揮するようになるのである。

剣術も十八世紀後期以降、中級以上の武士が学んでいた木剣や袋撓《しない》を用いた形稽古による伝統的な流派に対して、下級武士や豪農層を中心として防具を着けて竹刀で自由に打ち合う竹刀剣術が流行していた。東湖は藩校の弘道館に、自らが学んだ神道無念流の斉藤弥九郎（農民出身）や北辰一刀流の千葉周作（郷士出身）ら江戸の町道場主を招いている。

江戸後期には幕藩体制も解体が始まって、下級武士の御家人や郷士などの株が売買されるようになっていた。また能力ある武家奉公人などが養子となって下級武士に取り立てられることも多かった。勝海舟は祖父が旗本小普請組の株を買って父に与えた家であり、土佐の坂本龍馬は郷士株を買っており、いずれも竹刀剣術で腕を上げて一人前の武士として認められることになる。江戸の竹刀剣術の町道場は、藩を越えて下級武士の交流場となった。長州の吉田松陰が水戸をはじめ東北を巡った時も斉藤弥九郎の息子新太郎の紹介によっており、桂小五郎は萩に来た新太郎が江戸に戻る時に私費留学を許されて江戸に出た。江戸後期においては、豪農層や浪人が、下級武士から武士へと出世するために竹刀剣術は重要なルートであった。

次節に述べるように、黒船来航以後、日本は大変動期に突入する。その非常時に、剣術は陰に陽に下級武士や浪人、豪農層の政治的活動に大きな意味を持つことになる。桂は黒船来航後、斉藤弥九郎の同門であった江川太郎左衛門の従者として台場建設のための海岸の見分をしており、後にその道場の塾頭となるので、志士たちの間で知られることになる。

黒船来航後、幕府は軍事力の強化のため、講武所を開設したが、剣術を西洋砲術と並んで訓練させた。剣術は依然として武士の精神を涵養するものとして重視されていたが、ここにきて竹刀剣術が幕府に正式に採用されたのである。講武所に竹刀剣術の主な流派の遣い手が集められ、竹刀の長さが統一され、試合稽古の形式も固まって近代剣道の基盤が築かれた。

幕末の最終段階では、討幕派の尊王攘夷派でテロを行ったのも竹刀剣術出身の郷士や浪人であり、また彼らを取り締まるため、幕府が募集した浪士隊にも、竹刀剣術の浪士や豪農層が集まることになる。浪士組は京へ上ったが、不穏な動きに幕府は江戸に呼び戻したが、そのまま京に残った者たちが新選組となる。京の志士の取り締まりに活躍した近藤勇や土方歳三は士分に取り立てられることになる。また豪農出身の渋沢栄一が一橋家に仕官できたのも、竹刀剣術の腕ゆえであった。

8．幕末の政治変動―黒船来航から幕府の終焉へ

一八五三年、アメリカの軍艦四隻が江戸湾入口の浦賀に来航した。これから幕府が倒されて明治維新となるまでわずか一五年である。この急激な政治的転換にも、日本文化の伝統が働いており、またこの転換が近代日本の方向を決した大事件でもあるので、以下に歴史的転換の過程を少し立ち入って見ておくことにする。

幕府は諸外国から武力で迫られて開国せざるを得なかったが、老中首座の阿部正弘は国論を統一するため、対応策を諸大名に提出させた。それまで幕府の方針に諸大名が口出しすることは厳しく禁じられていたのであったが、これが藩政改革に成功した薩摩や長州などの雄藩を政治の場に呼び出すことになった。二年後、堀田正睦《まさよし》が老中首座となったが、将軍継嗣問題で紀州藩主を推す南紀派と、雄藩連合で英明の評があった御三卿の一橋慶喜《よしのぶ》を推す一橋派が激しく対立した。それに日米修好通商条約の締結問題が絡んで、開国派と攘夷派に分かれた。堀田は条約に天皇勅許を得ることで国論統合を図ろうとしたが、孝明天皇は要請を退けて攘夷を表明した。天皇の意向が政治的意味を持つことになった。

政治的に窮した堀田に代わって南紀派の彦根藩主井伊直弼《なおすけ》が大老に就任して、一四代将軍を紀州の家茂《いえもち》に決定するとともに、天皇の勅許を得られないまま条約を調印した。井伊は、自らの独断専行に反発する一橋派の大名・公卿・攘夷派志士一〇〇名余りを弾圧・処罰した。安政の大獄である。これの報復として一八六〇年に桜田門外の変で水戸浪士は井伊を暗殺した。その後、天皇の妹・和宮《かずのみや》を将軍家茂に降嫁させて公武合体が図られた。薩摩藩は幕政改革を要求し、一橋慶喜が将軍後

見役となった。

その帰途、薩摩藩の行列を横切ったイギリス人が斬られるという生麦事件が起こり、やがて薩英戦争となる。薩摩を砲撃したイギリス軍艦が大きな反撃をうけたので、その実力を認めたイギリスは薩摩藩を支援する方針に転換する。他方、長州藩は攘夷決行で外国船砲撃をしたが、京都で禁門の変を起こして敗れた後、英・仏・米・蘭の四国艦隊に下関砲撃を受けた。長州藩は幕府に征伐されて保守派が権力を握って恭順したが、クーデターによって討幕派が実権を握ると薩長秘密同盟を結んで、新式銃を大量に入手し、幕府の第二次長州征伐に対して各地で勝利した。

この間に一八六六年、将軍家茂が病死し、慶喜が一五代将軍となる。他方、孝明天皇が急死して十六歳の若い明治天皇となる。慶喜は、イギリスに対抗するフランスの支援を得て、幕府軍の近代化を図った。講武所は陸軍所となり、海軍も新鋭艦を加えて強力なものとした。慶喜は、英仏の公使との関係も良好で京都で朝廷工作をして兵庫開港の勅許も得た。薩長はこの事態に窮して武力蜂起も企てたという。

慶喜は一八六七年十月、大政奉還を願い出た。これは、大名連合政府を作って、徳川宗家が抜きん出た筆頭となって改めて国政の実権を握る構想だったと言われている。英国公使パークスも大政奉還を「リベラルな運動」であり、慶喜を「時代の要請にふさわしい人物」と高く評価する報告書を本国に送っている。

しかし、大政奉還を上申した日に薩長に「討幕の密勅」が下された。ただ、この密勅は摂政による日付や裁可がなく偽造された「偽勅」であったと見られる。十二月に薩長主導のクーデターが起こり「王政復古の大号令」が発せられる。薩摩藩の武力を背景に小御所会議で慶喜の辞官納地が決定される。けれども慶喜は衝突を避けて一旦大坂城に退去した。新政府内でも公議政体派の巻き返しによって慶喜を議定に任命することが認められた。

一八六八年元日、大坂の旧幕府軍は武力反攻に決して、鳥羽・伏見へと進軍した。一月三日、新政府は徳川軍を「朝敵」と宣し、薩長軍に錦の御旗を下した。鳥羽・伏見の戦いは薩長軍が勝利したが、まだ小競り合いであった。しかし慶喜は秘かに大坂城を脱出して、軍艦で江戸に逃走した。

主導権を確保した新政府は慶喜追討令を出し、西日本の諸藩は無抵抗のまま制圧された。新政府軍は江戸へ進軍を開始し、途中ほとんど抵抗なく三月中旬には江戸城総攻撃の準備がなされた。

江戸に戻った慶喜は恭順の姿勢を示して、幕府軍を動かさずに、上野寛永寺に移った。この時、敵陣を突破して静岡の新政府軍の本陣まで駆けつけて和平交渉をしたのが、幕臣山岡鉄舟であった。その交渉を基に幕府軍の総指揮官の勝海舟と西郷隆盛の交渉が行われ、江戸城の無血開城が実現した。幕府軍は近代化した軍隊を持ち、海軍では新政府軍を圧倒する戦力を有しながら降伏したのである。

慶喜は水戸家の出身であり、水戸学の尊王思想がしみついていた。しかも内外の情勢をよく把握していたので、今、兵を動かせば長期の熾烈な内戦となるのを慮《おもんぱか》ったと思われる。慶喜は幕末の政局で大きな政治力を発揮していたが、以後、政治的な局面には一切関わらないことで一貫する。新政府も慶喜の隠居を許し、徳川宗家の存続を認めた。幕府側の一部の反発による戦い——彰義隊の上野戦争、奥羽越列藩同盟との戦い、函館戦争はあったが、本格的な内戦は回避されたのである。

世界史的には、前政権を倒して新政権が成立する時には、内戦が起き、大量の死者が出るのが通例であるが、日本では明治維新の大変革において、近代化した幕府軍が戦うことはなく、維新後も一切自重していた。さらに新政府が幕府の遺産をそのまま譲り受けることが出来たことが、日本の近代化が速やかに実現した大きな要因であったことは確かであろう。

もしも討幕勢力と幕府がイギリス・フランス両国のそれぞれの支援を受けて内戦となっていたならば、日本がイギリスとフランスによって分断されて植民地になる危険性が高かった。日本はこれまでも鎖国しながらも、欧米やアジアの政治情勢の情報はさまざまなチャンネルで集めており、蘭学・洋学の知識から武士層には日本の存亡・独立の危機感が強かった。外国の脅威に対して日本国という意識があり、同じ民族で争うことには後世の歴史から審判を受けるという意識があり、「国譲り」という伝統も強く働いていたと思われる。武士は刀を抜かずに戦わずに事を収めるという美学もあった。

近代日本が天皇を中心とする中央集権体制をいち早く築き得たのも、本章のはじめに見た『大日本史』や国学思想があったからであると言えよう。幕末の政体の大革命に際しても、日本の文化伝統が大きく働いていたのである。

参考文献

古典の事典編集委員会編『古典の事典』第10巻、第14巻（河出書房新社・一九八六年）
本居宣長著・吉川幸次郎編『本居宣長集』（日本の思想・筑摩書房・一九六九年）
芳賀徹編『杉田玄白・平賀源内・司馬江漢』（日本の名著・中央公論社・一九七一年）

フィリップ・フランツ・シーボルト著（中井昌夫他訳）『日本：日本とその隣国、保護国』全9巻（雄松堂書店・一九七七年）
田中英道『実証　写楽は北斎である』（祥伝社・二〇〇〇年）
永田生慈《せいじ》『葛飾北斎の本懐』（角川選書・二〇一七年）
田中英道『光は東方より　西洋美術に与えた中国・日本の影響』（河出書房新社・一九八六年）
魚住孝至「十九世紀における剣術の展開とその社会的意味」笠谷和比古編『徳川社会と日本の近代化』（思文閣出版・二〇一五年）
井上勝生『幕末・維新』（シリーズ日本近現代史①・岩波新書・二〇〇六年）

14 近代化と伝統の再編成 ―文学・芸術・武道（明治・大正・昭和初期）

《要旨とポイント》 一八六八年の明治維新から日本は近代化にひた走る。神仏分離令で神仏習合を否定すると、廃仏毀釈運動が生じて多くの寺院や仏像が破壊された。「文明開化」の中で伝統文化は否定され、存亡の危機に瀕した。明治二十二年に大日本帝国憲法が出来、国家体制が確立した頃から、伝統文化が見直されて、その近代的再編が始まる。文学では言文一致運動が起きた。和歌と俳諧は短歌、俳句となった。仏像や日本美術が見直され、能楽や歌舞伎も古典芸能となる。茶の湯や生け花は、女性の教養として茶道、華道と呼ばれて展開した。武術は、警察官教育に撃剣・柔術が導入されて残った。明治二十年代には嘉納治五郎は二派の柔術を基礎に自由に技を掛け合う柔道に再編成した。明治二十八年に武術を統括・推進する組織が出来、同四十四年には学校教育に入ることで近代武道は社会に定着する。明治末期には、新渡戸稲造の『武士道』や西田幾多郎の『善の研究』が現れて、日本の精神が主張されるようになった。

一九一二年からの大正時代は、学生が増え都市市民層が成長し教養主義が展開する。学生スポーツが盛んになり、武道も競技化する。沖縄の唐手が本土に紹介され、武道として展開する。他方、武道の精神性を追求する流れがあり、特に弓道では「弓禅一味」の運動が生まれた。

一九三〇年代には、和辻哲郎や九鬼周造の日本文化論、折口信夫《しのぶ》の民俗学、柳宗悦《むねよし》の民芸運動などが出てくる。西田は、その哲学を深めて、西洋と東洋の文化の根底に戻って人類文化への寄与を目指していた。

《キーワード》 廃仏毀釈、伝統の再編成、正岡子規、岡倉天心、嘉納治五郎、柔道、和辻哲郎、民芸

1．明治維新ー上からの近代化

明治新政府は、天皇の親政の形で中央集権的な国家体制を構築しようとした。一八六八年に明治と改元し、一世一代とした。明治は四五年続き、近代化の年数がはっきりするので、元号を基本として記述することにする（大正からは世界との連動が大きいので西暦とする）。

江戸は東京と改められ、新政府が置かれ、天皇も公家も東京に移った。明治四年の廃藩置県によって、全国の三百余りの藩は廃され、三府七二県に再編されて、中央から府知事と県令が派遣され中央集権化した。中央政府は、太政官制の三院八省と開拓使へ移行する。四民平等とされ、士農工商の身分は廃された。廃刀令、断髪令、裸体禁止令などが出され、天皇をはじめとして公的な場では洋装となった。地租改正を行い、土地の売買を自由化するとともに、税金を課して財政を安定させた。陸軍・海軍を創設、徴兵令で国民皆兵とした。学制を公布し、全国の諸学校を文部省が統括する教育制度を確立して、小学校を義務教育とし、その上に中学校、高等学校、大学を設置した。また官営工場を造って日本に産業を興そうとした。

明治初期、福沢諭吉は『学問のすゝめ』で西洋文明を摂取することが必要であると説き、中村正直は、翻訳書の『西国立志編』を刊行して、新思想の啓蒙をした。

明治維新後、政府は「殖産興業」「富国強兵」をスローガンとして近代化に努めた。伝統文化の多くは否定された。明治元年に太政官布告で、従来の神仏習合の風を一掃しようとしたが、それにより民間では過激な廃仏毀釈《きしゃく》運動が生じた。地域や寺社によって、その程度は大きく異なるが、神社にあった神宮寺は破却され、歴史ある大寺でも完全に破壊されたところが多かった。また多くの仏像も壊され、優品が海外に流れる事態にもなった。

明治初期の大改革に対しては反乱も続発したが、明治十年の西南戦争を最後に士族の反乱も抑えられた。

新政府は、「お雇い外国人」を大学や官営工場に招く一方、大勢の留学生を派遣して、国家を挙げて近代化に邁進したのである。「文明開化」が言われ、伝統的なものは時代遅れとして否定された。お雇い外国人の中には、モース、フェノロサ、コンドル、ラフカディオ・ハーン（小泉八雲）などのように、古き良き日本が失われていくのを愛惜する者もいた。

キリスト教が解禁され、宣教師やプロテスタントの牧師が来日し、外国人教師なども勧めたので、自ら選択して入信する日本人も多くいた。

自由民権運動が活発に展開する中で、中江兆民はルソーの『社会契約論』を解説する『民約訳解』を明治十五年に刊行した。当時憲法を制定することが問題になっていたが、民間でも憲法草案として私擬《しぎ》憲法がいくつも生まれたことは、民間の知識と民権意識の高さを示している。

明治十四年からの松方財政で紙幣整理と官営工場払下げにより資本蓄積が準備され、五年後の銀本位制への移行を機に企業設立ブームが起こり、繊維工業を中心に日本でも産業革命が進行した。

2. 伝統の再編成―文学・芸術・武道

明治二十二年（一八八九）、大日本帝国憲法が発布され、翌年第一回国会議員選挙が行われ、国会が開設された。また国民道徳を謳う教育勅語が発せられ、民法も整備されて、近代日本のシステムの骨格が整った。非ヨーロッパではほぼ唯一、独立を維持しながら自前の近代化に成功したのである。

明治二十年代から徳富蘇峰の雑誌『国民之友』、三宅雪嶺の『日本人』、新聞『日本』などが刊行されて、伝統文化の見直しがあった。この頃から、文学・芸術・武道への再編成が進んでいく。

(1) 文学への再編成

政体は変わっても意識はすぐには変わらない。維新後も戯作風の文学が続く一方、自由民権運動の中で、翻訳書が多くなり徐々に文体も変わっていった。明治二十年前後になると、西洋の文学概念の影響を受け、文学は個人の感情を表現すべきものとする浪漫主義も展開し、文体も文語を否定して言文一致運動が生じた。また伝統的な歌は「月並」だとして激しく攻撃されることになる。

明治維新以来、西洋文学の主要な作品が翻訳され、近代文学を取り入れることが目指されたが、文体の革新から必要であり、なかなか容易ではなかった。明治二十年に二葉亭四迷《しめい》は『浮雲』で近代口語文体を確立させたが、文学に疑問を抱いて中絶した。

〔俳句〕 正岡子規は、明治二十五年に東京帝国大学を中退し、新聞『日本』に入社、同紙に拠って俳句革新運動を始める。子規は、俳諧の連句は、共同の場で制作されるもので文学にはあらずと切り捨て、発句だけを改めて「俳句」と呼び、西洋絵画から得た「写生」論を基に革新しようとした。俳諧では連句こそ、芭蕉が打ち込み、人生絵巻が作られるもので、俳諧の核心であったが、この時代に個人主義、自己の感情や思想を表現するとする近代自己の進展の中で、連句の文芸は一気に衰退してしまった。ただ芭蕉の発句への尊敬は継続した。俳句を文学として革新する子規の思いは、『ホトトギス』（明治三十年創刊）に拠り、高浜虚子らに受け継がれた。

〔短歌〕 続いて子規は、『歌よみに与ふる書』で「貫之は下手な歌詠みにて候」「『古今集』はくだらぬ集」と断言して『万葉集』を賞揚した。『万葉集』の方が、主観的ではなく、客観的（写生的）であり、理屈でなく感情的であり、弱い調べの歌より強い調べの歌が多く、『古今集』の真似をするより創造的と論じた。その実、子規自身が詠む歌は『古今集』調を免れなかったが、子規の没後、『アララギ』派が主流となって、『古今集』の伝統風が一蹴される風潮を生む。以後、戦前はもちろん、戦後まで『古今集』の文学的価値は否定的な評価が圧倒的となる。

〔近代文学〕 明治二十年代から浪漫主義文学が展開していたが、本格的な近代日本の文学の誕生は、二十世紀に入った日露戦争後であろう。大学で子規と同級で俳句を学んだ夏目漱石は、英国文学を研究して留学もした研究者であったが、『吾輩は猫である』で小説を書き始めたのは日露戦後であり、大学を辞して本格的な職業小説家となるのは二年後で、近代日本人のエゴイズムと三角関係における愛の心理などを描いていく。漱石は、留学で英国社会の内実を知っていた。「自己本位」と悟って落ち着いたが、近代社会は葛藤に満ちて生きづらい。明治四十四年の「現代日本の開化」と題する講演では、西洋が一五〇年かけて内発的に近代化を開化してきたが、日本は強制された外発的開化で短期間に「皮相で上滑りな開化」をせざるを得ない。「ただ出来るだけ神経衰弱に陥らない程度に於いて、内発的に変化していく」他ないと言わざるを得なかった。漱石は、大正に入って明治の日本人の屈折した心理を小説に書いていたが、心理的葛藤の小説を午前中に書くと、午後には漢詩や俳句を作って精神のバランスを取っていた。晩年「則天去私」を標榜したが、それがもはやほぼ不可能なことは本人がよく分かっていたであろう。

(2) 芸術への再編成

芸の道も、西洋の芸術概念を範として、美術（fine art）、音楽、芸能、芸道と捉え直された。芸術は広義でも使われるが、狭義では、絵画、彫刻、工芸などの美術と音楽である。明治維新の直後、廃仏毀釈で、仏像や仏画は破壊や廃棄され、伝統美術や彫刻も顧みられることなく、多くの名品は海外に流れた。

〔絵画〕 明治初期には浮世絵師や京都画壇など伝統的なあり様を守りながら、画材や画面を近代的な形に適応させようとした。浮世絵は文明開化の風物を描いていたが、日清戦争以後には一般に普及した写真に取って代わられるようになった。河鍋暁斎《きょうさい》はお雇い外国人の建築家コンドルが入門したので、その画法が欧米に知られたが、ほぼその一代で終わった。

日本美術の真価を評価したのは、お雇い外国人のフェノロサであり、その助手を務めた岡倉天心であった。フェロノサが『美術真説』で、日本美術の再評価をしたのは明治十五年で、奈良の古寺の仏像なども調査した。明治十七年には、日本画復興を目指して天心らと鑑画会を設立し、狩野芳崖、橋本雅邦らを見出した。明治二十年に東京美術学校が開校されるや、天心は校長となったが、一〇年後に校内紛争で校長を辞して、雅邦らを率いて日本美術院を創立し、伝統に基づく新美術の開発に尽力した。

〔彫刻〕 西洋から翻訳語として入ってきたが、伝統的な仏像や置物、建物装飾などが改めて彫刻として捉え直された。高村光雲作「老猿」などの木彫作品が作られた。

〔工芸〕 万国博覧会などで日本の伝統工芸が人気であったので、陶芸や漆芸、作り物などは、日本の輸出産業として位置づけられて、西洋向きに制作することが奨励された。

〔音楽〕 学校では日本音階は否定され、西洋音階とその教授法を取り入れた。文部省唱歌を作成し、小学生の段階から西洋音楽になじむようにした。琴、三弦、笛、三味線、尺八、節、唄などの伝統音楽は、学校教育では教えられなかった。

〔芸能〕 能楽は幕府や藩からの扶持がなくなり、危機に陥ったが、しばらくして新政府内にも伝統芸能として保護しようとする動きも出てきて、伝統芸能として残った。歌舞伎は大衆芸能なので、新政府は否定的であり、荒唐無稽なものを史実に基づいたものにしようとする改良運動もあったが、大衆の人気は得られず、結局、伝統的な形で残った。人形浄瑠璃も、名人芸と大衆人気により存続したが、文楽座のみが残ったので、文楽という名で呼ばれるようになった。

〔芸道〕 茶の湯は、金持ちの道楽の一つの「数寄《すき》」として存続する一方、生け花とともに、女性を新たな享受者として、花嫁修行の一つとして、女子教育の中に浸透を図った。そして単に芸事ではなく、所作や作法の教育であることを強調して、茶の湯ではなく「茶道」、生け花でなく「華道」を称するようになる。「道」を付することにより教育的意味と奥義は深遠なものというニュアンスを含ませた。教える段階を細かく「免許」に分け、それを順次取得すれば、流派の芸名を授けて、流派の教授も認める形にして、家元制度を拡充した。明治後期からのナショナリズムと「修養」文化を背景にして、茶道と華道は、女性の愛好者を拡大して展開することになった。茶の湯の精神や心得を著した書籍なども出版されることになった。

(3) 武道への再編成

近世の流派武術は、維新によって武士階級が解体されるや、存続の危機に陥った。武士は俸禄が廃され、さらに廃刀令で刀を差すのも禁じられた。窮乏する中で「撃剣興行」で、有名剣士や薙刀の女性などとの試合を行って、その観戦料を得ることで、わずかに命脈を保つほどであった。ただ明治十年の西南戦争の時に抜刀隊が活躍したことから、警察において護身術・逮捕術として竹刀剣術と柔術を行うことになって残った。

〔剣道〕 明治になって竹刀剣術に新たな意味を見出したのが、戊辰戦争の時に敵陣中を突破して江戸城無血開城に向けた最初の交渉をした山岡鉄舟であった。幕臣であった山岡は、西郷に特に頼まれて明治五年から明治天皇の侍従になった。山岡は維新後も剣と禅の修行を続けていたが、明治十三年、四十五歳で剣において大悟した。山岡の心には幕末に浅利義明と立ち合った時の鋭い太刀先がいつまでも残っていたが、この時、それが跡形もなく消えたという。山岡は浅利と実際に立ち合って直ちに極意の会得を証された。「敵と相対する時、刀に依らずして心を以て心を打つ」として「無刀流」を開き、明治十五年に春風館を興して門弟を指導した。朝から晩まで一日二〇〇面を一〇〇日続ける立切稽古を始めた。相手と二〇〇回も次々と打ち合い身体を限界に追い込む稽古によって「無我」「無心」となることを目指した。二年後、一刀流で将軍家兵法師範の小野家九代目に出会って宗家の一刀流の組太刀を稽古し、翌年には相伝伝授されて、一刀流正伝無刀流を名乗るようになる。敵に勝つより戦う心を超越した境地を至高とし、門下に試合を実質上禁じて、剣の精神修養の面を強調した。山岡は明治二十一年に亡くなったが、その門弟たちは剣道修練の意味を人間教育だと主張することになる。

〔柔道〕　近代武道の再編成を最も徹底して行い、他の武道のモデルとなったのは、嘉納治五郎の講道館柔道の形成である。その形成過程を少し詳しく見ておく。嘉納は神戸の造酒屋に生まれたが、父が幕末から海運業を始めて、維新後、新政府の海軍創設に際して東京に呼び出されたので、一緒に上京した。漢学と英学を学んで東京大学に入ったが、体が小さく、体力的には劣るので、小身でも大男を投げられるという柔術に憧れ、十八歳から天神真楊流柔術を学び始めた。二年後、師が亡くなり、その家元について学ぶがまた亡くなったので、別の起倒流柔術を学ぶことになる。同じ柔術でも天神真楊流は固め技（抑え技、関節技、絞技）が多く形稽古だったのに対して、起倒流は投げ技に優れ、自由に技を掛け合う乱取りを重視していた。嘉納は技の理論を聞いたが、ただ稽古あるのみだとしか言われないので、自分で人形を使ってテコの原理や重心の位置などで合理的に捉えようとした。嘉納は大学を卒業して学習院で教えることになったが、明治十五年講道館を開設して、柔術を稽古しながら学問も教えた。講道館では最初、先の二流を折衷したものを教えていたが、他流の柔術も研究して有効な技を体系的に捉えられるようになった。嘉納は、多様な技を投げ技、固め技、当身技（突き技）に分け、投げ技を手技、腰技、足技と区別し、技の理論を明確にした。数年で講道館柔道の技の基本が出来上がった。明治二十二年、嘉納は文部大臣の前で「柔道一班並びに其教育上の価値」の講演を行い、実演も混じえて柔術と柔道の相違を説明し、柔道は「体育法」「勝負法」「修心法」を合わせ持つと主張した。体育的な意味を強調するとともに、修心法として、柔道の稽古では、技をよく観察して自ら試し、人に説明できること、新しい思想も容れる度量を持って学び、柔道の教えを応用して自他の関係を見、先を取り、自制すべきことも弁《わき》まえておくことを説いた。ここに講道館柔道が誕生したのである。

嘉納は講道館柔道の普及のために、さまざまな工夫を行っている。修練の階梯を「目録、免許、皆伝」に代えて、より明快で取得しやすいように段級制を工夫し、段位を得た者は黒帯を締めることにした。教授法として「投げの形」「固めの形」を作って基本の技を稽古させた。他方、起倒流の技は「古式の形」として保存した。技の原理を〈崩し・作り・掛け〉で説明する。つまり相手のバランスを崩し、技を掛けやすいように作りをしてから、技を掛けるのだと教えた。

嘉納は学習院、五高、一高の教頭・校長を務めたので、それらの学校に柔道を広めたが、明治二十六年からは全国の中学校教師を養成する東京高等師範学校長となり、以後通算二十七年もこの要職を務めることになったので、柔道は普及するとともに、体育全般にも目を配って近代日本のスポーツ・体育の振興に大きな功績を残すことになる。

嘉納は、旧来の柔術とは違って教育的価値を持つものが柔道だと強調していた。柔道の目覚しい成功を見て、剣術や弓術も、大正初期から、同じく教育的価値を示すために、剣道、弓道を称するようになる。これらを合わせて武道と言うようになるのは、大正末年からである。

〈弓道〉 弓術は、元旗本で尾張竹林派の本多利実が、明治二十二年に弓術の荒廃を嘆いて弓術継続会（後に弓道館）を設立した。本多は、伝統流派の斜面打ち起しを正面打ち起しに改め、弓を真っすぐ上げてから体を入れてバランスよく引分ける新射法を始めた。術を合理化し、三年後に第一高等学校弓術師範、八年後『弓学講義』を著し身体の構造を踏まえた合理的な射法を理論化している。

〔武徳会〕　近代武道で画期的なことは、明治二十八年、日清戦争後に剣術、柔道、弓術などを統合した大日本武徳会が組織されたことであった。武徳会は、桓武天皇による京都遷都一一〇〇年を記念して京都に出来、以後、演武会は毎年開催されるようになった。当初、一八〇〇人足らずの会員で発足したが、皇族を総裁とし、内務官僚や知事、警察も会員募集に協力させたので、武徳会は二年後には一〇万人を超え、平安神宮に武徳殿を建てた。明治三十七年には武術教員養成所を建てた。日露戦争が起こったこともあって、会員は翌年には一〇〇万人を超えた。武徳会の働きかけもあって、明治四十四年には、中学校での正科として剣術と柔術を教えてもよいことになり、近代武道は社会に定着することになる。

3．明治末期の日本の精神の主張 ―新渡戸稲造『武士道』と西田幾多郎『善の研究』

日本は、かくて各方面で近代化を進めていたが、明治二十七、八年の日清戦争で中国に勝利し、さらに一〇年後の日露戦争にも勝利して、世界を驚かせた。

この間に、新渡戸《にとべ》稲造の『武士道』が英文で刊行されて、世界各国でよく読まれるようになる。新渡戸は、南部藩士の子であったが、札幌農学校でクラークの感化により、内村鑑三らとキリスト教に入信した。私費で渡米したが、一般のキリスト教に懐疑し、内なる光を重んじるクェーカー派に出会って初めて東洋思想と融和できたという。ドイツに留学し、農政学を学んで、札幌農学校教授となるが、妻メリーに続き、自らも病気となり、療養のためカリフォルニアに滞在中に、英文で『武士道―日本の魂』（一八九九）を著した。

この書で、武士社会は過去となったが、武士道の精神は今も生きているという。武士道は西洋の騎士道に対応し、西洋のキリスト教道徳に対して、日本固有の道徳体系としてある。仏教からは運命に潔く身を委ねる覚悟を得、神道からは心の清明なことと祖先への畏敬の念を持ち、忠君愛国を得、儒教からは規律の体系の枠組みを得ている。武士道の徳目として、義、勇、仁、礼、誠、名誉、忠義が解説されるが、孔子や孟子の言葉も引用するが、忠義は、歌舞伎の『菅原伝授手習鑑』で主君の若君の身代わりとして自分の子供の首を差し出すのを例とするが、それはアブラハムが息子のイサクを神へのいけにえとして殺そうとするのと相似すると論じる。武士は金銭、損得にこだわらず、品性を磨かなければならない。感情を外に表さず、静かでなければならない。切腹は己の名誉を全うするため、自らの手で死を成し遂げる強さの表れである。刀は忠誠と名誉の象徴であって、殺傷するためではなく、出来るだけ抜かないものだと勝海舟の座談を引いて語り、欧米人の誤解を解こうとする。日本が急速に近代化に成功したのも、克己に励んで、名を高からしめんとする武士道精神のたまものであるという。新渡戸は、武士道に関する文献に基づいて論じているわけでなく、体系的でもない。歴史的、社会的な背景に関しても立ち入らず、欧米に似た例を適宜持ち出しながら、武士道が秩序を重んじて禁欲的で克己する道徳体系であることを示す。日本の固有なものに見えるが、実は欧米の道徳にもある普遍的なものであることを示すことが主眼であった。

この書はアメリカ大統領セオドア・ルーズベルトが読んで感動し友人たちに配ったといわれ、欧米社会に広まった。日本でも翻訳されて、西欧に向かって日本の精神を主張した書として高く評価された。

明治末期には、西洋近代そのものに対する疑問を抱き、伝統的なものに基づきながら西洋近代を捉え直そうとする流れもあった。西田幾多郎が、それを代表する。

西田は、金沢近郊の庄屋の家に生まれ、第四高等学校に学んだが、武断的な校長に反抗して中退し、苦労して東京大学の選科に入った。金沢時代から参禅して、勉学のかたわら毎日坐禅をしていた。五年後に見性体験をした。けれども西田は、西洋哲学の言葉と論理に従って、自らの立場を表明しようと格闘した。日本の哲学書の最初とされる『善の研究』が刊行されたのは、明治四十四年であった。西田は、「個人あって経験があるのでなく、経験あって個人ある」とし、いまだ主体なく客体のない主客未分の「純粋経験」から出発する。それは「あるがままの直接的な知覚」であり、思考も意志も包含する。それは「小なる統一」（自己の経験）より、大いなる自己の実現（真理）において「宇宙統一力の発動」を果たす。西田は、デカルト以来の主観のさらに根底に戻って、純粋経験から真実在のあり様を論理的に究明しようとした。ここにおいて、西洋近代哲学を踏まえつつそれを超えようとする新たな日本の哲学が誕生したのである。西田は、『善の研究』刊行の翌年、京都帝国大学の助教授になって以降、西洋哲学をより本格的に学びながら、自己の立場を深めていくとともに、やがて京都学派と呼ばれる一群の思想家たちを育てていくことになる。

4．大正・昭和初期の社会の状況

一九一二年から大正時代に入る。藩閥内閣に対して憲法擁護の護憲運動が起こり、民衆が議会を包囲して内閣が総辞職したように、大正デモクラシーが展開した。二年後にヨーロッパで第一次世界大戦が始まると日英同盟を理由に日本も参戦し、中国のドイツ租借地を占領、二十一カ条要求で中国における権益の拡大を図った。大戦中は輸出品が大幅に伸びて未曾有の好景気となり、重化学工業の発展は著しかった。一九一七年、ロシア革命によりソビエト連邦が誕生すると、シベリア出兵をした。それに絡んで米の買占めがあったことから物価が高騰し、全国各地で米騒動が生じた。

大学令により帝国大学に加えて、公立大学、私立大学、単科大学が認められたので、一九二〇年には多数の大学が設立され学生数が一気に増えた。この頃から全国的に都市化が急速に進んで、高学歴のサラリーマン層が誕生して、西欧風のモダンに憧れ洋装が普及し「文化生活」が展開した。東京の浅草や大阪の千日前など盛り場も出来た。大衆をターゲットとした雑誌も相次いで創刊され、一九二五年にはラジオ放送も始まった。一九二三年の関東大震災で大打撃を受けるが、昭和初期には都市ではモボ・モガ（モダンボーイ・ガール）の風潮が広がった。

5．一九二〇年代の学生スポーツの展開と武道の競技化

武道は、一九一一年から学校教育の中にも取り入れられたことから、武道の専門の教師の養成が急務となり、一九一二年には武術教員養成所を武術専門学校とし、さらに一九一九年には武道専門学校と名称を改め、柔道、剣道、後には弓道、薙刀も加えて教員を養成することになった。

大正末から昭和初期になる一九二〇年代には、都市中間層が大量に増え、学生層も大幅に増加する中で、学生スポーツが盛んになり、競技化の傾向が顕著になっていた。オリンピック大会には、すでに一九一二年に日本も参加したが、一九二〇年のアントワープ大会参加から合理的な練習法も導入されることになる。こうした中で高等学校や高等専門学校などの対抗試合も盛んに行われるようになった。全国中等学校野球大会は一九一五年に始まっていたが、一九二四年に甲子園球場に移り、さらに一九二七年のラジオの実況放送開始を契機に一気に野球人気が盛り上がった。一九二四

年には都道府県対抗の各種スポーツの全国大会となる明治神宮大会が開催されるようになった。一九二〇年代は、新聞が大きく部数を伸ばし、大衆向けの週刊誌も創刊されたが、スポーツも盛んに記事にされたので、スポーツ熱が高まっていった。

武徳会は、武道は勝負を本旨としないとして明治神宮競技会をボイコットしたが、二年後、競技会を体育会と名称を変えたことを理由に参加することになった。さらに三年後には天覧の全国選手権大会（一九二九）が開催されることになる。昭和天皇の即位を奉祝する大会とされ、柔道と剣道の専門家を中心とした指定選手と、各都道府県の代表からなる大々的な選手権大会であった。これまで剣道では最上級の範士・教士クラスでは、はっきりと勝負をつける試合をすることがなかったが、審判をつけて勝負をつけるようになった。これ以後、全国の選手権大会が開催されるようになり、武道の競技化の流れは、一層強まるのである。

6．琉球唐手の本土紹介と空手流派の展開

一九二〇年代には沖縄の琉球唐手が本土に紹介されている。唐手は十四世紀に中国大陸の拳法が伝わり、琉球王国の禁武政策によって徒手拳法として展開していたらしい。公的には禁じられていたため、資料はほとんどないが、十八世紀後期には、三つの地域で少し異なる技が稽古されていたようである。明治十二年、明治政府は琉球王国を消滅させて、日本国に編入し、沖縄県とした。中国の清は強く抗議したが、日清戦争後認めたので、これ以後、沖縄でも徴兵制が敷かれた。日露戦争中、糸洲《いとす》安恒《あんこう》は、県立師範学校で伝統的な唐手の形に新たな形も加えて指導した。号令で形を反復する稽古だったが、これが沖縄の師範学校や中学校で行われるようになった。

一九二二年に東京で文部省主催の体育展覧会が開かれ、船越義珍《ぎちん》が沖縄の唐手を紹介した。嘉納治五郎は講道館でも演武するように勧め、これが新聞報道されて唐手が知られるようになった。船越は講道館と東京の沖縄出身者の寮で唐手を指導するようになり、学生が学ぶようになった。

船越は、唐手では上半身は裸か日常着だったが、柔道の道着を着用し、段位制も取り入れた。教本も刊行したが、唐手の歴史と技の名称と稽古法を明確にしたので、後の教本のモデルになった。

同年には、別の系統の本部《もとぶ》朝基《ちょうき》が、また少し遅れて摩文仁《まぶに》賢和が、さらに宮城長順が関西で唐手を教えるようになった。こうして東京と関西で、大学生を中心に唐手は広がっていった。

本土に紹介されてから、二人で組んで稽古する約束組手と自由組手が生まれた。本土の武道にあった二人で組んで行う稽古の形《かた》を取り入れたのであり、決まった形の約束組手が出来たが、その後に技が決まる寸前で止めるようにして自由に技を出す稽古法が編み出された。ここから「寸止」の競技が展開するようになる。武道でも競技化が進んでいた時代背景の中での工夫と言える。

さらに一九二九年には、東京大学唐手研究会が沖縄に調査に行った上で、防具を着け、攻撃箇所を面、水月（みぞおち）、金的（股間）に限定し、そこを「突く、打つ、蹴る」という試合形式を「東大式唐手拳法試合」として発表した。剣道の防具を使い、剣道が打突部位を限定して試合を行うのを取り入れている。こうして唐手は本土の武道のやり方を取り入れて、大きく変わっていった。

船越は、一九二九年から名称を唐手に代えて「空手」とするようにした。「徒手空拳」の言葉があり、かつ「色即是空、空即是色」という『般若心経』に基づいて、すべては「空」に由来するので「空」は武道の基礎だからと理由づけしている。「唐手」は中国拳法の由来を示す言葉であったが、新たな名称に変えたのである。「空手」は他の派にも広がることになる。

さらに一九三三年に大日本武徳会は唐手術を柔道の部門として認める決定をした。そこで各派はそれぞれの技の内容、稽古法を申請書に明記して登録することになる。数年の内に、船越は「松涛館《しょうとうかん》」、摩文仁は「糸東流《しとう》」、宮城は「剛柔流」、船越門で柔術の体捌《たいさば》きも取り入れた大塚博紀は「和道流」として登録した。以上の四流派は、戦後、本土で空手道の四大流派として展開することになる。

7．日本武道の精神性を強調する流れ

近代武道においては、一九二〇年代に競技化の流れが非常に大きくなってきたのに対して、武道の精神性——人間教育面を強調する流れがあった。

柔道では、嘉納が原理として一九二二年から「精力善用・自他共栄」を標榜《ひょうぼう》し、攻撃防御を練習するだけでは下段であり、柔道の原理を生活の中に応用するのを中段、さらに己れの力を世の補益するのを上段と教えた。また植芝盛平は、競技をしない「合気柔術」を京都府綾部の大本《おおもと》教本部で指導していたが、一九二七年に東京に出て、軍人などの後援を得て、本格的に普及を図ることになる（戦後、合気道と称する）。

剣道では、一橋の東京商科大学の剣道師範の山田次朗吉は、学生に競技をさせず、直心影流の形を教え、剣術伝書を整備して『日本剣道史』（一九二五）を著した。

そして弓道では、本多利実の門下の大平善蔵の大日本射覚院に続いて、阿波研造が一九二五年に「弓禅一味」を唱えて大射道教を設立、弓界革新運動を展開したのである。

後論の関係で、阿波について少し詳しく見ておく。阿波は、明治十三年に宮城県石巻近郊の庄屋の家に生まれたが、二十歳の時に元仙台藩士に雪荷《せっか》派弓術を学んで、約二年で免許皆伝になったと

いう。自宅に講武館を設立、弓・剣・柔術などを指南研究していたが、二十九歳で仙台に出て、弓術指導を職業とすることにした。この年、東京の本多利実の門に入り、正面打ち起しの新射法を学んだ。翌年、京都の大日本武徳会演武大会に出場し、全国的に名が知られるようになり、第二高等学校（現東北大学）の弓道師範になった。一九一七年の武徳会演武大会で、近的二射、遠的五射、金的、全皆中で特選一等となり、翌年弓道教士の称号を受けた。阿波は、この頃から参禅を始めたが、四十歳頃、内面的な大転換を体験したという。

「我れ弓道を学ぶこと二十余年、徒らに形に走り、その神《しん》を忘れしこと近年初めて自覚せり。弓道は禅なりと気づかざりし為、十年間無駄骨を折った」（阿波遺稿:櫻井保之助『阿波研造』）。一九二五年に独自に「大日本射道教」を設立した。阿波は、競技だけならば「弓遊病」だと厳しく批判した。禅は「霊的内的統一融和の無上境」を求めて心を極めていくが、弓道は「心と身との統一融合した」修養法なのであり、「射によって人間を造って行く大業」であるとして、その指導に専念したのである。翌年、東北帝国大学に哲学を教えに来ていたドイツ人のヘリゲルが入門した。ヘリゲルは後に『弓と禅』に、阿波の指導で弓道修行をして「無心」を体験する過程を著すことになる（第15章参照）。

8．大正・昭和初期の日本文化論―和辻哲郎と九鬼周造

大正から昭和初期には、西洋哲学を学びながら、日本文化を独特に論じた人物がいた。

和辻哲郎は、明治二十二年（一八八九）兵庫県の姫路近郊の農村に生まれた。和辻は中学時代から英文詩集を読んでいたという。東京大学に入ってケーベルから哲学と古典文献学を学び、卒業後

『ニイチェ研究』を著した。日本文化にも強い興味を示し、『古寺巡礼』（一九一九）は、奈良の仏像を見て回った印象記で、仏像を美術作品として観る青年の瑞々しい感性とシルクロードやギリシアに思いを馳せるロマンがあって、以後旧制高校の学生の教養書となる。翌年の『日本古代文化』は考古学を踏まえ、文献学の手法で古代日本の精神を解明した書である。文献批判の方法によって『源氏物語』の成立論や道元を宗門とは別の立場で論じた「沙門道元」などを収めた『日本精神史研究』も書いていた。和辻は一九二七年にドイツに洋行し、その旅の途上で感じた各地の風土の違いが思想・文化の違いを生むとした『風土―人間学的考察』（一九三五）を著す。

九鬼周造は和辻より一歳上だが、西洋哲学の概念を使って、日本の美学を論じた。東京大学の哲学科を卒業後、ヨーロッパに留学し、ベルクソンやハイデガーなど当時の最先端の哲学を学んだが、帰国後、江戸の町人文化の美学を西洋の概念を使って解明した『いきの構造』（一九三〇）を刊行した。母が元は京都の花柳界の出で、しとやかな物腰の内にどこか華やぎを体現していた江戸の町人文化的なものを、日本文化の粋として明らかにしようとした。九鬼は、「いき」を、異性への媚態、意気地、諦めを三つの要素とし、「垢抜けして（諦め）、張りのある（意気地）、色っぽさ（媚態）」と定義できるような男女関係のあり方を構成しているものとするが、他人との関係に縛られないという意味で、自由と可能性を持つと論じている。

上記二人は、西洋の教養を学びながら、日本文化を新たな形で論じていたのである。

9. 折口信夫《しのぶ》の民俗学と柳宗悦《むねよし》の民芸

和辻と九鬼は西洋哲学を学んでいたが、違う方法で、日本の文学・芸術を論じた人物もいる。

折口信夫は、和辻より二年前に大阪の商家に生まれ、『アララギ』派の歌人で国文学を研究していたが、柳田国男に出会って民俗学の立場に立つことになる。志摩、熊野へ民俗調査に行って、海原の彼方に「魂のふるさと」を感じた体験から、「妣《はな》が国」を着想し、また一九二一年に沖縄と南西諸島を訪れて、古代文化が生きた形で残存していることを直観して「常世の国」「まれびと」などを構想するようになる。『古代研究』（国文学篇・民俗学篇一、二）は、一九二九年と翌年の刊である。文学は、「まれびと」、すなわち人間界を訪れてくる神が人々に申し伝える種々の言葉から発生し、発展していくと論じ、文字がない時代に神の言葉が反復口承されていく中で、調子の整った定型的な様式が適して歌謡が生まれた。それらは『万葉集』に大成され、さらに和歌へと変遷していくと説く。民俗学篇では、「常世」や「妣が国」の信仰を記紀神話や沖縄の例を引きながら論じられ、「水」という語の音と意味の変化を検討した上で巫女を論じ、さらに能楽における翁を、神と人との仲介をつとめる神人と見なして、その種々の展開を辿り、さらに信太妻《しのだづま》伝説から異類婚、愛護の若伝説から貴種流離譚を論じ、また盆踊りや祭りなどを論じていく。来訪してくる神の言葉を人々に伝える「みこともち（御言持ち）」の最高位に立つのが天皇だとする。神の代理たる天皇が神そのものとされ、その「みこともち」として中臣氏が任じられ、さらにそれが下位へとつながっていくとする。折口は、鋭い直観によって、古代的な霊的、呪術的起源に遡って論じていく。民俗学でも、柳田が常民《じょうみん》の日常的な暮らしを実証的に解明していくのに対して、折口は、非日常の異界の心性を、論理や実証を超えて、深層を追求していくものであった。

柳宗悦は、和辻と同年で、学習院で『白樺』の同人であり、かつ鈴木大拙の教え子でもあった。柳は『白樺』に西洋美術解説やイギリスのウィリアム・ブレイクの研究を書いて竹久夢二、岸田劉生らに影響を与えた。一九一四年に朝鮮の青年が持ってきた李朝の壺を見て、その雑器の美に惹かれ、一六年朝鮮にも行って朝鮮の民衆の雑器の美を見出し、工芸品を集め出した。一九一九年の三・一独立運動事件に際しては、「朝鮮を想う」という文を新聞に連載、軍隊による抑圧を批判した。また柳は、日本各地の木に仏像を彫りつけた木喰《もくじき》上人の研究をしているうち、各地の民衆の素朴な生活用品に美を認めて「民芸」の運動を起こす。河井寛次郎や濱田庄司やバーナード・リーチらの陶芸家や、版画家棟方志功らと一緒に民芸の運動を展開した。和紙の美を見出し、本の装丁も自ら行った。沖縄を含めて全国各地の陶芸、漆器、金工、布、和紙、細工物などを収集して、一九三六年に東京に日本民芸館を設立した。また茶の湯に関しても、論文「茶道を想う」（一九三五）以来、利休以来の名物が無批判に尊崇されているのを批判して、自らの茶道具の美を見出すべきことを主張した。そして茶の湯に関する論を集めた『茶と美』（一九四一）を刊行した。

10. 西田哲学の展開

日本は明治維新以来、ひたすら欧米を範として近代化を図り、自前の近代化をそれなりに達成した。明治憲法発布の年（一八八九）前後に生まれた者たちは、それぞれに学問的な方法で日本の伝統文化を捉え直していたのである。そして西洋文明の根源に遡って、それとは異なる日本文化の根源を考えることによって、近代を超えようとする志向を持っていた。最も鮮明にそれを表明しているのは、西田幾多郎であろう。

西田は明治末年の『善の研究』で、主客未分の「純粋経験」というところから、近代哲学を超え出る思想であった。その後、ベルクソンなど現代の西洋哲学との対決をしながら、「悪戦苦闘のドキュメント」と自ら言うように、前に書いた論文の結論を自らまとめて反芻しながら、一歩一歩思索を深めて、一五年後の一九二六年の論文「場所」に至って「私の考えを論理化する端緒を得た」という。それは西洋哲学の根底であるアリストテレスに戻って、「基体」とする「主語となって述語とならない」「個物」が成り立つためには、「述語となって主語とならない」「場所」が直覚されていなければならないとし、「場所」を言うのである。西田は言う。

「我々は深く西洋文化の根柢に入り十分にこれを把握すると共に、更に深く東洋文化の根柢に入り、その奥底に西洋文化と異なった方向を把握することによって、人類文化そのものの広く深い本質を明らかにすることができるのではないかと思うのである」(「学問的方法」一九三七)。

西田は、場所論をさらに深めて一九三九年には「絶対矛盾的自己同一」という最終的な立場に立つ。そして一九四〇年代前半には、その根底的哲学から歴史的世界が成立する様を、種々論じている。時代はすでに第二次世界大戦の時代に入っていた。日本の敗戦の直前に、宗教論を執筆途中で西田は亡くなった。人類文化に寄与できるものを海外に伝えていく課題は、西田と終生思想的交流があった鈴木大拙が、戦後に担っていくことになる。

参考文献

魚住孝至他『武道の歴史とその精神　増補版』（国際武道大学スポーツ科学研究所・二〇一〇年）
講道館編『嘉納治五郎体系』第二巻（本の友社・一九八三年）
新渡戸稲造（矢内原忠雄訳）『武士道』（岩波文庫・二〇〇七年）
大久保喬樹『日本文化論の系譜』（中公新書・二〇〇三年）
櫻井保之助『阿波研造　大いなる射の道の教え』（阿波研造先生生誕百年祭実行委員会・一九八一年）
和辻哲郎『古寺巡礼』（岩波文庫・二〇〇六年）
和辻哲郎『日本精神史研究』（岩波文庫・二〇一二年）
和辻哲郎『風土　人間学的考察』（岩波文庫・二〇一〇年）
九鬼周造『いきの構造』（岩波文庫・二〇〇九年）
折口信夫『古代研究』1〜4（中公クラッシクス・二〇〇二〜四年）
柳宗悦『民藝四十年』（岩波文庫・一九九八年）
上田閑照編『西田幾多郎哲学論集』1〜3（岩波文庫・一九八七〜八九年）

15 戦後改革からグローバル時代へ（昭和後期・現代）

《**要旨とポイント**》一九四五年の敗戦後、連合国軍による占領下の戦後改革で、伝統文化は否定された。武道は占領軍によって禁止されたので、伝統と精神主義を抑えてスポーツ化することで認められて復活した。一九五二年に日本は独立を回復した。一九六〇年代を通じての高度経済成長によって、日本社会は産業構造も生活形態も大きく変貌して、伝統文化は断絶もあって、実質的には変容した。七〇年代に経済大国になると、伝統文化の見直しが進んだ。

一九八〇年代からは日本企業の海外進出に伴って、日本文化の海外紹介も盛んになるが、日本の芸や技とその精神がどこまで伝えられるかは問題であろう。柔道は東京オリンピックで採用されて以降、全世界に普及していったが、国際柔道連盟主導のＪｕｄｏに変容している。他方、『禅と日本文化』が国際的に広まる中で、『弓と禅』もよく読まれているが、弓道修行の中で段階を追って身と心が高められる日本的な修行法を注目すべきであろう。

今日、縄文文化が国際的にも注目されている。自然を造り変えるのではなく、自然に適応して一万年以上も持続した縄文文化は、科学技術文明によって自然破壊が危機的な状況を迎えつつある中で、切実に自覚されるようになった有限な地球環境に生きる人類の将来にとって、一つの示唆を与えるものを持っていると思われる。

《**キーワード**》戦後改革、武道禁止令、国際柔道連盟、グローバル時代、『禅と日本文化』、『弓と禅』、縄文文化の見直し、日本文化の捉え直し

1．占領軍による戦後改革

太平洋戦争末期、日本各地の都市部はアメリカ軍の空襲によって大きな被害を受けた。沖縄は占領された。一九四五年八月、二度の原爆投下、ソ連の参戦・侵略を受け、日本はポツダム宣言を受諾し、天皇の玉音放送によって降伏をした。最後は天皇の命によって日本軍が占領各地で一斉に戦闘を停止したのは、世界史上でもきわめて特異なことであった。アメリカの占領政策の方針により天皇制は存続し、日本の統治機構はそのまま継続した（沖縄は、アメリカ軍の占領以来、軍政下に置かれた）。

アメリカ軍を中心とする連合国軍が進駐し、日本政府が連合国軍総司令部（GHQ）の指令下に置かれた。連合国軍は、1．非軍事化、2．民主化を掲げて、戦後改革を進めた。軍隊を解体し、戦犯を逮捕、軍国主義者の排除の名の下、公職追放が行われた。

戦時下の言論統制は撤廃され、治安維持法が廃止されて自由な言論活動が可能になった。けれどもGHQは進駐直後から新聞などマスコミの検閲を始めた。連合国軍側の無差別空襲や原爆投下責任に言及することは一切封印された。業務停止命令、発行停止処分、回収命令と裁断処分などがあり、以降、日本の新聞・言論界は占領軍への批判と見られる記事を自粛する。民間検閲部が出来、日本人の調査官が雇われ、新聞・雑誌・書籍・放送台本などの事前検閲を行い、民間の郵便物の膨大な抜き取り調査や電話の傍受も行っていたが、その実態は長い間封印されていた。

主権在民、基本的人権の保障、平和主義を基本理念とする日本国憲法が一九四六年に公布された。男女平等となった。農地改革により地主制が解体され、小規模自作農が創出された。財閥が解体され、労働者の団結権も保障された。教育の民主化では、教育基本法により個人の人格形成が目標とされた。

2．戦後の伝統文化

ＧＨＱは危険と見なした文化活動を禁止した。歌舞伎に対しても事前検閲があり、「仇討ち・復讐」「封建的忠誠を連想するもの」「歴史的事実を曲解せるもの」など、一三項目にあたるものは上演禁止とした。これによって、歌舞伎の伝統的演目は、ほぼすべて上演不可能になり、大騒ぎになった。けれども連合国軍最高司令官付きの副官補のフォービアン・バワーズが、戦前に来日して歌舞伎に接していたので理解があった。「芸術はあくまで芸術である。歌舞伎の偉大性は、政治的、封建的傾向をはるかに超えるものである」とした。一九四七年十一月、上演禁止から二年を経て、歌舞伎の上演禁止演目はすべて解除された。

ＧＨＱは、武道も禁止した。これが武道の性格を変えることになる。

敗戦は「第二の開国」と言われた。明治維新によって近代化がなされたが、それは不十分で歪んだものであり、戦争をもたらしたとして、近代日本が全否定された。それだけでなく、日本の伝統全体が切り捨てられ批判される傾向が続いた。独自の文化に目を向けず、伝統的権威は否定され、教師や親、大人の権威は失われる傾向をたどった。

戦後の日本社会は、信念体系では近代主義、国際主義を標榜しながら、そのエネルギーを経済復興、経済発展へと向けていく。精神性は問題にせず、実利的な合理主義を追求していった。

こうした傾向が顕著に見て取れる武道について、少し詳しく見ておきたい。

3. 武道禁止令の影響

(1) 武道禁止令

ＧＨＱは、武道に対しては戦時中に軍国主義を助長したとして、学校と付属施設での武道は一般人の利用も含めて禁止した。大日本武徳会は解散させられ、関係者は公職追放となり、武徳会出身の武道教師は職を失った。特に剣道に対しては厳しく、社会体育としても完全に禁止され、武道という語の使用も禁止された。

武道禁止令の下でも、講道館には連合国軍の将校も通って柔道することもあって、その活動は認められていた。戦前には武徳会も段位を出していたが、武徳会は完全に潰《つぶ》されたので、柔道に関しては講道館が唯一の段位を認定する団体となった。講道館も嘉納治五郎亡き後、第二代目館長は軍関係者だったので辞任し、次男の嘉納履正が第三代目館長となった。彼は柔道をした経験がなかったので、家元制のごとき就任には、武徳会出身の柔道家から批判が強かった。

(2) 武道禁止からの復活

空手道や相撲は、戦前の軍国主義とは関係がなかったので、翌年から解禁された。弓道は四年後、柔道は五年後には解禁された。

けれども剣道に対しては占領軍の態度は厳しく、公私の組織的活動が一切禁止されていた。そこで剣道をスポーツ化した「しない競技」が考案された。稽古着・袴に代えてシャツとズボンとし、試合も時間制でポイント制として、スポーツ化を印象づけ、昭和二十七年にようやくしない競技として学校教育でも行ってよいとする許可を得た。しかし昭和二十七年（一九五二）にサンフランシスコ平和条約が発効して日本が独立を回復するや、本来の剣道を復活させようという気運が急速に高まり、全日本剣道連盟が結成された。翌年には「体育・スポーツとしての剣道」を掲げて、ようやく一般の社会体育、次いで学校教育でも復活を果たすことが出来た。昭和二十九年にはしない競技連盟とも協議して統合されて今日の全日本剣道連盟となった。翌年には体育協会への参加が認められ、第一〇回国民体育大会から参加するようになったのである。

武道の禁止時代は占領期の七年弱であったが、武道関係者にとっては大きな衝撃であり、職を失い、厳しい禁止措置の中で、ひたすら復活を目指して、武道の歴史と精神性には触れないようにして、いかにスポーツ化するかが意識されたので、その影響は長く残ることになる。この時期、日本体育協会に加盟して国体に参加することが最優先の課題となり、競技化が著しく進んだ。そのため「勝利至上主義」を招くようになる一方、剣道の歴史や精神性が言われることはあまりなくなった。

学校体育に武道が復活するのは昭和三十三年（一九五八）であるが、「格技」という名称であった（格技が武道に改められるのは、四〇年余り後の平成元年［一九八九］である）。

(3) ヨーロッパでの国際柔道連盟の発足

戦後、日本で武道が禁止されていた間に、ヨーロッパでは柔道が盛んになっていた。一九四八年にはロンドンオリンピックを機に、イギリスとイタリア主導でヨーロッパ柔道連合が発足した。そしてフランスも加入したヨーロッパ柔道連合は組織替えして、一九五一年に国際柔道連盟が誕生した。日本は翌年、後から加入することになる。

ヨーロッパで展開していた柔道は、講道館柔道ではなく、川石方式によるところが大きかった。これは、一九三五年にパリで本格的な柔道教室を開いた川石酒造之助《みきのすけ》が外国人向けの柔道指導法を研究して二年余りで開発した「メトード・カワイシ（川石方式）」である。川石は、外国人には日本語の技の名前を覚えることは難しいので、「足技一号、二号、……腰技一号、二号……」と部位ごとに番号を付けて、講道館柔道の技を独自に体系化した。そして初段までに六階級に分け、各階級で習得する技を明示し、初級から段までを白・黄・オレンジ・緑・青・茶・黒の七色の帯で明確に示した。初段以上になって締められる黒帯は、大きな憧れとなった。道場の入退場では礼をし、教師や先輩へは敬意を持って丁寧に応対することを求めた。新渡戸《にとべ》稲造の『武士道』に由来する「信義、尊敬、規律、勇気」など九つの徳目を柔道モラルとして掲げ、有段者には「柔道家精神」の修養を求めた。川石は、第二次大戦中も四四年までパリで指導を続け、一五〇〇名の門人と三〇人余りの有段者を育てた。

戦後、一九四八年に川石はフランス柔道連盟の招聘で再びフランスに渡り、精力的に活動して、入門者は子供から女性、青年、壮年、老年まで激増した。一九五一年、フランス語の『川石方式』を出版するや、英語やスペイン語に直ちに翻訳されて広がった。フランスでは、柔道は「教育的スポーツ」として展開し、今や柔道の登録人口は世界一になっている。川石方式は講道館とはやり方が異なるので、講道館は間違ったやり方として批判的でまったく触れないので、日本ではほとんど知られていないが、柔道を外国に根付かせた川石の業績は認めるべきであろう（フランス柔道連盟は、川石の死に際して、一〇段を追贈した）。

4. 戦後の日本文化論―和辻哲郎と鈴木大拙

戦後、和辻哲郎は『国民統合の象徴』（一九四八）を著し、天皇制擁護論を展開した。当時流行したルース・ベネディクトの『菊と刀』に対して、一部の軍人に見られたことを日本人に一般化し、著者は資料を挙げて論じてはいるが、その資料の吟味がなく、妥当性の範囲の検証もないので、西洋の罪の文化に対して、恥の文化という図式など学問的価値があるとは言えないと断じている。和辻は、四九年に『倫理学』下巻を刊行して、これまで西洋では希薄だった間柄に着目した倫理学を完結させた。一九五二年に『日本倫理思想史』上下巻をまとめた。日本人の倫理観を論じるには、理論的な著作だけでなく、文学や芸能の作品も材料にして論じるべきとする立場が貫かれている。晩年には『桂離宮』『歌舞伎と操浄瑠璃』など自分が見聞した芸術の文化史的な位置づけを論じている。和辻は一九六〇年に七十二歳で没した。

鈴木大拙《だいせつ》は、戦後すぐに松ヶ岡文庫を設立した。鎌倉円覚寺の向かいに、財界人の支援を得て仏典の和書をはじめ大量の書籍を収集したのは、後世に伝承するためであった。大拙は、西田幾多郎と同じ一八七〇年に金沢に生まれ、第四高等学校で知り合い、終生交流をした。二十一歳で上京して大学での勉学より、鎌倉の円覚寺で参禅に打ち込んだ。悟りを得た直後の二十七歳より渡米して、一二年間仏典その他の英訳に努めた。帰国後、学習院の英語教師を経て、京都の大谷大学教授となってから、英文の禅論文集などを刊行していたが、欧米での講演を基に、一九三八年に英文で『禅と日本文化』を著した。さらに禅だけでなく、浄土系思想も含めて、一九四四年に『日本的霊性』を著し、戦後すぐ『霊性的日本の出発』などを刊行した。一九四九年にハワイの東西哲学者会議に出席し、そのままアメリカ本土に渡り、さらにヨーロッパに回って、禅の「無心」や日本文化などについて講義と講演を、五九年まで五〇〇回以上も行った。大拙は、根源的な立場では西田の「絶対矛盾的自己同一」と通じる「AはAに非ずして、Aである」という「即非」の論理で、無心となって現実を否定しながら、現実をありのままに絶対肯定する、さまざまな例を引きながら論じる。一九五三年にはドイツに渡って、哲学者のハイデガー、さらに『弓と禅』を著したヘリゲルとも話していた。一九五九年には『禅と日本文化』を、一部書き換えた。大拙は最晩年の一九六〇年から日本に戻って、松ヶ岡文庫で禅に関する著作とともに、浄土真宗の親鸞の『教行信証』の英訳にも取り組んでいた。禅は、アメリカで一九六〇年代展開する「カウンター・カルチャー」の思想的根源となって、世界的なブームになった。大拙は、日本の文学・芸術・武道にも禅の影響が大きいことを説いたので、Ｚｅｎが日本文化を指す言葉と思われるまでになっている。大拙は一九六六年に九十五歳で没した。

5. 一九六〇年代の日本社会の変貌

一九五〇年代後半から高度経済成長が始まり、六〇年の安保闘争以後、経済の時代に入る。年率一〇％の経済成長が続くことになり、この間に日本は農業社会から高度工業社会へと変貌する。主エネルギーが石炭から石油に切り替えられ、太平洋ベルト地帯にはコンビナートが形成された。農村から東京周辺の首都圏、大阪中心の関西圏、名古屋中心の中京圏へと人々が大量に移動した。戦後のベビーブームで生まれた団塊の世代が労働力として都市に集まった。社会構造において、明治維新を越えても継続していた農村社会は、根本的に変革された。大量の若い男女が都市近郊に移住し、サラリーマンとなった。核家族で団地や公団住宅に住み、従来の祖父母からの文化の伝承はなくなり、躾《しつけ》教育もなくなった。共同体的なものは減り、企業を中心とする私的な利益の追求と核家族の幸福を追求する市民生活が標準的になった。家に神棚や仏壇はなく、畳の部屋は少なくなり、椅子の生活となり、テレビの影響が増してくる。アメリカの中流の生活を憧れ、和服に代わって急速に洋服が標準となり、家庭にさまざまな電化製品が入って家事労働が変わった。大量消費時代が幕開けする。一九六四年の東京オリンピックを契機に新幹線や高速道路が出来た。高速交通網が出来て、変化はさらに加速された。

オリンピックは都市部の発展の象徴であったが、六〇年代後半は農村部にも変化が広まる。兼業化が進み、耕耘機などの機械が導入された。江戸時代以来の農業社会は大きく変貌して、新たな生活様式が展開した。そうした中で、人々の生活も意識も変わっていった。一九六四年には一般人の海外渡航も自由化された。

六〇年代の社会の大きな変容の間に伝統文化の基盤に大きな断絶が見られる一方、国際化も進んだ。伝統文化のうち、東京オリンピックを機に最も顕著な変化が見られた武道を見ておく。

6. 東京オリンピック大会とその後の柔道の変容

一九六四年に東京オリンピックが開催されたが、実は一九三八年にＩＯＣ委員だった嘉納治五郎が招致に奔走して四〇年の東京大会が決定していたが、戦争で返上していた。六四年の東京オリンピックで柔道が正式種目となったが、それは国際柔道連盟が成立しており、欧米にも広く展開していたからであった。

(1) 東京オリンピック大会とその影響

柔道がオリンピックの競技種目となったので、その会場として日本武道館が皇居北の丸に建設された。武道館は以後、武道各連盟を総合する組織となって各種事業を担うことになる。大会では柔道の三階級（軽量級・中量級・重量級）では日本人選手が優勝したが、無差別級では武徳会出身の道上伯《みちがみはく》の指導を受けたオランダのヘーシンクが優勝した。外国人選手の優勝は、海外で柔道が一層普及していく大きな契機となった。

東京オリンピック大会では、日本武道館で剣道はじめ各種武道もデモンストレーションを行った。海外への展開に関しては、剣道は伝統的な形を色濃く残すので、日系社会と植民地だった台湾・朝鮮半島には戦前から伝播していたが、それ以外の地域には防具や竹刀の問題があった。戦後アメリカに剣道を広めた森寅男が中心となって、オリンピックを機に世界大会が開かれた。一九七〇年に十七カ国で国際剣道連盟が発足した。また空手道もヨーロッパ、アメリカを中心に広がっていたが、一九七〇年には世界空手道連合が誕生している。

東京オリンピック後、日本全国でもスポーツ熱が高まった。経済成長により自信を取り戻した日本ではナショナリズムの高まりもあって、武道は、少年や女性にも広がって盛んになった。

(2) ヨーロッパ主導の国際柔道連盟による柔道の変容

東京オリンピック後、柔道は海外で急速に普及したが、一九六八年のメキシコ五輪では競技種目から外された。それをなすすべもなく黙認したとして国際柔道連盟の会長をしていた講道館長・嘉納履正は六五年の会長選で敗れて、英国人パーマーが会長になり、以後積極的に国際オリンピック連盟に対してロビー活動を開始して、一九七二年のミュンヘン五輪で復活することになった。

この間、競技種目として展開するために、従来の階級を細分化し、技の判定に「一本」の他、「有効」「効果」のポイントを加え、さらに選手が積極的に攻めない時には「指導」のポイントも設けて、勝負が明確になるようにした。これで柔道の技が大きく変わることになる。ポイントを競って各国のスタイルで戦うようになった。会長選挙でも、一九七九年から二期八年以外は、外国人がずっと占めることになり、理事選でもヨーロッパの勢力圏が大きくなった。日本が伝統的なものをひたすら守ろうとする姿勢には海外から反発が強く、影響力を急速に失い、国際柔道連盟による改革が進行していった。柔道は国際的にメジャーになるとともに、欧米圏の勢力が主流となり、日本の主導権は奪われて、もはや御家芸とは言えなくなっている。

日本では、武道禁止時代を経て、スポーツ化が進行し、武道の歴史、精神性をほとんど無視してきたが、嘉納治五郎は、常に柔道の人生にとっての効用と社会の中で果たすべき役割を説いていた。その精神に立ち返って、今の状況の中で柔道はいかにあるべきかを考える必要があると思う。

7. 一九七〇年前後から八〇年代の文化状況

一九六〇年代は、西洋哲学においても大きな転換期であった。ハイデガーは「哲学の終焉」を宣し、メルロ＝ポンティは「反哲学」を言い出した。フランスではレヴィ＝ストロースが『野生の思考』（一九六二）を著し、ミシェル・フーコーは『言葉と物』（一九六六）『知の考古学』（一九六九）を出して、近代的な知の転換を図っていた。

日本でも、戦後民主主義に対して、日本に近代そのものを問い直す動きも起きている。深沢七郎の『楢山節考《ならやまぶしこう》』（一九五六）が土俗の考えに焦点を当てて衝撃を与えたが、遠藤周作の『沈黙』（一九六六）はキリスト教信仰とは異質な日本の精神風土を問題にした。一九六八年には、川端康成がノーベル文学賞を受け、「美しい日本の私」として日本古典文学の伝統を語る講演を行った。

一九六八～六九年に全国の大学で起こった全共闘運動は学問の社会的意義を問い直し、文学も社会的・歴史的な視野で考える傾向が強まり、従来の文学の特権的地位は認められなくなった。

芸能関係でも歌舞伎俳優が映画やテレビに出演し、他の演劇にも進出するようになる。能楽は海外公演がされるようになった。一九六六年には、ビートルズの来日公演があり、この頃から七〇年代にかけて、前衛芸術やアングラ演劇も展開し、社会への反抗を掲げるようになった。

一九六九年にはアメリカの宇宙船が月面着陸に成功したが、改めて暗闇の宇宙に浮かぶ青い星・地球の有限性とかけがえのなさが意識されるようになった。

一九七〇年には大阪万国博覧会が開催された。参加国は七七カ国、入場者は延べ六〇〇〇万人を超えた。「人類の進歩と調和」がテーマに掲げられ、前年、アメリカが月に着陸した際に宇宙飛行士が持ち帰った「月の石」を展示し、ソビエト連邦は人工衛星を展示した。そうした中で、万博のテーマプロデューサーだった岡本太郎は、後述する巨大なモニュメント「太陽の塔」を造っている。

一九七〇年には三島由紀夫が自衛隊に乱入し、戦後の高度成長を否定して割腹自殺する事件も起きた。七二年には川端康成が自殺した。マスコミの規模が増大し、メディアの多様化は進んでいた。

一九七二年に沖縄が復帰し、大陸の中国共産党と国交を結んで、戦後の懸案が一応の解決をみた。

この年、ローマクラブが「成長の限界」というレポートを出して衝撃を与えた。地球環境の有限性を考えると、文明の転換を真剣に考えなければならなくなった。環境問題が前面に現れてきた。

一九七三年には石油ショックから低成長時代に入る。その中でも省エネルギーへの転換が比較的順調になされ、日本的経営が評価され、GNPが世界第二位になって、〝Japan as No.1〟（エズラ・ヴォーゲル著・一九七九）という本まで書かれるようになった。反面、欧米との間で貿易摩擦問題が生じて、日本企業は海外進出をするようになる。それにつれて、伝統文化も欧米へと紹介されるようになった。

能楽や歌舞伎は海外公演が行われるようになり、生け花や茶の湯も紹介されるようになった。

一九八九年に日本では昭和が終わり、平成の時代になった。東西冷戦が終結した。社会主義圏が自滅し、金融資本主義が世界を席巻するようになり、グローバル時代に入る。

冷戦終結は政治にも大きな再編をもたらし、長きにわたる自民党支配の五五年体制は崩壊し、新自由主義により小さな政府が志向され、規制緩和と構造改革で、外国資本も流入するとともに、地方の中小企業は大資本に圧迫され、シャッター街が出現するようになり、格差は拡大している。

現代文明の転換が模索されている。その重要な拠点が身と心のあり様の見直しであろう。

8．身心を転換する修練法―『弓と禅』を手引きとして

現代文明の転換を目指す場合、人間をハイデガーやメルロ＝ポンティが言う「世界―内―存在」としての「身体」から変容させることが必要だと思われる。しかも身体を実践（プラクティス）によって通常とは異なるあり様へと変容するのであり、同時に心（精神）の変容も一体として生じる。その点で、ドイツの哲学者で、日本で弓道修行をする中で、自らの身と心の変容を遂げて、「今まで思いもしなかった実存のあり様」と評する体験をしたオイゲン・ヘリゲルの『弓と禅』に即して、

考えてみたい。この書は、ドイツ語で一九四八年に刊行されたが、一九五三年に英訳されてから、広く読まれるようになった。ヘリゲルの『弓と禅』は、元来、鈴木大拙が説く『禅と日本文化』の影響を受けており、英訳には大拙も序文を寄せていたので、大拙が説く禅と日本文化を典型的に示す実例と受け取られたのである。

ヘリゲルの『弓と禅』は、彼が一九二四～二九年の滞日中、「弓禅一味」を唱える阿波研造の指導により弓道を学んだ自らの体験を書いたものである。外国人ゆえに師匠の指導にとまどうことが多かったが、まったくの初心者の段階から無心の射を会得するまでに、身体と精神がいかに変わっていったかの過程を哲学者の目で冷静に分析して叙述している。しかも彼の妻が学んでいた生け花や水墨画の修練法も合わせて考察し、さらにその先に禅を展望している。ここでは弓道技法を踏まえ阿波の遺稿も合わせながら、ヘリゲルが段階ごとにどのような身と心のあり様であったのかを具体的に確かめた上で、我々の通常の生活に通じる面に焦点を当てて考えてみたい。弓道の技を論じるのではなく、弓道に典型的に顕れている日本の身心の修行法について考え、そこで初めて可能になる「無心」とそこで開かれる物との一体のあり様を考えたい。

第一段階は、腕の力を抜いて全身で弓を引き分けることである。まず両足を踏み開いて、腰を決め、矢を番《つが》えた弓を両手で上に打ち起こしてから下ろしながら全身が弓の中に入るように引き分けていく。射法八節が教えられる。「腕の力を抜け」、息を肚に下ろして弓を引けと指導されるが、ヘリゲルにはまったく理解出来なかった。けれども一年かかってこの射法を身につけると、呼吸に合わせて、下腹の丹田を中心にして足から腕まで力を伝えて全身一体で無理なく弓を引くことが出来るようになった。意志によって腕の力で引くのでなく、呼吸に合わせて、「柔道のように自然な力に任せる忍耐を学んだ」と書いている。

この図表15－1は、自分の身体の内へと意識を向けて内観した時の身体の内の力の伝わりを示している。実はこの図のように、両足でしっかりと大地に立ち、背筋は真っ直ぐで頭の上へ気が伸びるようにし、呼吸を下にさげて下腹部の丹田が充実することで腹と腰が決まるのである。射法八節という型によって、段階を追って足踏みから引き分けまで厳密に行うことによって、このような高次な身体遣いが実現されるのである。実は肩の力を抜き、身体の中心に軸が出来、丹田が充実した身体のあり様は、坐禅の時の基本姿勢であり、そのように身を整えて、息を深くして、心を調える、「調身―調息―調心」が言われる。このようにまず身体を高次なものに変え、身を深くして、心を内に向けるのである。

第二段階は、引き絞った弦を意識して放すのではなく、弓との関わりでちょうどよい機に離れが生じることが重要である。この時、目の前の巻藁に向かって離れの稽古をするが、師匠は、「意識して指先で放すのではなく、無心になって離れを待て」と教える。今日一般的な『弓道教本』で

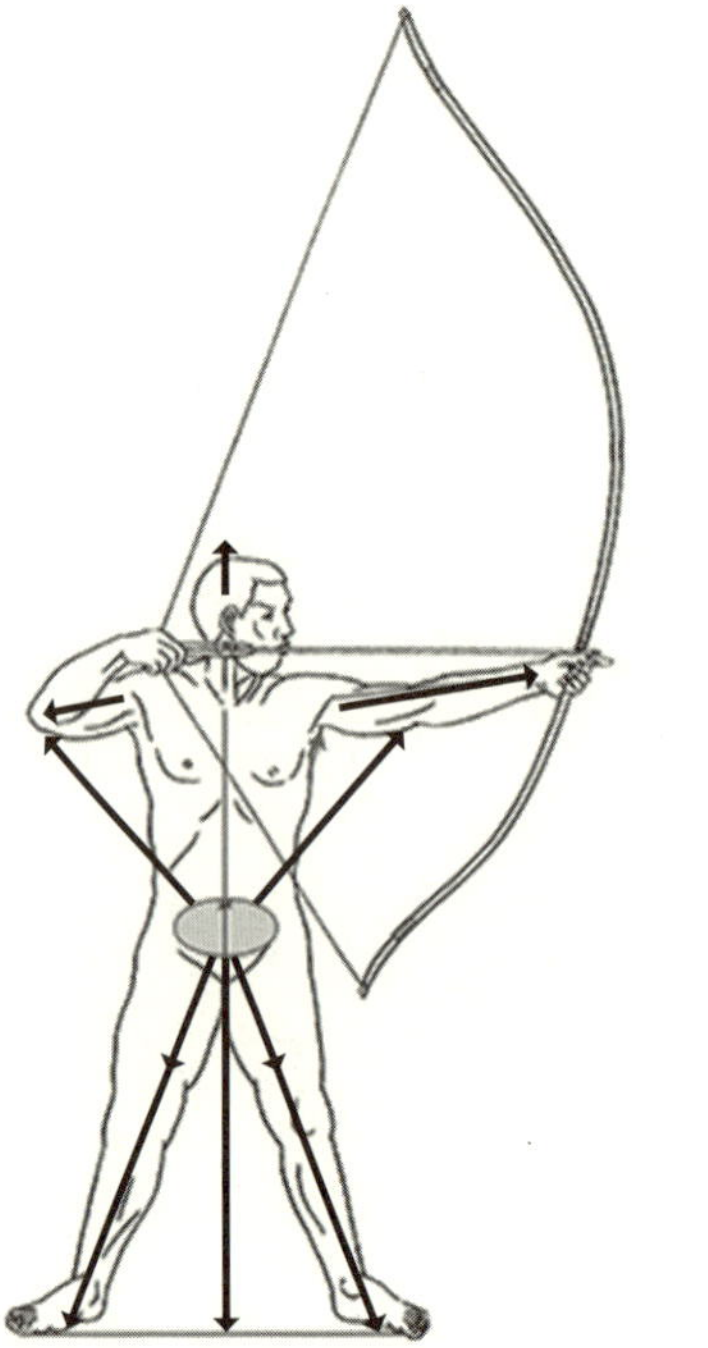

出所：公益財団法人全日本弓道連盟発行「弓道教本」第１巻,〔弓道八節図解〕『会』より。

図表 15－1　射法を解説した図

も、「離れ」は「機が熟して自然に離れる」、「手先の力でなく、技の働き、気力の充実によって気合の発動により内面的な爆発力によって生じる」と説明されている。第一段階で、弓を全身一体で引けるようになると、手先の力ではなく、弓圧が極大になった瞬間に丹田から左右均等に力が伝わって、左手が弓を押すのと、右手が弦を離すのが同時に生じて矢が飛んでいく。けれども右手の指先を意識して放すと、左右でずれが生じて衝撃が残る。ヘリゲルは、意識的に手先でスムーズに放す工夫をしたが、師匠に見破られて破門されかかった。意識して放すのと無心に離れるのは質的にまったく異なる。「私が射る」のではなく、「〝それ〟が射る」と表現するのは、射手と弓との関わり合ううちに極大に高まった瞬間に生ずる事態を示すためである。弓道において大変難しい課題であり、ヘリゲルは射法八節の型（形）を無意識に一つながりに出来るように繰り返し稽古している。また師匠は強い弓を与えて必死にならねば引けぬように追い込み、考えることが出来ぬほど稽古三昧にしている。三年以上、もはや出来ないと絶望しつつ師匠を信じて稽古を積み重ねていくうちに、ようやく無心の離れが生じた。これは体験してみると、「精神がひとりでに身体の内を躍動し、どこでも必要なエネルギーを呼び起こすことができる」状態であり、「身心一如」「弓身一体」の状態である。実際に無心の離れが出来ると「今初めて日が明け始めたような気分を味わうことが出来た」とヘリゲルは書いている。

　第三段階に至ってはじめて的を射るが、ここでも無心に射ることが求められる。「的を狙うな、無心で射よ」と教えられるが、ヘリゲルには的を狙わなければ中《あた》るはずがないという疑いが残って、どうしても出来ない。師匠は、狙わずとも中ることを示すために、真暗闇の中、的前に線香を一本立てただけで射て、二本とも的中させた。実際にヘリゲルは、この時、的のところへ行って、二の矢が一の矢を貫いて的に刺さっているのを見て、声もなく長い間座り込んでいたという。狙うことなく中ることを師は実証したのである。阿波自身も二本の矢が串刺しになろうとは思いもしなかったであろうが、技的には、足踏み胴造りを決め、前後左右上下にぶれず引き分け、弓矢と身心の状態が一致して自然な離れが出たので、寸分違わぬ射になったのであろう。これ以後、ヘリゲルはもはや矢が的に中るか否かを問題にせず、ひたすら稽古を一年以上重ねていく。そしてついに無心の射が出た。阿波は「射を行わんとする心も、結果を希う心も一切離脱して、無限の大きさに合致せんとする、安らかで明るい世界を体験して、初めて自己の本来の大きな自然を知る」、これが「射《しゃ》裡見性《りけんしょう》」——弓道における悟りだと教えていたのである。

最後の第四段階は、弓の奥義を示すとともに日常生活の中に活《い》かすことが求められる。奥義は昔から比喩で示されるが、自ら体験して初めてその意味が分かり、今後自らが修行を深めていく際の指針にもなるのである。日常生活でも絶えず呼吸に合わせ、何事も精神を集中して、最も自然なやり方をするように教えられる。ヘリゲルは審査を受けて、五段を授けられた。それは師匠なくして一人で深めていける段階に達したことを証するものであった。弓の稽古において無心で「おのずから」なるあり様が体験できるようになれば、生活の他の場面でも無心のあり様が見えてくる。かくて、弓で無心の体験を得たならば技を脱して禅の境地と一致する、と言うのである。

ヘリゲルは、禅僧沢庵が柳生宗矩《むねのり》のために書いた『不動智神妙録』を紹介して、剣においても極意は無心になることだったとして、自らの体験だけでなく、他の道でも伝統的に語られていたことを指摘するのである。

鈴木大拙が『禅と日本文化』で示そうとしたことを、ヘリゲルの『弓と禅』は自身の身心の変容と無心の技の修し方の体験から具体的に語っていると言える。

これらは実際に身心を修練して自ら経験しなければならない。何代にもわたって受け継がれてきたやり方――「型」に随って、無心を経験した師匠に導かれて、厳しい修練の道を歩み通して初めて達し得る。師匠に認められることによって、無心の技の何たるかが次第に明瞭に分かってきて、過去の先人たちの教えも理解できるようになる。それは、自分中心に見、考える通常とは、別の尺度で見、考えることである。自分が行うのではなく、「それが行う」と言うべきあり様であり、ヘリゲルは「これまで思いもしなかった実存のあり様」だと言うのである。ヘリゲルは、日本の芸道や武道の修練の道が持つ現代的な意味を明らかにしているのである。

9．現代文明を問い直すものとしての縄文文化の見直し

本科目では、一五回にわたり文学・芸術・武道を視点に日本文化を見てきた。最初に基層として、縄文文化から捉え直そうとした。

岡本太郎は、一九七〇年の大阪万国博覧会ではテーマ展示のプロデューサーを依頼され、西洋的でもなく日本調でもない「誇らかな、人間の尊厳を象徴」する「ベラボーなもの」として「太陽の塔」を制作した。それは広場の中央にある現代的な大屋根を貫いてガンと聳えたっていたが、その内部には〈いのち〉〈ひと〉〈いのり〉のテーマで、世界各地の原初的な生命力溢れる仮面の展示から始まり、原生生物から人類に至るまでの生命進化の歴史を示した、生命のエネルギーを供給する〈生命の樹〉を置いた。その内部を巡って観客の人々が出るのは、世界各地で暮らす名もなき民衆の写真の前である。博覧会後、他のすべての施設が取り壊されたが、「太陽の塔」だけは保存を望

む強い声に応えて残っている。万国博覧会という科学技術の進歩の見本市に対して、強烈なメッセージが、半世紀近くを経て今、見直されている。

仏教思想や日本の古代について論じていた梅原猛は、一九八〇年代になって、『日本の深層―縄文・蝦夷文化を探る』などで、縄文、さらにアイヌ文化から日本文化を捉え直す論を打ち出す。その後、『〈森の思想〉が人類を救う―二一世紀における日本文明の役割』から最近の『人類哲学入門』（二〇一三）に至るまで、縄文以来の森の思想、すなわち「山川草木悉有仏性《しつうぶっしょう》」の思想が人間中心主義の西洋哲学を越える人類哲学だと主張するようになる。梅原は、実証的な学問という点ではいろいろと問題を持っているが、縄文文化やアイヌ文化から将来の人類哲学へと展開する方向性は、環境倫理として今日重要なことであろう。

縄文文化は日本文化の基層として常に働き続けていた。山川草木、虫魚禽獣などすべての自然の中に精霊を見出し、人間もその中の一部として生きていた。祖霊を集落の中心にして、自然を造り変えるのではなく、自然に適応して一万年以上も持続していた。その知恵と生命力に学ぶ必要があるのではないか。

10．おわりに

二〇一一年三月十一日の東日本大震災は、津波の大災害と、原子力発電所の取り返しのつかない事故を引き起こした。広告が自粛される中で、金子みすゞの言葉が幾度となく流され、その存在が人々に知られるようになった。「・・・夜がくるまで、沈んでる、昼のお星は目にみえぬ。見えぬけれどもあるんだよ、見えぬものでもあるんだよ。」、「私がさびしいときに、よその人は知らないの。

私がさびしいときに、お友だちは笑うの。私がさびしいときに、お母さんはやさしいの。私がさびしいときに、仏さまはさびしいの。」、「…鈴と、小鳥と、それから私、みんなちがって、みんないい」。やさしい言葉で語られるが深い思想がある。捕獲した鯨を供養する法会が行われる信仰篤い地方の町に育った若き女性は、大漁に沸く漁師町で捕られた魚の立場から見ることが出来る目を持っていた。その周辺だけの狭い世界で生きながら、この世界、この宇宙の真実を摑んでいた。

蜂と神さま　　　　金子みすゞ

蜂はお花のなかに、
お花はお庭のなかに、
お庭は土塀のなかに、
土塀は町のなかに、
町は日本のなかに、
日本は世界のなかに、
世界は神さまのなかに。

そうして、そうして、神さまは、
小ちゃな蜂のなかに。

縄文以来の日本らしい思想がここに現れ、表されていると言えないだろうか。

これまで見てきて分かるように、日本においては古くからさまざまな分野で非常に優れたものが生まれ、受け継がれて、幸い今日まで伝わってきている。そのことを心に留め、特に自分が関心を持ったことを中心に、これからも学び、それぞれに深めていってほしいと思います。

参考文献

黒田日出男監修『図説日本史通覧』（帝国書院・二〇一七年）
加藤周一『日本文学史序説』上・下（ちくま学芸文庫・一九九九年〔初出：一九七五／八〇年〕）
加藤周一著・スタジオジブリ編『日本　その心とかたち』（徳間書店・二〇〇五年〔初出：一九八八年〕）
ドナルド・キーン『日本文学の歴史』全一八巻（中央公論社・一九九四〜九七年）
ジョン・ダワー（三浦陽一他訳）『敗北を抱きしめて　第二次大戦後の日本人〔増補版〕』（岩波書店・二〇〇四年）
岡本太郎『日本の伝統』（光文社知恵の森文庫・二〇〇五年〔初出：一九五六年〕）
平野暁臣『「太陽の塔」新発見！』（青春新書・二〇一八年）
梅原猛『日本の深層　縄文・蝦夷文化を探る』（集英社文庫・一九九四年〔初出：一九八三年〕）
梅原猛『人類哲学序説』（岩波新書・二〇一三年）
オイゲン・ヘリゲル（魚住孝至訳・解説）『新訳　弓と禅』（角川ソフィア文庫・二〇一五年）
魚住孝至『道を極める―日本人の心の歴史』（放送大学教育振興会・二〇一六年）
矢崎節夫『みすゞコスモス―わが内なる宇宙』（ＪＵＬＡ出版局・一九九六年）

付録　「文学・芸術・武道にみる日本文化」関係略年表

先史時代

時代	年代	○自然環境　人間社会の展開　遺物・土器など　遺跡　地域統合など
旧石器	七万年前頃	○氷期　大陸と回廊で連なる日本列島部へ、北方と南方から大型動物など移り住み始める
	三万八〇〇〇年前頃	日本列島に人類住み始める（三ルートから移住）
		旧石器（握斧、磨製石斧、ナイフ形石器、掻器、尖頭器、細石刃）
		旧石器文化　狩場　調理場の跡（三万年前）　竪穴住居（二万年前）など
縄　文	一万六五〇〇年前頃	土器出現（世界最古級）　丸底深鉢　細石刃や尖頭器と出土　植物性食料　採集
	一万一〇〇〇年前頃	○急激な温暖化　縄文早期の展開　尖底深鉢、多様な紋様　本州で落葉広葉樹林拡大
	一万年前	縄文土器、土偶。貝塚　定住化　○七三〇〇年前頃　鬼界カルデラ爆発　九州縄文壊滅
	七〇〇〇年前	○温暖化・縄文海進　土器、土偶。舟、漆使用、大型建物出現（青森三内丸山遺跡）
	五五〇〇年前	○寒冷化　内陸部へ　大型環状集落　立体装飾に富む大型土器（火焔土器他）土偶、石棒
	四五〇〇年前	○寒冷化進む　大規模な環状貝塚増える、磨製石器普及、環状列石、呪術的装身具
	三二〇〇年前	○急激な寒冷化進む　人口減　多様な器種、漆塗り土器、遮光器土偶、呪術的道具
弥　生	二九〇〇年前	北部九州で稲作栽培始まる　大陸から渡来人多数　この後、瀬戸内海、近畿、東海へ進出
	前三世紀頃	西日本に環濠集落「百余国」、東日本では縄文系と混血進む　北部九州で銅剣、近畿で銅鐸
	二世紀後半	倭国大乱後、邪馬台国・卑弥呼、魏に遣い　墳丘を持つ首長墓出現、大和にも倭国連合
古　墳	三世紀半ば	北部九州・瀬戸内・畿内で多様な古墳　竪穴式石室　円筒埴輪　大和・纏向遺跡に各地産物
	五世紀頃	大阪平野に巨大な前方後円墳（大王墓）、全国に同型古墳　形象埴輪「倭の五王」中国へ遣使
	六世紀頃	全国に小規模で多種の古墳、装飾古墳、横穴式石室、金属製の武器や馬具、土師器、須恵器

古代・中世・近世

＊近い年代に生じた事柄・文化総称・作品・武士関係事項など

時代	年代	出来事	社会・海外	文化	和歌・文学	絵画・彫刻・工芸	芸能・芸道	武士・武道
飛鳥	五五二	仏教公伝	加耶滅亡			飛鳥寺		物部氏滅亡
	五九三	聖徳太子摂政	遣隋使	飛鳥文化	『三経義疏』	四天王寺　半跏思惟像		
	六四五	大化の改新	百済滅亡	渡来人多し		法隆寺　玉虫厨子		白村江敗戦
	六七二	壬申の乱	天皇制確立		額田王	法隆寺　金堂壁画		防人
	六九四	藤原京		白鳳文化	柿本人麻呂	薬師寺　聖観音像		
奈良	七一〇	平城京	律令体制		『古事記』	興福寺　阿修羅像		
	七四三	大仏建立		天平文化	『万葉集』	東大寺　正倉院	雅楽	防人
平安	七九四	平安京	征夷大将軍			比叡山　一木造		東北進出
	八二二	平安仏教	平仮名誕生	貞観文化	勅撰漢詩集	両界曼荼羅・三筆		節会相撲
	九〇一	道真左遷	遣唐使廃止		『古今集』			平将門の乱
	九六九	摂関の常置	寄進荘園	国風文化	『土佐日記』	三蹟		武士団形成
	九九五	道長内覧		国風全盛	『源氏物語』	寝殿造　大和絵		
	一〇五二	末法到来			『更級日記』	平等院　定朝仏		前九年の役
	一〇八六	院政開始	熊野詣盛ん		『今昔物語集』	奥州平泉		北面の武士
	一一五六	保元の乱		院政文化	歌合・判詞	「源氏物語絵巻」	今様	平家全盛
	一一八五	平家滅亡	法然浄土宗		『山家集』	『平家納経』		源平合戦
鎌倉	一一九二	鎌倉幕府	鎌倉新仏教	鎌倉文化	『方丈記』	東大寺再建・運慶仏		武士全国へ
	一二二一	承久の乱	貴族文化凋落	古典主義	『新古今集』	似絵・頂相	『平家物語』	武士支配
	一二七四	元寇（八一も）	神国神話	両統迭立	『古今著聞集』	円覚寺　「一遍上人絵伝」	「蒙古襲来絵詞」	

	一三三三	鎌倉幕府滅亡	建武新政		『徒然草』	天龍寺	田楽	悪党反乱
室町	一三三六	足利幕府	南北朝動乱	バサラ		水墨画	風流・曲舞	小笠原流弓馬
	一三九二	南北朝統一	義満絶頂	北山文化	連歌准勅撰	金閣・相国寺	能楽・狂言	
	一四〇四	勘合貿易			五山詩画軸		『風姿花伝』	
	一四六七	応仁の乱	徳政一揆	東山文化		銀閣　書院造	生け花	剣術源流派
	一四九五	戦国時代へ	分国法		連歌師地方へ	枯山水庭園	説経節	新当流
	一五四三	鉄砲伝来	南蛮貿易		俳諧集		町衆茶の湯	新陰流
安土桃山	一五七三	信長権力	統一戦争			天守閣城郭	幸若舞	常備軍
	一五八二	本能寺の変	秀吉覇権		御伽衆	障壁画	侘び茶・能楽	
	一五八五	秀吉関白に	全国統一	桃山文化		黄金・侘び	三味線	兵農分離
	一五九八	秀吉没	関ケ原合戦		『伊曾保物語』	南蛮屏風	阿国歌舞伎	朝鮮出兵
江戸	一六〇三	江戸幕府	徳川覇権		古典出版	狩野派・宗達	女歌舞伎	士農工商
	一六三五	参勤交代	鎖国令	寛永文化	貞門俳諧	桂離宮・風俗画		『五輪書』
	一六五一	文治政治へ	経済成長		浮世草子	日光東照宮	野郎歌舞伎	流派継承
	一六八五	生類憐み令	町人台頭	元禄文化	芭蕉俳諧	琳派・浮世絵	義太夫節	
	一七一六	吉宗将軍に	享保改革	人材登用	近松浄瑠璃			防具・竹刀
	一七六七	田沼時代	重商主義		蕪村・川柳	大雅・錦絵	浄瑠璃流行	
	一七八七	寛政改革	異国船	天明文化	宣長・蘭学	応挙・若冲　歌麿・写楽		竹刀剣術普及
	一八四一	天保改革	アヘン戦争	化政文化	一茶・国学	「富嶽三十六景」	歌舞伎流行	千葉周作
	一八五三	黒船来航	幕末危機	開国・攘夷運動	滑稽本	洋学	小唄・新内	江戸町道場
	一八六〇	桜田門外変	幕府軍改革	討幕運動	遣欧使節		民衆乱舞	講武所

近代・現代

＊近い年代に生じた事柄・文化総称・作品・武士関係事項など

時代	年代	出来事	社会・海外	文化・文学・文化論　芸術・芸能関係	武道関係
明治	一八六八	明治維新	廃藩置県	文明開化　廃仏毀釈　伝統芸道の危機	撃剣興行
	一八七七	西南戦争	近代化　学生・徴兵	ジャポニスム	警察柔剣術
	一八八九	帝国憲法	伝統見直し	子規改革　東京美術学校　行幸茶会	講道館柔道
	一八九四	日清戦争	富国強兵	浪漫主義　茶道、女学校へ	大日本武徳会
	一九〇四	日露戦争	資本主義	自然主義　柳田民俗学　岡倉『茶の本』　世阿弥伝書刊	『五輪書』刊
昭和・大正	一九一二	デモクラシー	都市化	漱石・白樺派　西田『善の研究』	学校武道へ
	一九一八	第一次大戦終結	市民文化	教養主義　柳民芸運動　再興美術院	沖縄唐手本土へ
	一九二九	世界恐慌	軍国主義へ	和辻『風土』　折口『古代研究』　ラジオ放送開始	武道専門学校
	一九四五	敗戦	日中・日米戦争	国家総動員法　戦時統制　国粋主義	武道戦技化
昭和　戦後	一九四五	占領軍改革	復員・引揚げ　民主化	無頼派　前衛美術　歌舞伎否定論	武道禁止令
	一九四八	東京裁判	東西冷戦	中国共産党支配　朝鮮戦争　歌舞伎解禁	武道スポーツ化
	一九五一	独立回復	水爆実験	戦争体験小説　文化財保護法　日本映画国際賞	国際柔道連盟
昭和　高度経済成長	一九五五	自民党結成	五五年体制	家庭電化　岡本「縄文文化論」　テレビ放送開始	学校格技復活
	一九六〇	安保闘争	所得倍増計画	重化学工業化　公団団地　『古典文学大系』刊	日本武道館
	一九六四	東京五輪	新幹線・高速道路	海外自由化　公害被害　国立劇場開館	柔道五輪種目
	一九七〇	大阪万博	人類月面着陸	大学闘争　川端ノーベル賞　「太陽の塔」	国際剣道連盟
	一九七二	沖縄返還	日中国交・札幌五輪	三島事件　「成長の限界」　アングラ演劇	世界空手道連合
	一九七三	石油ショック	狂乱物価　省エネ	キーン『日本文学史』　『日本の古典芸能』	武道協議会

時代	年	事項	武道
国際化	一九八〇	貿易摩擦激化　『Japan as No.1』 加藤『日本文学史序説』 サブカルチャー	
国際化	一九八五	プラザ合意、大幅な円高に　日本企業海外進出　放送大学開学　国立文楽劇場	国際武道大学
国際化	一九八六	バブル経済（地価・株価高騰）　動画アニメ映画　スーパー歌舞伎	武道憲章
平成　グローバル時代	一九八九	昭和天皇崩御、平成時代に　ポストモダン　口語短歌	格技を武道に
		ベルリンの壁崩壊　東西冷戦終結、グローバル経済へ　「大きな物語の終焉」	女子柔道五輪へ
	一九九〇	バブル崩壊、不況　非自民連立政権（九三）　サッカーJリーグ　J・POP	
	一九九五	阪神・淡路大震災　金融危機、規制緩和　携帯電話普及　三内丸山遺跡発掘	武道人口減少
	二〇〇一	21世紀へ、高齢少子化　9・11同時多発テロ　小泉内閣（〜〇六）省庁再編	
	二〇〇五	愛知万博　インターネット実用化へ　国立大学法人化	国際弓道連盟
	二〇〇八	リーマンショック　世界同時不況　「エンターテイメント小説」	
	二〇一一	3・11東日本大震災、福島原発事故　ボランティア　中国GDP世界2位	武道必修化
	二〇一二	自民党・第二次安倍内閣、株価上昇、二〇年東京五輪決定　「クールジャパン」	空手五輪競技
	二〇一六	米トランプ大統領　英EU離脱過半　天皇退位意向　小池都知事　リオ五輪	日本柔道活躍
	二〇一八	米朝会談　安倍政権忖度・沖縄問題　二五年大阪万博決定　平昌冬季五輪	若いスター誕生

●ま 行

●は　行

●な 行

●た　行

●さ 行

●か　行

索引

●配列は五十音順，＊は人名を示す。

著者紹介

魚住　孝至（うおずみ・たかし）

一九五三年　生まれ
一九八三年　東京大学大学院人文科学研究科博士課程単位取得満期退学、国際武道大学教授を経て
現　在　放送大学特任教授　博士（文学）
専　攻　倫理学、日本思想、実存思想

主な著書　『宮本武蔵　日本人の道』（ぺりかん社）
『定本　五輪書』（新人物往来社）
『宮本武蔵「兵法の道」を生きる』（岩波新書）
『芭蕉最後の一句　生命の流れに還る』（筑摩選書）
『道を極める―日本人の心の歴史（'16）』（放送大学教育振興会）

主な共著書　『哲学・思想を今考える―歴史の中で（'18）』（放送大学教育振興会）
『戦国武士の心得―『軍法侍用集』の研究』（ぺりかん社）
『諸家評定―戦国武士の「武士道」』（新人物往来社）

訳　書　オイゲン・ヘリゲル著『新訳　弓と禅』（角川ソフィア文庫）

放送大学教材　1555030-1-1911（テレビ）

文学・芸術・武道にみる日本文化

発　行　　2019年3月20日　第1刷
　　　　　2023年1月20日　第2刷
著　者　　魚住孝至
発行所　　一般財団法人　放送大学教育振興会
　　　　　〒105-0001　東京都港区虎ノ門1-14-1　郵政福祉琴平ビル
　　　　　電話 03（3502）2750

市販用は放送大学教材と同じ内容です。定価はカバーに表示してあります。
落丁本・乱丁本はお取り替えいたします。

Printed in Japan　ISBN978-4-595-31929-7　C1376